现代化新征程丛书

隆国强　总主编

HYDROGEN INDUSTRY

GRAND STRATEGY FOR FUTURE ENERGY

氢能产业

未来能源大战略

张长令　雷宪章　主编

中国发展出版社
CHINA DEVELOPMENT PRESS

图书在版编目（CIP）数据

氢能产业：未来能源大战略 / 张长令，雷宪章主编. —北京：中国发展出版社，2023.2（2023.8重印）

ISBN 978-7-5177-1362-3

Ⅰ. ①氢… Ⅱ. ①张… ②雷… Ⅲ. ①氢能—产业发展—研究—中国 Ⅳ. ①F426.2

中国国家版本馆CIP数据核字（2023）第025281号

书　　名：氢能产业：未来能源大战略
主　　编：张长令　雷宪章
责任编辑：沈海霞　龚　雪
出版发行：中国发展出版社
联系地址：北京经济技术开发区荣华中路22号亦城财富中心1号楼8层（100176）
标准书号：ISBN 978-7-5177-1362-3
经 销 者：各地新华书店
印 刷 者：北京市金木堂数码科技有限公司
开　　本：710mm×1000mm　1/16
印　　张：18
字　　数：237千字
版　　次：2023年2月第1版
印　　次：2023年8月第2次印刷
定　　价：88.00元

联系电话：（010）68990642　68360970
购书热线：（010）68990682　68990686
网络订购：http://zgfzcbs. tmall. com
网购电话：（010）88333349　68990639
本社网址：http://www.develpress. com
电子邮件：841954296@qq.com

“现代化新征程丛书”
编委会

丛书联合编制单位

国务院发展研究中心企业研究所

国研智库

中国国际工程咨询有限公司

工业和信息化部电子第五研究所（服务型制造研究院）

中国社会科学院工业经济研究所

机械工业经济管理研究院

航天云网科技发展有限责任公司

苏州大学北京研究院

浙江工业大学

阿里研究院

之江智慧场景研究中心

《氢能产业：未来能源大战略》编委会

主编

张长令　雷宪章

主要执笔人（按姓氏笔画为序）

丁　冰　万九文　王　雷　王力平　左新兵

卢琛钰　白　晶　朱小建　刘长杰　刘延龄

孙浩天　李昱霖　吴鹏飞　余　璟　余小艳

张长令　张龙海　张菀航　赵泉淞　赵慕然

洪云飞　韩大东　曾其林　雷宪章　蔡德权

总　序

党的二十大报告提出："从现在起，中国共产党的中心任务就是团结带领全国各族人民全面建成社会主义现代化强国、实现第二个百年奋斗目标，以中国式现代化全面推进中华民族伟大复兴。"当前，世界之变、时代之变、历史之变正以前所未有的方式展开，充满新的历史机遇和挑战，全球发展的不确定性不稳定性更加突出，全方位的国际竞争更加激烈。面对百年未有之大变局，我们坚持把发展作为党执政兴国的第一要务，把高质量发展作为全面建设社会主义现代化国家的首要任务，完整、准确、全面贯彻新发展理念，坚持社会主义市场经济改革方向，坚持高水平对外开放，加快构建以国内大循环为主体、国内国际双循环相互促进的新发展格局，不断以中国的新发展为世界提供新机遇。

习近平总书记指出，今天，我们比历史上任何时期都更接近、更有信心和能力实现中华民族伟大复兴的目标。中华民族已完成全面建成小康社会的千年夙愿，开创了中国式现代化新道路，为实现中华民族伟大复兴提供了坚实的物质基础。现代化新征程就是要实现国家富强、民族振兴、人民幸福的宏伟目标。在党的二十大号召下，全国人民坚定信心，同心同德、埋头苦干、奋勇前进，为全面建设社会主义现代化国家，实现第二个百年奋斗目标，全面推进中华民族伟大复兴而团结奋斗。

走好现代化新征程，是站在新的历史方位，推进实现中华民族伟大复兴。党的十八大以来，中国特色社会主义进入新时代，这是我国发展新的历史方位。从宏观层面来看，走好现代化新征程，需要站在新的历史方位，在客观认识、准确把握当前党和人民事业所处的发展阶段基础上，主动适应大国经济阶梯式递进、螺旋式上升和经济高质量发展要求，不断推动我国社会主义从初级阶段向更高阶段迈进。从中观层面来看，走好现代化新征程，需要站在新的历史方位，明晰我国参与国际竞合比较优势的变化，通过深化供给侧结构性改革，对内解决好发展不平衡不充分问题，对外化解外部环境新矛盾新挑战，形成对全球要素资源的强大吸引力、在激烈国际竞争中的强大竞争力、在全球资源配置中的强大推动力，在高水平自立自强基础上塑造参与国际竞合新优势的战略部署。从微观层面来看，走好现代化新征程，需要站在新的历史方位，坚持系统观念和辩证思维，坚持两点论和重点论相统一，以“把握主动权、下好先手棋”的思路，充分依托我国超大规模市场优势，培育和挖掘内需市场，推动产业结构优化和转型升级，提升产业链供应链韧性，增强国家的生存力、竞争力、发展力、持续力，确保中华民族伟大复兴进程不迟滞、不中断。

走好现代化新征程，要把各国现代化的共同特征和我国国情相结合。实现现代化是世界各国人民的共同追求。随着经济社会的发展，人们越来越清醒地认识到，现代化虽起源于西方，但各国的现代化道路不尽相同，世界上没有放之四海而皆准的现代化模式。因此，走好现代化新征程，要把各国现代化的共同特征和我国具体国情相结合。我们要坚持胸怀天下，拓展世界眼光，深刻洞察人类发展进步潮流，以海纳百川的宽阔胸襟借鉴吸收人类一切优秀文明成果。坚持从中国实际出发，不断推进和拓展中国式现代化。党的二十大报告系统阐述了中国式现代化的五大特征，即中国式现代化是人口规模巨大的现代化，是全体人民共同富裕的现代化，是物质文明和精神文明相协调的现代化，是人与自然和谐共生的现代化，是走和平发展道路的现代化。中国式现代化的五大特征，反映出我们的现代化新征程是基于大国经济，按照中国特色社会主义制度的本质要求，实现长期全面、绿色可持续、和平共赢的现代化。此外，党的二十大报告提出了中国式现代化的九方面本质要求，即坚持中国共产党领导，坚持中国特色社会主义，实现高质量发展，发展全过程人民民主，丰富人民精神世界，实现全体人民共同富裕，促进人与自然和谐共生，推动构建人类命运共同体，创造人类文明新形态。这既是我们走好现代化新征程的实践要求，也为我们指明了走好现代化新征程的领导力量、实践路径和目标责任，为我们准确把握中国式现代化核心要义，推动各方面工作向着复兴目标迈进提供了根本遵循。

走好现代化新征程，需要完整、准确、全面贯彻新发展理念，着力推动高质量发展，加快构建新发展格局。党的二十大报告提出，“我国发展进入战略机遇和风险挑战并存、不确定难预料因素增多的时期”。当前及今后一段时间，我国将面临“新的动荡变革”的国际大环境。新发展理念瞄准我国经济社会发展不同方面存在的突出矛盾，为筑牢经济社会发展根基提供了方向指引。要完整、准确、全面贯彻新发展理念，让创新成为第一动力、协调成为内生特点、绿色成为普遍形态、开放成为必由之路、共享成为根本目的，努力实现高质量发展。要统筹国际国内两个大局，统筹发展与安全两件大事，增强国内大循环内生动力和可靠性，提升国际循环质量和水平，增强国内国际两个市场两种资源联动效应，加快构建以国内大循环为主体、国内国际双循环相互促进的新发展格局。

走好现代化新征程，必须全面深化改革开放。改革开放为我国经济社会发展注入了强劲动力，是决定当代中国命运的关键一招。改革开放以来，我国经济社会发展水平不断提升，人民群众的生活质量不断改善，经济发展深度融入全球化体系，创造了举世瞩目的伟大成就。推进中国式现代化，必须坚持深化改革开放。党的二十大报告提出，要“深入推进改革创新”，“着力破解深层次体制机制障碍”，彰显了在现代化新征程上党和国家对全面深化改革的决心。党的十八大以来，我国进入全面深化改革阶段，改革征程上面临的多是难啃的硬骨头、棘手复杂的问题，在将经济社会发展推向新高度的同时，一系列新的时代命题应运而生。走好现代化新征程，需要全面深化改革，大力推进供给侧结构性改革，进一步优化我国经济结构，不断激发市场活力，提升经济发展的韧性、抵御外部风险的能力。对外开放是我国的基本国策，走好现代化新征程，要坚定不移扩大对外开放，提升贸易投资合作质量和水平，稳步扩大规则、规制、管理、标准等制度型开放，营造市场化、法治化、国际化一流营商环境，大力吸引全球资源要素，增强国内国际联动效应，加快构建新发展格局，以高水平开放促进高质量发展。

知之愈明，则行之愈笃。走在现代化新征程上，我们出版“现代化新征程丛书”，是为了让社会各界更好地把握当下发展机遇、面向未来，以奋斗姿态、实干业绩助力中国式现代化开创新篇章。具体来说，主要有三个方面的考虑。

一是学习贯彻落实好党的二十大精神，为推进中国式现代化凝聚共识。党的二十大报告阐述了开辟马克思主义中国化时代化新境界、中国式现代化的中国特色和本质要求等重大问题，擘画了全面建成社会主义现代化强国的宏伟蓝图和实践路径，就未来5年党和国家事业发展制定了大政方针、作出了全面部署，是中国共产党团结带领全国各族人民夺取新时代中国特色社会主义新胜利的政治宣言和行动纲领。此套丛书，以习近平新时代中国特色社会主义思想为指导，认真对照党的二十大报告，从报告原文中找指导、从会议精神中找动力，用行动践行学习宣传贯彻党的二十大精神。

二是交流高质量发展的成功实践，为推进中国式现代化汇聚众智。来自12家智库的专家参与本套丛书的编写。本套丛书立足中国式现代化的时代特征和发展要求，直面各个地区、各个部门面对的新情况、新问题，总结借鉴国际国内现代化建设的成功经验，系统地构建了前沿产业、商业环境、发展空间、基础设施“四位一体”的发展思路。丛书内容注重实用性、可操作性，努力打造成为地方政府和企业管理层看得懂、学得会、用得了的使用指南。

三是探索未来发展新领域新赛道，为推进中国式现代化注入新动能。面对百年未有之大变局，数字化转型与绿色化转型加速推进，为我国发展带来新的战略机遇。本套丛书面向未来，深入探索未来发展新领域新赛道，系统分析前沿产业发展的新潜力，为我国发展前沿产业提供新借鉴，为推进中国式现代化注入新动能。

“现代化新征程丛书”主要面向党员领导干部、企事业单位管理层和专业研究人员等读者群体，致力于丰富读者知识素养，拓宽其眼界格局，提升其执政能力、研究能力和实践能力。在丛书编制过程中，重点坚持以下三个原则：一是坚持政治性，把坚持正确的政治方向摆在首位，坚持以党的二十大精神为行动指南，确保相关政策文件、编选编排、相关概念的准确；二是坚持前沿性，丛书选题充分体现鲜明的时代特征，面向未来发展重点领域，内容充分展现现代化新征程的新机遇、新要求、新举措；三是坚持实用性，丛书编制注重理论与实践的结合，特别是用新的理论要求指导新的实践，内容突出针对性、示范性和可操作性。

“现代化新征程丛书”按照“四位一体”架构进行设计，第一期包含十余种图书，主要涵盖四个方面：前沿产业、商业环境、发展空间、基础设施。其中，“前沿产业”主题有“未来产业”“新金融”“服务型制造”“氢能产业”“元宇宙”“扎根实体经济”“制造新模式”；“商业环境”主题有“优化营商环境”；“发展空间”主题有“未来社区”“新型工业化基地”“先进制造业集群”；“基础设施”主题有“新基建”；此外，丛书编委会根据前期调研，撰写了“高质量发展典型案例”。

相知无远近，万里尚为邻。我们希望通过此套丛书，加强智库与智库、智库与传播之间协作，促进智库研究机构与智库传播机构的高水平联动，构建智库型出版产业体系和生态系统，实现“智库引领、出版引路、路径引导”，共同助力高质量发展，为全面建成社会主义现代化强国、实现第二个百年奋斗目标作出积极贡献！

隆国强

国务院发展研究中心副主任、党组成员

2023 年 1 月

前　言

从战略导向来看，绿色低碳已成为未来发展的主旋律。推进碳达峰碳中和是我国推动高质量发展的内在要求。《中华人民共和国国民经济和社会发展第十四个五年规划和2035年远景目标纲要》提出，在氢能与储能等领域组织实施未来产业孵化与加速计划，谋划布局一批未来产业。2022年1月，习近平总书记在中央政治局第三十六次集体学习时强调，要把促进新能源和清洁能源发展放在更加突出的位置，积极有序发展光能源、硅能源、氢能源、可再生能源①。党的二十大报告指出，高质量发展是全面建设社会主义现代化国家的首要任务，推动经济社会发展绿色化、低碳化是实现高质量发展的关键环节。《中共中央 国务院关于完整准确全面贯彻新发展理念 做好碳达峰碳中和工作的意见》提出，要推进经济社会发展全面绿色转型，加快构建清洁低碳、安全高效的能源体系。可见，能源贯穿于经济社会发展的全过程，能源领域是实现"双碳"目标的关键领域。

"以煤为主"的能源消费结构决定了我国实现碳达峰碳中和的任务艰巨而紧迫。在绿色低碳发展等政策的引领下，我国能源转型取得了显著成效。2021年，我国能源消费结构中，煤炭的占比由1990年的76.2%下降到56.0%，石油的占比由16.6%增加至18.5%，天然气的占

① 《习近平在中共中央政治局第三十六次集体学习时强调　深入分析推进碳达峰碳中和工作面临的形势任务 扎扎实实把党中央决策部署落到实处》，《光明日报》2022年1月26日 第1版。

比由2.1%大幅提高至8.9%，水电、核电、风电、太阳能发电等一次电力及其他能源的占比由5.1%增加至16.6%。欧美发达国家和地区已进入油气为主、核能与可再生能源并存的阶段，美国的煤炭消费占比仅为11%，英国、法国、加拿大等国的煤炭消费占比则在5%以下。我国煤炭在能源消费结构中的占比仍然过高，需要由以石化为主的能源结构，逐步转换为以可再生能源为主体，以煤炭、油气为保障的能源消费结构。

从典型地区经验来看，欧洲以碳中和为目标的能源革命主要依靠节能、清洁能源和绿氢三大支柱，即能效、电气化以及绿色氢能。第一个支柱，即建立和完善以能效为核心、以节能为重点、以循环经济为抓手的循环能源体系，致力于将电、热、气、水在工业过程中进行综合利用，并充分关联各独立工业过程的输入与输出，实现资源的循环高效利用。第二个支柱，即清洁能源支撑的电气化，包含两层意思，一是电从清洁能源来，二是在用能终端取代化石能源。第三个支柱，即在重工业、重型交通、铁路、航空、航海、化工工业、冶金工业等难以实现电气化的领域采用氢能替代。氢能替代主要聚焦电气化难以替代化石能源的两个重要方面，一是提供大型离网动力的能力，二是化石能源的燃烧属性。

作为全球能源转型发展的重要载体之一，氢能是一种来源丰富、绿色低碳、应用广泛的二次能源。以燃料电池为代表的氢能开发利用技术取得重大突破，为实现零排放的能源利用提供了重要解决方案。我国应牢牢把握全球能源变革发展大势和机遇，加快培育发展氢能产业，加速推进新型能源体系建设，积极稳妥推进碳达峰碳中和。

从国际来看，主要发达国家高度重视氢能产业发展，氢能已成为加快能源转型升级、培育经济新增长点的重要战略选择。日本、韩国、欧盟等国家和地区已将氢能发展上升为国家战略，美国也提出了清洁氢战略和氢经济路线图。美国、日本、韩国、德国等国家已掌握氢能核心技术，日本、韩国已构建自主化的氢能产业链、供应链。全球主要发达国家积极推进氢能产业示范应用，韩国已推广燃料电池汽车近3万辆，美国推广燃料电池叉车5万多辆，日本已有超过30万个家庭燃料电池热电联供装置投入应用。

从国内来看，我国是世界上最大的制氢国，年制氢产量约3300万吨。我国可再生能源装机量世界第一，在清洁低碳氢能供给上具有巨大潜力。经过20多年的科技投入，我国基本掌握氢能及燃料电池核心技术，初步构建了氢能产业技术体系。2017年以来，我国氢能产业发展呈现积极态势，原有氢能企业新产品开发和产业化能力不断取得新进展，大型国企、上市公司、新创企业和外部资本、国外技术及企业等加快涌入，主要城市和地区对氢能产业的关注度持续升温，不断强化和扩大区域产业布局。2021年以来，国家层面燃料电池汽车示范启动，国家氢能产业规划发布。在规模化示范应用的带动下，主要氢能企业加大投入力度，产品创新进程加快，批量化生产能力及智能制造水平大幅提升，燃料电池电堆及系统成本显著下降，产业链、供应链体系基本形成，我国氢能产业发展步入启动和高质量发展的关键时期。

在深入学习贯彻党的二十大精神和开启全面建设社会主义现代化国家新征程的大背景下，本书立足于我国氢能产业发展实践，系统研判我国氢能产业进展及发展特征，分析典型区域和重点企业发展态势，结合国外氢能产业发展及我国新能源汽车产业培育经验，提出我国氢能产业下一步发展思路和对策建议，旨在为各级政府部门提供决策依据，为产业主体把握产业发展动向提供借鉴，为社会公众了解我国氢能产业进展提供参考。

氢能是可再生能源规模化高效利用的重要载体，拥有大规模、长周期储能优势，能够促进异质能源跨地域、跨季节优化配置和推动氢能、电能和热能系统融合。氢能产业发展带来的核心技术、关键材料及重要装备等瓶颈突破将支撑我国制造业升级壮大，实现产业链良性循环和创新发展。氢能在交通、工业、建筑等终端的应用，将加快我国能源消费转型，促进高耗能、高排放行业绿色发展，发挥氢能对碳达峰碳中和目标的支撑作用。当今世界正经历百年未有之大变局，新一轮科技革命、产业变革同我国经济高质量发展要求形成历史性交汇。我国应牢牢把握全球能源变革发展大势和机遇，加快培育发展氢能产业，为建设新型能源体系、建设现代化产业体系和积极稳妥推进碳达峰碳中和提供有力支撑。

目　录

第一章

氢能技术原理及产业背景

氢能具有来源丰富、绿色低碳、应用广泛等特点，被视为未来的清洁能源，正逐步成为全球能源转型发展的重要载体。20世纪70年代，美国首次提出“氢经济”概念，认为氢能将来能够取代石油成为支撑全球交通的主要能源，旨在摆脱对进口石油的依赖。近年来，随着应对气候变化、实现能源转型等问题日益迫切，氢能在全球范围内受到高度重视。美国、欧盟、日本、韩国等发达经济体纷纷将氢能源纳入国家能源战略，持续推动氢能产业发展。在此背景下，我国于2022年3月发布了《氢能产业发展中长期规划（2021—2035年）》，将氢能产业确定为战略性新兴产业和未来产业重点发展方向。

一、氢能的基本原理及特征

（一）氢能的基本原理

氢能是一种洁净的能源载体，可以高效、便捷地转化为电和热。氢能的基本原理是采用化石能源或可再生能源实现大规模制氢，再通过燃料电池将氢能转化为电能，或通过其他技术将氢能转化为液体燃料，实现可持续循环。因而，氢能的利用是连接传统化石能源和可再生能源的重要桥梁，将成为未来能源体系的重要组成部分。需要强调的是，本书主要聚焦通过燃料电池将氢能转变为电能的技术及其产业化应用。

氢燃料电池是利用电解水的逆反应原理，将氢气和氧气的化学能直接转换成电能的发电装置，分别向阳极和阴极供给氢气和氧气，氢通过阳极扩散反应后向外放出电子，通过外部负载到达阴极形成电能。不同于燃烧，氢燃料电池的运行主要通过电化学反应将氢气转化为电和热，生成物只有水，不会对大气造成污染。

（二）氢能的主要特征

1. 来源广泛

氢元素储量丰富、来源广泛，能够满足大规模应用的需求。氢是宇宙中丰度最高的化学元素，约占宇宙总质量的 75%，主要以单原子形态和等离子态存在。氢在地球上主要以化合态形式存在，地球上氢元素的占比约为 0.76%，广泛存在于水和碳氢化合物中，是地球的重要组成元素之一。在常规条件下，氢的单质以双原子气体存在。氢气可以通过化石燃料重整、工业副产、水电解、生物质气化等途径制取。其中，基于可再生能源发电耦合电解水制氢实现了全生命周期的绿色清洁，是可再生能源实现大规模存储应用的关键路径之一。

2. 储运方式多样

氢作为一种实体能源，储存和运输方式多样、手段灵活，便于长期储存和长距离运输。氢能以高压气态、液态、液态有机化合物、固态金属氢化物等形式进行长期储存，通过长管拖车、输氢管道等形式进行运输，还可按一定比例掺入现有天然气管道，通过在管道下游分离出氢气的形式进行输送。

3. 清洁低碳

氢能源不含碳元素，在燃烧和用于燃料电池的电化学反应过程中，除生成水和少量氮化氢外，不会产生化石能源使用过程中的一氧化碳、二氧化碳、碳氢化合物、铅化物和粉尘颗粒等对环境有害的污染物质。与其他燃料相比，氢燃烧时最清洁，少量的氮化氢经过适当处理不会产生环境污染，且燃烧生成的水还可继续重复制氢使用。采用适当的制取和使用方式，氢能可成为零碳解决方案的重要支撑。

4. 安全可控

氢气密度小、扩散系数大，上升扩散速度是天然气的6倍，在开放空间中会迅速向上逃逸扩散，稀释到非可燃范围。因而，氢气比天然气和汽油更为安全。在受限空间做好实时监控及通风等，能够安全可控地开展氢能应用。相对于锂离子电池而言，氢气不具有内部起火的风险，燃料电池汽车安全性更有保障。与此同时，在氢气制、储、运以及燃料电池汽车运营各环节均有严格的标准及行业规范，在操作中严格执行，氢能安全风险将可防可控。此外，氢的工业应用已超百年历史，长期的实践也证明，氢气是一种安全性较高的能源。

二、氢能关键技术

氢能领域的关键技术集中在氢气制取、储运、加注及燃料电池等环节。其中，制氢技术包括化石能源制氢、电解水制氢、工业副产气制氢及太阳能光解水制氢等技术路线，储运氢技术包括高压气态储运、低温及常温液态、固态储运等技术路线，而燃料电池技术包括燃料电池核心材料、关键部件技术及电堆、系统集成技术等。

（一）氢能关键技术

1. 制氢技术

在氢制备环节，主要有以下四条技术路线：一是以煤和天然气为主的化石能源制氢；二是电解水制氢；三是以焦炉煤气、氯碱尾气、丙烷脱氢等工业副产气为主的提纯制氢；四是生物质制氢、太阳能光解水制氢等前沿技术。按照制氢过程的碳排放强度，所获得的氢气可分为灰氢、蓝氢和绿氢。

（1）化石原料制氢

化石原料制氢是传统的制氢方法，包括煤制氢、天然气制氢、甲醇制氢等。其中，煤和天然气制氢是最主要的方式，对传统能源有较强依赖性，且会产生大量碳排放。煤气化制氢适用于大规模制氢，我国煤炭资源丰富、价格低廉，具备规模效益和经济性优势，采用煤制氢技术获得 1 千克氢气约产生 11 千克二氧化碳，需要结合氧化碳捕集、封存技术，促进“灰氢”变成“蓝氢”才能具备综合效益；天然气制氢技术主要有蒸汽转化法、部分氧化法以及天然气催化裂解制氢，技术发展较为成熟、应用广泛，其氢气纯度较煤制氢高，但需要将原料气中的硫含量降低至 1ppm 以下，防止燃料电池催化剂中毒；甲醇制氢是将甲醇和水通过催化重整制氢，可直接驱动燃料电池发电，具备原料来源广泛、价格低廉、制氢装备简单且易于储存运输等优点，可采用组装式或移动式制氢装置。

（2）电解水制氢

利用可再生能源发电制氢是氢能制备的重要途径，电解水制氢主要分为碱性水电解（AWE）、质子交换膜（PEM）电解和固体氧化物电解（SOE）三种主要技术方式。其中，碱性水电解制氢技术发展成熟、商业化程度高、成本较低，现阶段应用较多，已有数十年规模化应用经验。由于可使用非贵金属电催化剂（如 Ni、Co、Mn 等），碱性电解槽催化剂生产成本较低。然而，碱性电解槽难以快速启动或变载，无法快速调节制氢速率，与可再生能源发电的适配性相对较差。质子交换膜电解制氢技术的电流密度高、电解槽体积小、运行灵活、利于快速变载，与风电、光伏发电的波动性和随机性具有良好的匹配性，但主要瓶颈在于成本和寿命，降低成本关键在于催化剂、以 PEM 为基础材料的膜电极、气体扩散层、双极板等核心组件。随着 PEM 电解槽的推广应用，其成本有望快速下降，是未来的发展趋势；固体氧化物电解制氢尚处于初步示范阶段，技术的发展取决于相关材料技术的突破情况。

（3）工业副产气制氢

工业副产氢是在工业生产过程中产生的氢气副产物，包括炼化工业、丙烷脱氢、焦炉煤气及氯碱化工等生产过程中的氢气。在氢能技术实现规模化应用前，炼厂催化重整生产过程中的氢气主要用于炼油加氢精制和加氢裂化生产装置，而其他工业过程副产的氢气大部分被用作燃料或放空处理，缺乏有效利用。焦炉气、氯碱、丙烷脱氢制丙烯和乙烷裂解制烯烃副产的粗氢，经过脱硫、变压吸附和深冷分离等工序后，可作为燃料电池车用氢源，成本远低于化石燃料制氢和水电解制氢。近年来，由于氢能产业发展和燃料电池汽车应用，工业副产氢逐步得到能源企业、化工企业等主体的高度重视，各类高效利用途径正在逐步探索，未来应用潜力巨大。

（4）生物质制氢

家庭、农业、林业等产生的生物质可用于生产氢气。使用成熟的技术对原材料进行气化，采用类似于天然气重整过程进行氢气制备，与碳捕集技术结合，可生产出负碳氢。生物质制氢主要有化学法和生物法，具有节能、环保、材料来源丰富的优点。化学法又细分为气化法、热解重整法、超临界水转化法以及其他化学转化方法；生物法可细分为光解水制氢、光发酵制氢、暗发酵制氢以及光暗耦合发酵制氢等方法。

2. 储运氢技术

储运氢技术是氢气从生产到利用过程中的关键桥梁，是实现氢能产业大规模发展的重要环节之一。制约氢气储运技术发展的核心问题在于在兼顾安全性、经济性的前提下如何提高储运过程中氢气的能量密度。氢气储运技术主要包括高压气态储氢、低温液态储氢、固态储氢和有机液态储氢等，通过氢化物的生成与分解或者基于物理吸附过程实现氢气储运。现阶段，已经实现商业化应用的氢气储运方式主要是高压气态与低温液态两种。

（1）高压气态储运技术

高压气态储运氢技术成熟、成本较低，现阶段应用最为普遍。通过压缩装置对氢气进行压缩后，注入特制高压储气罐或钢制管网进行储存、运输，使用时利用减压阀调节后，可直接释放氢气。根据储存压力的不同，气氢储存又可分为低压储存（≤ 35MPa）和高压储存（≥ 35MPa）。高压气氢储存容器制造难度较小，可利用现有空压机技术进行设备研发制造，气氢输送管道也可利用现有天然气输送管网相关技术及设备，整体投资成本和技术难度相对较低。

然而，气态氢单位体积储能密度低，氢气压缩过程中耗能较大，储运容器需采用特制钢瓶或碳纤维储气瓶，对材料承压强度、气密性要求较高。因而，气态氢储运装备重量和尺寸普遍较大，储存氢气重量往往只占容器重量的 1%~2%，低压储运往往经济性不高，而 35Mpa 以上的高压气氢储运对设备及工艺的安全性要求更高。此外，氢气容易使金属材料产生氢脆现象，气氢运输管道需进行特殊防腐、抗氢脆等工艺处理，氢气的高效安全输送和储存难度较大。

因此，氢气储运时需根据运输距离、用户需求、用氢规模等特点选择储氢钢瓶运输或铺设输氢管道。储氢钢瓶运输方式适用于距离短、小规模、用户分散的应用场合，国内多采用长管拖车运输储氢钢瓶，工作压力通常为 20~30MPa，容积不大于 3000L，单车运氢量不超过 500 千克，运输效率偏低，成本较高。氢气管道具有种类多、管径和压力范围大、量大面广等特点，适用于距离短、用量大、使用稳定且连续、用户分布集中的场合。将氢气以一定比例掺入天然气，并利用现有天然气管网输氢可以大幅降低建设成本，是氢气大规模运输的方案之一。

（2）液态储运技术

“液氢”储运是指氢气被加压、降温冷却至液化温度以下，处于液体状态进行储存和运输。当氢气冷却至液体状态时，密度约为气态氢的

865 倍，能量密度高，因此储运相同质量氢气的容器体积更小、运输效率更高，是一种理想的储存、运输方式。

然而，低温液氢储运的方式也存在一些缺点。例如，氢气液化过程将消耗大量的外部能量，约占所储存氢能能量的 30%；液氢储存装置需具有双层真空绝热壁面结构，且需加装安全控制保护装置以起到抗冲击和减震作用，增加了液氢储运容器的成本和技术难度。此外，液氢沸点低，极容易气化造成损失。目前，我国低温液态氢运输只服务于航空航天领域。因此，液氢储运适用于远距离、大规模使用的场合，采用拖车、火车进行运输，未来可利用绝热性良好的液氢输送管道进行运输。

（3）固态储运技术

采用固体储氢材料对氢气进行物理吸附或发生化学反应等方式，储存、释放氢能的方法被称为“固氢”储运技术。储氢材料是实现氢气吸附与释放的关键，常用的固体储氢材料包括金属储氢合金、碳质储氢材料等。固氢储运能量密度很高、容器体积较小、性能稳定、输送能力强、安全性高，但现阶段对于固态储氢材料的要求较高，相关性能无法满足商业化需求，仍需进一步加强研发。

（4）有机液态储运技术

有机液态储氢是指通过加氢反应将氢气固定到芳香族有机化合物中，形成稳定的氢有机化合物液体。常温常压下氢有机化合物一般为液体，方便运输和储存，到达用户端后通过催化反应释放出氢气，脱氢后的有机液体可循环使用。可利用现有汽柴油设施，在常温常压下存储和运输。然而有机液态氢储存反应时间较长，储存效率较低，脱氢技术复杂，脱氢能耗大，脱氢催化剂等技术瓶颈亟待突破。

3. 加氢技术及装备

加氢站作为向氢燃料电池汽车等应用终端提供氢气的基础设施，是氢能产业中不可或缺的环节。加氢站的主要设备包括高压储氢装置、氢气压缩装置、氢气加注设备及站控系统等。高压储氢装置通常由一个大容积无缝锻造压力气瓶和一个小容量低压气瓶组成。氢气压缩装置主要有隔膜式氢气压缩机和液压活塞式氢气压缩机两种，是加氢站的核心设备。氢气加注设备的原理与天然气加注设备相似，但压力高达35~70MPa，对承压能力和安全性要求较高。

（二）燃料电池关键技术

氢燃料电池具有能量转化效率高、污染小、噪声小等诸多优势，被公认为一种潜力巨大的能源利用方式。氢燃料电池系统主要由燃料电池电堆和辅助系统组成，燃料电池电堆又包括核心组件及材料。

1. 燃料电池电堆核心组件及材料

燃料电池电堆是燃料电池系统的核心部件，是电化学反应的发生场所，是燃料电池系统的能量输出来源。电堆由多个单体电池以串联方式层叠组合构成，单电池叠合密封后，用前、后端板（集流板）压紧后再用螺杆紧固，构成燃料电池电堆。单体电池由双极板、膜电极组件（催化剂、质子交换膜、碳纸 / 碳布）和密封件组成（见图 1–1）。

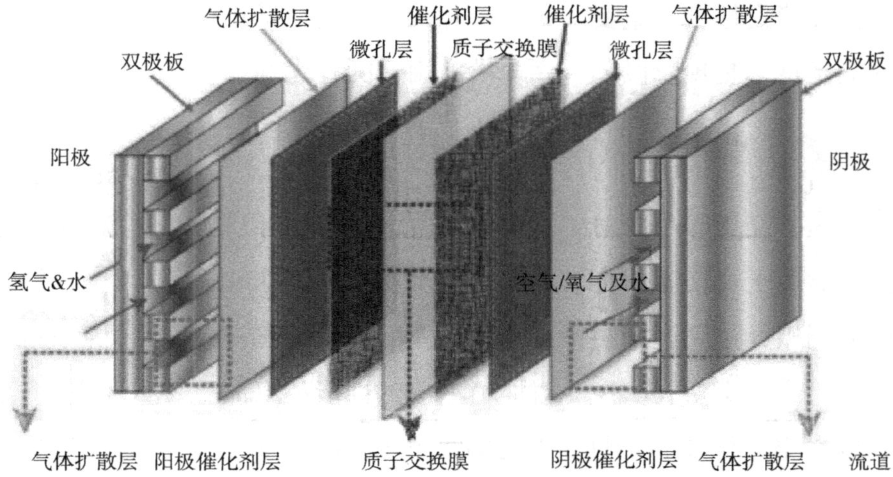

图 1-1　质子交换膜燃料电池结构

资料来源：朱明原，刘文博，刘杨，等. 氢能与燃料电池关键科学技术：挑战与前景 [J]. 上海大学学报（自然科学版），2021，27（3）.

（1）膜电极

膜电极（MEA）作为质子交换膜燃料电池发生化学反应的场所，是传递电子和质子的介质，也是反应气体、尾气和液态水紧密接触的场所。客观而言，膜电极是质子交换膜燃料电池最重要的组件，决定了电堆的性能、成本和寿命。膜电极通常由质子交换膜、阴－阳极催化层和阴－阳极气体扩散层组成。

（2）催化剂

催化剂是质子交换膜燃料电池（PEMFC）膜电极的关键材料之一，可分为钴催化剂、低铂催化剂和非铂催化剂。催化剂的作用是降低氢和氧反应的活化能，促进氢、氧在电极上的氧化还原过程，提高反应速率。PEMFC 的工作温度一般在 70~80℃，属于低温燃料电池。为使阴阳极上的反应，特别是阴极的氧还原反应达到实际应用速率，催化剂的活性和稳定性至关重要。铂基催化剂具有电化学稳定性、导电性，催化性能优良，是现阶段唯一大规模商用化的催化剂。

（3）质子交换膜

质子交换膜（PEM）作为电解质，具有传导质子、隔离反应气体的作用。质子交换膜作为燃料电池内部质子的迁移和输送通道，可引导质子从阳极经过膜达到阴极，与外电路的电子转移构成回路，向外界提供电流，质子交换膜的性能对燃料电池的性能和寿命至关重要。质子或离子传导率、气体渗透性、稳定性、机械强度、经济性等是衡量PEM性能的核心指标。目前，已用于燃料电池的PEM包括全氟磺酸膜、非全氟化质子交换膜、无氟质子交换膜、复合膜、高温膜以及碱性膜等类型，其中，全氟磺酸膜使用最为广泛。

（4）气体扩散层

气体扩散层（GDL）通常由碳纸或碳布组成，应具备高导电性、高强度、高孔隙度和一定范围内的孔径分布、耐腐蚀及结构致密、表面平整等特性，主要发挥传质、导电、传热、支持催化层及导水的作用。作为燃料电池的核心材料之一，GDL目前主要以碳纤维布、非织造布、碳纸及碳纤维纸作为基本材料。

（5）双极板

双极板是燃料电池的核心组件，约占电堆总质量的80%，在燃料电池运行中起到导电、导气、导热等作用，需要具备良好的导电性、耐腐蚀性、较高的机械强度且要求质量较轻。双极板的材料通常有石墨、金属和复合材料三类。石墨是最早开发应用于PEMFC双极板的材料，具备耐腐蚀性和耐久性，缺点是制作周期长、抗压性差、厚度大等，目前主要用于燃料电池专用车和客车；金属双极板机械强度高、韧性好、导电和导热性能好，可以方便地加工成型，厚度较小（0.1~0.3mm），有利于提高电堆功率密度，目前主要应用于燃料电池乘用车；复合材料双极板兼具石墨材料的耐腐蚀性和金属材料的高机械强度，未来有望成为燃料电池双极板的低成本化发展方向。

2. 燃料电池辅助系统

高性能的燃料电池系统，除高性能电堆外，还需要与其相匹配的辅助系统，包括氢气循环泵、储氢装置、压力调节器等燃料供给系统和空气压缩机、加湿器、散热器、电子控制系统等。

三、氢能产业链的基本形态

（一）氢能产业链的基本结构

氢能产业链涵盖制氢、储运、加氢等氢能供给环节，以及燃料电池系统等氢能应用环节。氢能产业链可分为上游、中游及下游。上游为氢能供给环节，主要包括氢气制备、氢气储运及氢气加注；中游主要涉及氢燃料电池系统、燃料电池电堆及辅助系统；下游是氢能及燃料电池应用，包括固定式领域、交通领域和便携式领域，其中燃料电池汽车领域是发展最快的（见图 1-2）。与动力电池产业链相比，氢能与燃料电池产业链更长，技术复杂度和产值预期更高。

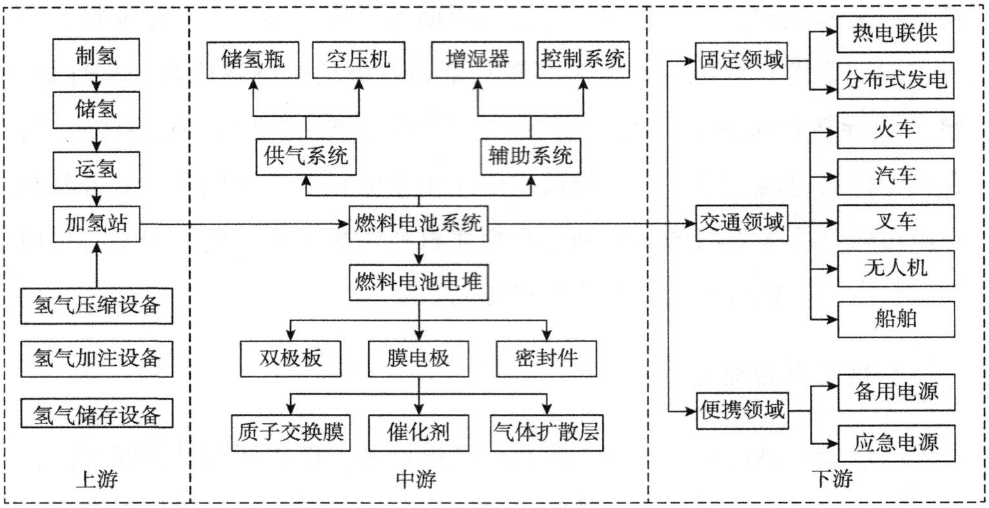

图 1-2　氢能产业链基本形态

资料来源：根据公开资料整理

（二）氢能的主要应用

如前所述，氢能及燃料电池主要应用于三大领域，即固定式领域、交通领域和便携式领域。

1. 固定式领域

固定式燃料电池系统主要应用于通信基站、分布式电源、大型热电联供系统、居民住宅燃料电池系统及备用电源等。固定式燃料电池主要由熔融碳酸盐燃料电池、固体氧化物燃料电池和磷酸燃料电池三种技术主导。现阶段，国外燃料电池热电联供系统发展较为迅速，可将供热和发电联合在一起，综合效率可达到 90% 以上，已经在欧美日韩等国家和地区实现了规模化应用。

2. 交通领域

燃料电池可以发挥氢能清洁无污染、能量转化效率高等优势，是氢能源的最佳利用方式，可助力实现交通运输行业低碳化转型，在全球范围内具有广阔的应用前景。在道路交通领域，燃料电池大巴、重型卡车、物流车、拖车等大功率、长续航商用车相较于纯电动汽车具有加注时间短、续航里程长等优势。在船运领域，氢及氢基燃料可实现对长途船运的脱碳改造，满足国际公约和法规对船舶日趋严格的排放要求。在航空领域，绿氢和二氧化碳合成航空燃油，是长距离航空交通的有效脱碳方案。

3. 便携式领域

便携式燃料电池具有发电效率高、比能量高、噪声低、无污染等诸多优势，可用于笔记本电脑、相机及户外作业耗电装备等民用和军用领域。便携式燃料电池通常由燃料电池单独发电，功率在 200W 以下，以系统的功能实现和可靠性为原则，兼顾储电能力和系统质量。

第二章

国外氢能产业进展及政策分析

欧盟、美国、日本等发达国家和地区的氢能产业起步较早，氢能发展战略及产业定位清晰，技术路线明确，氢燃料电池研发和示范应用持续推进，已在燃料电池技术体系建设、车辆推广应用、加氢站建设、产业链构建方面形成一定优势。

一、国外氢能产业发展的战略导向

（一）氢能发展战略及产业定位清晰

美国、日本、韩国、欧盟等都明确了氢能产业定位，制定了产业发展战略。2002 年，美国能源部发布了《国家氢能路线图》，提出到 2040 年全面实现氢经济。2019 年，美国燃料电池和氢能协会（FCHEA）制定了《美国氢能经济路线图》，展望了 2050 年氢能经济的发展前景。2022 年 9 月，美国能源部发布《国家清洁氢战略与路线图（草案）》，全面分析了美国氢气生产、储运和应用的潜力，阐述了清洁氢将如何助力美国实现脱碳和经济发展目标。

日本在 2011 年福岛核电站核泄漏事故之后放弃了纯电动汽车计划，凭借其在氢能及燃料电池领域的技术积累，积极推动氢能应用，将氢能与电能、热能共同作为三大“二次能源”。2014 年，日本政府出台《第四次能源基本计划》，明确提出了氢能社会的建设和发展战略方向。日本 2021 年发布的第六版《氢能战略计划》提出，到 2030 年利用氢和氨所生产的电能将占日本能源消耗的 1%。

韩国政府于 2018 年发布了关于韩国建立氢能经济社会的方案，目标是利用可再生能源、天然气、水等制取氢气，建立一个以氢能为主要能源的可持续、低碳社会。2018 年 6 月，韩国发布了《氢燃料电池汽车产业生态路线图》，旨在推动氢能燃料电池汽车的普及。2020 年 2 月，韩国发布了《促进氢经济和氢安全管理法》，旨在促进基于氢能安全的氢经济建设。2021 年底，韩国发布了《氢经济发展基本规划》，提出到 2050 年，韩国氢能应用将占终端能源消耗的 33% 和发电量的 23.8%，超过石油成为最大单一能源。

欧盟于 2002 年成立了氢能与燃料电池高层小组，2003 年发布《氢能和燃料电池——我们未来的前景》，制定了欧洲 2000—2050 年三个阶段的氢能研发和示范路线图。2016 年，欧盟发布《可再生能源指令》，将氢能作为能源系统的重要组成部分。2020 年 7 月出台的《欧盟氢能战略》提出，到 2024 年将安装 600 万千瓦的电解设施，以具备 100 万吨绿氢制备能力；到 2030 年将安装 4000 万千瓦的电解设施，以具备 1000 万吨绿氢制备能力；到 2050 年制备的氢均为绿氢，并将 25% 的可再生能源用于电解制氢。在欧盟国家中，德国推动氢能发展较为积极。2020 年 6 月，德国联邦政府出台《国家氢能战略》，构建了德国未来氢能生产、运输、使用等方面的政策框架，并提出要为氢能技术的市场增长创造良好条件，通过可再生能源制氢确保德国能源供应安全，增强德国在氢能技术方面的工业竞争力。

（二）氢能主管部门分工明确

为推动氢能产业发展，各国均明确了政府部门的职能分工，或成立专门组织机构，以推进相关产业政策落地实施。韩国政府新增或调整部门分工，在工业部下设置了可再生能源部、汽车与航空部、能源安全部，分别负责推动氢能产业发展、氢燃料电池汽车推广、加氢站安全管理；在环境部下设置了清洁空气规划部负责加氢站建设；在国土交通部下分设了汽车管理部和道路运营部，分别负责氢燃料电池汽车安全和加氢站布局工作，共同完成建设氢能经济社会的目标。

美国能源部从2001年开始陆续发布氢能相关战略及政策，能源部下属的氢能与燃料电池技术办公室、化石燃料办公室、基础科学办公室、核能办公室分别结合各自的职责范围研究发布相关政策文件，2003年基础科学办公室发布了《氢经济基础研究需求》，2020年化石燃料办公室发布了《实现低碳经济的氢能战略》，2020年科学与技术信息办公室发布了《集成能源系统2020路线图》，2017年汽车技术办公室发布了《美国驱动燃料电池技术团队路线图》等。

2004年，德国政府协调联邦交通和数字基础设施部等多个部门，成立了国家氢能与燃料电池组织（NOW），以推动氢能产业发展。NOW在2006年启动了氢和燃料电池技术国家创新计划（NIP），共募集14亿欧元的专项资金用于750个氢能项目开发，其中7亿欧元由德国政府出资，其余资金则按项目合作制度由产业提供。

1980年，日本经济产业省（METI）成立了日本规模最大的核心性研究开发管理机构——日本新能源产业技术综合开发机构（NEDO）。2005年，NEDO开始对氢燃料电池开展大规模的应用研究，组织国内重点企业、研究机构集中力量开展科研攻关，以实现快速技术突破，避免恶性竞争和资源浪费。

（三）结合各自资源特征确立制氢技术路线

为保障氢能供给，各国根据自身资源优势确立了制氢技术路线。美国以天然气重整制氢为主，以工业副产物制氢为辅。日本利用风电、光伏等富余电力开展电解水制氢，同时积极建设海外氢能供给体系。韩国近期以发展副产氢为主，远期采用大规模天然气重整制氢和水电解制氢。冰岛利用地热和水利资源发电，进行电解水制氢。挪威大力发展天然气制氢和二氧化碳捕捉封存技术。

（四）持续对氢燃料电池技术研发给予支持

为突破氢燃料电池技术和保持领先优势，日本、欧盟等国家和地区对相关技术研发长期、持续地给予支持。日本从 1993 年就启动了氢能源研究方面的计划及策略贯彻的 WE-NET 项目。第一阶段从 1993 年到 1998 年，主要进行不同氢技术的可行性分析，研究制定适用于日本的氢能源行业计划。第二阶段从 1998 年到 2002 年，主要对选定方案进行介绍、验证及测试，同时开展更进一步的研究和计划。以上两个阶段的研发预算为 200 亿日元，约合 2 亿美元。接下来的研究项目聚焦氢能源安全利用方面的基础技术研发，持续到 2020 年，主要方向是氢能源基础建设在日本的逐步普及。

2022 年 7 月，美国能源部宣布，将为 6 个氢能研发项目提供 2490 万美元，具体包括制氢、燃气轮机氢氨混合发电、氢燃气轮机优化等内容，以支持清洁氢发电技术的发展。美国能源部将与私营公司合作，使氢气成为应用更广和效率更高的发电燃料。这些项目将有效提高现有和新型氢能技术的可靠性和灵活性。

欧盟和欧洲其他主要国家也出台了相应的技术研发支持政策。2008年，欧洲工业委员会和研究机构等发起了《燃料电池与氢能联合行动计划项目》，2008—2013年该项目投资约9.4亿欧元，主要用于交通和基础设施、固定式发电和热电联供、制氢和氢气运输等领域的研究。2013年，欧盟委员会投资14亿欧元启动了项目第二阶段（2014—2024年）工程，目标是将燃料电池系统成本降低90%，将燃料电池发电效率提高10%，力争利用可再生能源电力发展大规模制氢，以促进氢燃料电池汽车产业的发展。据不完全统计，2007—2015年，欧盟在氢能与燃料电池方面约投入了74亿欧元。2006年，德国政府、工业和科学界达成战略联盟，启动名为“氢和燃料电池技术国家创新计划”（NIP）的长达10年的重大项目，用以资助相关技术研发。鉴于NIP第一阶段成效显著，德国政府相关部门已确定将NIP计划延续第二期至2026年，重点包括研发和市场启动两个方面。2021年5月，德国联邦经济部和联邦交通部宣布，将启动62个由国家资助的大型氢能项目，作为实施国家氢战略的一项重要措施，同时这也是欧洲联合氢能项目的一部分。

（五）不断完善氢能产业政策体系

美国、日本、韩国、欧盟等国家和地区通过制定一系列产业政策，不断完善氢能产业支持体系。2019年3月，日本经济产业省发布了新版《氢能与燃料电池路线图》，提出了燃料电池汽车推广应用、燃料电池动力系统经济性、加氢站建设及运营等方面新的发展目标。同时，日本制定了“氢燃料电池战略技术发展战略”，确定了燃料电池、氢供应链和电解水三大技术领域10个优先发展项目。2019年10月，韩国宣布了“氢试点城市推广战略”，提出到2019年底，发展三个氢能试点城市。

美国也不断完善氢能产业支持政策，《1990年氢气研究、开发及示范法案》《氢能前景法案》《国家氢能发展路线图》等相继出台。2004年《氢立场计划》的发布，确认了研发示范、市场转化、基础建设和市场扩张、完成向氢能社会转化等四个发展阶段。2014年发布的《全面能源战略》确定了交通转型中氢能的引领作用。2021年，美国能源部宣布投入5250万美元用于支持31个氢能相关项目，这笔资金由美国能源部能效和可再生能源办公室（EERE）提供3600万美元，由化石能源和碳管理办公室（FECM）提供1650万美元，31个项目涵盖氢能生产、储存、分配和利用各环节。近10年来，美国政府给予氢能和燃料电池产业超过16亿美元资金支持，积极制定相关财政标准和减免法规支持氢能基础设施建立和氢燃料发展。美国最新的生物质气化制氢和聚合物电解质膜电解水制氢成本已降为天然气重整制氢的40%~50%。

二、国外氢能产业进展

（一）产业发展整体状况

1. 全球氢能产业快速扩张

根据国际氢能委员会2021年的报告，自2021年2月以来，全球范围内启动了131个大型氢能开发项目，预计2030年全球氢能领域投资总额将达到5000亿美元。国际能源署跟踪的33家代表性氢能公司的资本总额增加了约200亿美元，2021年开始运营或在建的氢气电解项目的资本支出约为15亿美元，是2020年的3倍多。在产业规模方面，2021年全球制氢电解槽交付量达458MW。根据彭博财经的估测，2022年全球电解槽交付量至少增3倍，达到1.8~2.5GW。其中，中国制氢电解槽交付量将达到1.3~1.8GW。在燃料电池方面，2019年全球燃料电池出货量首次突破1GW。2021年，全球燃料电池出货量超过2.3GW，其中，质子交换膜燃料电池占比超过86%。

2. 主要国家初步构建起氢能产业体系

美国十分重视氢能产业链上下游相关技术以及市场的开发和培育。目前，美国氢能技术体系及产业链基本完善，在氢燃料电池汽车市场、加氢站利用率等方面处于全球领先水平。美国是世界上最大的氢气生产国和消费国之一，每年的氢气消耗量超过1100万吨，其中，大约80%来源于天然气重整，其余大部分是石油炼化工业的副产氢。

欧盟在风力和光伏发电方面发展迅速，可长期为绿氢的生产提供便利条件。同时，欧盟拥有较为完善的天然气基础设施，通过对其进行扩建可为氢能的运输提供支持。基于自身优势，欧盟基本形成较为完整的氢能产业链，初步实现商业化运转。欧盟已安装超过140MW的电解专用制氢设备，占全球产能的40%以上，正在开发的输氢管道容量到2030年将超过20GW。

由于日本氢能技术研发起步早、发展快，其氢能和燃料电池技术方面的专利数量世界第一，在燃料电池和燃料电池车领域占据着优势。日本进一步把氢能列为与电能和热能并列的核心二次能源，力争构建“氢能源社会”，力争“成为全球第一个实现氢能社会的国家”。2020年，日本的氢气需求量接近200万吨，其中炼油占了近90%，其余部分是氨生产需求。在氢气来源方面，天然气重整制氢占50%以上，另有45%是石化产业副产氢，其余来源于煤制氢。为此，日本致力于构建国际氢能供应链，积极推动氢能与褐煤等多种化石能源及可再生能源的耦合和协同发展。

韩国大力发展氢经济和推进氢能社会建设。2020年，韩国氢气需求量超过180万吨，几乎全部用于炼油和石化生产。在氢气来源方面，约60%的氢气来自各种来源的副产品，其余40%来自天然气重整。在燃料电池汽车领域，现代汽车公司早在1998年就开始着手燃料电池汽车的开发，2000年推出首款燃料电池汽车。此后，现代汽车公司不断改进电堆材料及工艺，提升燃料电池电堆性能和燃料电池汽车技术，构建了自主的产业链、供应链体系，并于2013年实现了燃料电池汽车量产。

3. 交通领域正成为氢能产业发展的突破口

从氢能示范应用情况来看，当前氢燃料电池的出货主要集中在交通运输、便携式发电和固定发电站等领域。其中，交通运输领域氢燃料电池应用最为集中，正在成为氢能产业发展的突破口。据国际咨询机构E4Tech统计，2020年全球交通运输用燃料电池出货量为994MW，近五年该领域复合增长率高达34.1%。在示范应用占比方面，交通运输领域燃料电池出货量占全球燃料电池出货量的比例从2015年的38.2%提升至2020年的75.4%，呈现出逐年迅速增长的态势。燃料电池汽车的发展带动了交通运输领域燃料电池需求。根据中国氢能联盟研究院初步统计，截至2022年底，全球主要国家燃料电池汽车总保有量达到67315辆，同比增长36.3%，其中韩国、美国、中国、日本位居全球前四位，保有量分别达到 29369 辆、14979 辆、12682 辆、8150 辆，占全球总数的 96%；在营加氢站数量达到 727 座，同比增长 22.4%，中国、韩国、日本、美国、德国的加氢站数量分别为 358 座、168 座、164 座、54 座、96 座。

根据韩国市场研究机构 SNE Research 的数据，2022 年 1—11 月，全球注册燃料电池车辆 18457 辆，较上年同期增长 14.2%，估计 2022 年全年销量超过 2.2 万辆，其中燃料电池乘用车超过 1.5 万辆。其中，现代 Nexo 销量达到 1.07 万辆，首次突破万辆，占据全球市场份额的 58%，累计销量达到 3.2 万辆，丰田 Mirai 销量达到 3238 辆，累计销量达到 2.1 万辆（见图 2–1）。

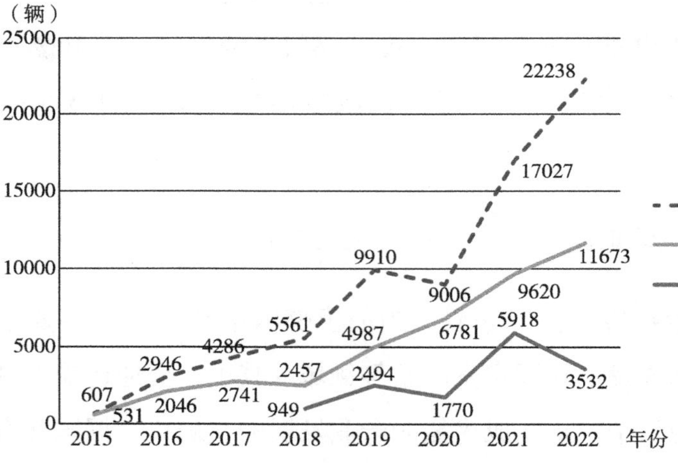

图 2-1　全球主要车企燃料电池汽车销量及预测

注：图中 2022 年的数据为 2022 年底韩国市场研究机构（SNE Research）预测。
资料来源：SNE Research

宝马和大众等其他汽车制造商也宣布开发氢燃料电池汽车以及一系列新型电池电动汽车，除丰田、现代之外，戴姆勒、斯堪尼亚、Solaris 客车、德国 Faun 集团、沃尔沃、五十铃、依维柯等传统商用车企业都在开发燃料电池商用汽车。随着技术的不断成熟和经济性逐渐显现，燃料电池汽车细分行业将从导入期步入发展期，规模化推广应用将成为可能，并将带动燃料电池产业化和氢能技术发展，使供氢体系不断完善，进而带动氢能产业化。

在船用燃料电池领域，巴拉德、三星重工、大宇造船、维京公司等企业也在积极开展船用燃料电池系统的型式认证和产品开发工作，将首先在拖船、渡轮、邮轮等领域开展燃料电池船舶的应用；在无人机领域，罗尔斯·罗伊斯、GE 集团、现代集团、斗山创新、普拉格能源等企业分别启动了燃料电池航空发动机、大载重物流无人机、长续航军用无人机的开发和测试工作。此外，各国也在研究开发氢燃料电池系统在自行车、越野赛车、房车、消防车、城际客车、动力机车、水下无人航行器、集装箱车、采矿车等综合交通领域的应用。

4. 工业领域应用范围不断扩大

近年来，氢能在工业中的应用不断加速，世界主要产钢国开始致力于探索氢冶金技术及其应用，开展阶段化技术验证和项目建设。欧洲开展氢冶金研究和实践的钢铁企业主要有安赛乐米塔尔、瑞典钢铁公司、萨尔茨吉特、蒂森克虏伯、奥钢联及普锐特等。以蒂森克虏伯为例，该公司与液化气公司合作，计划到 2050 年投资 100 亿欧元开发氢炼铁技术。2019 年 11 月，蒂森克虏伯启动了杜伊斯堡厂 9 号高炉氢炼铁试验，可降低生产过程中 20% 的二氧化碳排放。

2008 年，日本启动“COURSE50”低碳炼铁项目，通过氢还原炼铁法减少高炉二氧化碳排放，通过化学吸收法和物理吸附法将高炉煤气中的二氧化碳进行分离和回收，达到整体减排 30% 的目标。日本新能源产业技术综合开发机构（NEDO）委托日本制铁、JFE、神户制钢、日新制钢、新日铁工程公司等 5 家公司进行试验，预计 2030 年实现 1 号机组工业生产，2050 年普及到日本国内所有高炉。

5. 氢能领域专利数量不断增加

20 世纪 70 年代，随着美国、日本、欧洲等国家和地区对氢能技术的不断探索，各国逐步重视氢能发展，专利申请数量不断增加。从 2000 年开始，不少国家陆续发布氢能发展战略，氢能专利数量不断增加。根据欧洲专利局（EPO）和国际能源署（IEA）公布的汇总全球各国氢相关专利申请情况的联合报告，2011—2020 年，日本申请的氢能专利数量超过 3 万件，占全球总数的 24%，居于首位，氢燃料电池专利数量较多成为日本的优势；美国的专利注册量占全球的 20%，但在十年间其占比出现下降；在欧盟国家中，德国占 11%，法国占 6%；韩国、中国氢技术相关专利数量的占比分别为 7% 和 4%，且增速较快，年均增长率分别为 12.2% 和 15.2%。

从全球氢能技术分支专利申请情况看，氢气制备技术专利数量占比约为 15%，电堆系统和控制系统技术专利数量总计占比约为 73%，制氢和燃料电池系统是专利最为集中的领域。在全球排名前十的专利申请人中，日本企业占据 5 家，丰田、本田、日产等公司成为氢能专利申请的主力，其氢能产业创新与成果转化衔接较好，如日本丰田公司拥有的专利数量超过 2.4 万件，并将技术专利转化为 Mirai 等先进燃料电池汽车产品。欧洲企业则主要在电解制氢、燃料电池等领域技术领先，液化空气、林德、巴斯夫等企业专利数量领先。与此同时，各国均较为重视海外专利布局，日本、美国的海外专利比例均超过 50%（见图 2-2）。

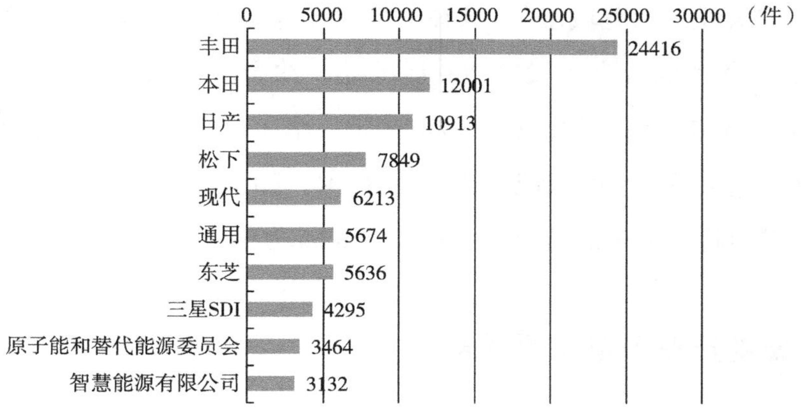

图 2-2　全球氢能领域专利申请人排名情况（截至 2020 年底）

资料来源：赛迪智库

（二）氢能示范区域进展

德国和韩国都提出了氢能示范区计划，以推动燃料电池示范应用。德国国家氢和燃料电池技术创新计划（NIP）2019 年提出建设氢能示范区（HyLand），先后确定了 3 批次共 25 个氢能示范区试点。德国的氢能示范区主要分为三种类型：HyStarter 侧重于理念萌芽或着手组织搭建的地区，共 6 个名额，用于支持培训本地利益相关者（政策制定者、市政公司、工商业和社会）以及基于可再生能源制氢在交通、电力、储能、供暖方面的初步应用；HyExperts 侧重于创建集成概念和具备开展项目可行性研究的地区，共 13 个名额，单个地区初步资助 30 万欧元；HyPerformer 侧重于已着手方案具体实施的地区，共 3 个名额，单个地区初步资助 2000 万欧元。与此同时，德国政府在全国范围内开展了 20 个“能源转型实验室”项目，推动氢能在交通、供暖等领域的规模化综合利用。

2019 年 12 月，韩国国土交通部宣布选择安山、蔚山、完州与全州作为“氢经济示范城市”，选择三陟市作为氢技术研发中心。韩国政府将在三个示范城市各投资290亿韩元（约合人民币1.73亿元），其中50%由地方政府支付，每个城市选定一个10平方公里的氢能示范区域，在住宅和交通领域率先采用氢能技术。韩国计划到2040年，全国40%的城市将成为氢能城市，总计运营82.5万辆氢能汽车。

（三）氢能产业示范应用进展

氢能产业示范应用主要包括移动式及固定式领域燃料电池示范应用、氢能领域示范应用等。

在移动式燃料电池示范应用方面，截至2022年4月，美国燃料电池移动装备总量已经超过6万台（套）。其中，燃料电池乘用车1.3万辆，燃料电池客车70辆，燃料电池卡车4辆，燃料电池叉车5万多辆，建成50座加氢站。韩国燃料电池汽车数量已超过1.9万辆，并且与美国一样以乘用车为主，燃料电池客车保有量仅有129辆。日本共计推广燃料电池乘用车7100多辆，燃料电池客车120辆，加氢站157座，另有近400辆燃料电池叉车。德国推广1600多辆燃料电池汽车，有70辆燃料电池客车和20辆燃料电池货车，建设加氢站100多座，另有100多辆燃料电池叉车。2018年6月，世界第一辆氢动力列车在德国北部试运行。英国推广300多辆燃料电池乘用车、58辆燃料电池客车和36辆燃料电池货车，建设加氢站26座。

在固定式燃料电池示范应用方面，日本、美国、韩国和欧洲在燃料电池热电联供领域处于世界领先地位。截至2022年，日本的家用燃料电池热电联供Ene-Farm项目已部署超过40万台（套），并提出将在2030年推广530万套，占日本家庭的10%。除家用外，日本也在探索燃料电池热电联供在商业建筑领域的应用，东芝推出 H2Rex 系列系统，用于零售店和酒店等小型商业应用；欧洲已部署了大约 10000 套家用燃料电池热电联供系统，FCH-JU 在欧盟启动 Ene.field 示范项目，支持了 1046 套 300W~5kW 的 PEM 和 SOFC Micro-CHP 系统，其中磷酸燃料电池项目超过 1100 台设备、Ene.field 项目超过 1000 台设备，德国“住宅建筑节能维护改造”项目超过 4500 台设备。美国和韩国专注于开发兆瓦级大型燃料电池分布式发电站系统，作为数据中心或者办公大楼主体或备用电源，到 2020 年，韩国固定式燃料电池装机容量为 620MW，是 2018 年底的两倍。

在氢能领域示范应用方面，截至 2021 年 6 月，美国已有 17MW 的电解制氢项目在运营，输氢管道容量为 1.4GW。另外，美国还有 120MW 电解制氢项目正处在早期开发阶段，将于 2030 年上线运行。德国林德集团（Linde）和韩国晓星集团（Hyosung）于 2021 年开始合作，在韩国建设亚洲最大的液化氢气厂，为交通行业提供氢气。澳大利亚可再生能源制氢潜力巨大，已布局 9 个容量 1GW 以上制氢项目，2030 年电解制氢产能将达到 20GW。

第三章

我国氢能产业发展前景巨大

从战略导向来看，绿色低碳已成为我国未来发展的主旋律，高质量实现碳达峰碳中和目标，已成为我国能源产业发展与转型的必然要求。氢能产业的发展，将有力促进能源结构优化、能源安全提升和“双碳”目标实现。

一、我国氢能产业发展势头良好

（一）顶层设计逐步健全，地方政策密集出台

1. 产业顶层设计逐渐明朗

近年来，我国氢能产业逐渐受到重视，国家层面战略导向和顶层设计初步明确。早在“十二五”期间，燃料电池汽车就被列为新能源汽车产业的重点发展方向之一。2012 年，国务院印发的《节能与新能源汽车产业发展规划（2012—2020 年）》提出，燃料电池汽车、车用氢能源产业要与国际同步发展，开展燃料电池电堆、发动机及关键材料核心技术研究。

2016 年，国务院发布的《“十三五”国家战略性新兴产业发展规划》进一步提出，推进燃料电池汽车产业化。同年发布的《能源技术革命创

新行动计划（2016—2030年）》将氢能与燃料电池技术创新列为重点任务之一，《能源技术创新“十三五”规划》明确支持氢能及燃料电池关键技术装备研发和示范应用。2017年，《汽车产业中长期发展规划》提出，加强燃料电池汽车技术的研发，逐步扩大燃料电池汽车试点示范范围。2019年3月，“推进充电、加氢基础设施建设”被写入政府工作报告。

2020年以来，氢能产业发展开始上升到国家战略层面。2020年4月，国家能源局发布的《中华人民共和国能源法》（征求意见稿），首次正式将“氢能”定义为“能源”，这标志着氢能将正式纳入国家能源管理体系。2020年11月，国务院发布的《新能源汽车产业发展规划（2021—2035年）》（以下简称《规划》），提出了未来15年我国包含燃料电池汽车在内的新能源汽车产业发展的目标和任务。根据《规划》，我国将力争经过15年的持续努力，实现燃料电池汽车商业化应用，稳步推进氢燃料供给体系建设。2022年3月，国家发展改革委、国家能源局联合印发的《氢能产业发展中长期规划（2021—2035年）》提出，氢能是未来国家能源体系的重要组成部分，氢能产业是战略性新兴产业和未来产业重点发展方向。至此，我国国家层面的氢能战略导向正式明确。

燃料电池汽车示范运行也是我国氢能产业顶层设计的重要组成部分。2020年4月，财政部联合工业和信息化部、科技部、国家发展改革委发布了《关于完善新能源汽车推广应用财政补贴政策的通知》，提出了调整补贴方式和开展燃料电池汽车示范应用的思路。2020年9月，财政部、工业和信息化部、科技部、国家发展改革委、国家能源局等五部门正式发布《关于开展燃料电池汽车示范应用的通知》，启动国家层面燃料电池汽车示范，支持燃料电池汽车关键核心技术突破和产业化应用，争取用4年左右的时间，逐步实现关键核心技术突破，构建完整的燃料电池汽车产业链，为燃料电池汽车规模化、产业化发展奠定坚实基础。

2. 地方氢能产业政策密集出台

为促进区域氢能产业发展，地方政府结合自身资源禀赋和产业优势，积极出台支持氢能产业发展的政策措施，涵盖产业发展规划、技术研发支持、资金补贴措施、示范应用奖励、基础设施建设补贴等方面，努力培育和推动区域氢能产业链发展。据统计，全国已有29个省（自治区、直辖市）公布了涉氢政策，地方层面对于氢能产业发展的重视程度不断提升。

在氢能产业定位方面，许多地区在“十四五”规划中将氢能作为本地区未来重点发展的产业方向。其中，北京将氢能产业与京津冀协同发展相结合，聚焦氢能产业创新和氢能装备产业化，致力于打造绿色氢能产业集群。上海、广东、山东等地将氢能确定为未来产业的重要发展方向，从战略层面予以大力支持。河北、宁夏、内蒙古、青海等地注重氢能的能源新载体作用，积极开展规模化风光制氢，提高新能源消纳和存储能力，促进可再生能源应用扩大规模。

（1）产业发展规划层面

许多地区根据自身特点制定产业发展目标，明确未来重点任务。截至2022年7月，全国已有超过60%的省份着手打造氢能产业园，规划在建或已开园运营的氢能产业园超过50家。北京市发布的《北京市氢能产业发展实施方案（2021—2025年）》提出，2023年前，培育5~8家具有国际影响力的氢能产业链龙头企业，京津冀地区累计实现产业链产业规模突破500亿元；2025年前，具备氢能产业规模化推广基础，形成氢能产业关键部件与装备制造产业集群，京津冀区域累计实现氢能产业链产业规模1000亿元以上。上海市印发的《上海市氢能产业发展中长期规划（2022—2035年）》提出，到2025年，建设各类加氢站70座左右，燃料电池汽车保有量突破 1 万辆，氢能产业链产业规模突破 1000 亿元，在交通领域带动二氧化碳减排 5 万 ~10 万吨 / 年。深圳市发布的《深圳市氢能产业发展规划（2021—2025 年）》提出，到 2025 年，形成较为完备的氢能产业发展生态体系，氢能产业规模达到 500 亿元，2035 年，氢能产业规模达到 2000 亿元。据《广东省 2022 年重点建设项目计划表》统计，广东氢燃料电池研发测试、电解水制氢等项目总投资接近 200 亿元。武汉市发布的《市人民政府关于支持氢能产业发展的意见》提出，到 2025 年，全产业链年营业收入达到 500 亿元，规模以上企业达到 100 家，累计产业投资总额达到 200 亿元，燃料电池汽车推广量达到 3000 辆，建成加氢站 35 座以上（见表 3–1）。

表 3-1　　主要地区氢能规划发展目标

省份	区域	发展目标
北京	北京	2025年前，京津冀区域氢能产业链产业规模1000亿元以上
上海	上海	到2025年，燃料电池汽车应用总量将突破万辆
天津	天津	2022年，氢能产业总产值实破150亿元
重庆	重庆	到2025年，氢燃料电池汽车运行规模力争达到1500辆
广东	广州	到2030年，氢能产业实现产值预计2000亿元以上
	深圳	到2035年，氢能产业规模达到2000亿元
	佛山	到2030年，氢能源及相关产业产值超过1000亿元
	茂名	到2025年，氢能产业总产值预计达到100亿元
	南海（县级区）	到2035年，氢燃料电池车辆保有量达到18000辆
湖北	武汉	到2025年，氢能产业链年营业收入达到500亿元
	黄冈	到2025年，氢能产业链产值100亿元
山东	济南	到2022年，氢能产业链产值力争突破100亿元
	青岛	到2030年，氢能产业年产值达到500亿元
	淄博	到2025年，氢燃料电池汽车运行规模达到1000辆
	潍坊	到2025年，氢能产业链产值达到100亿元
四川	成都	到2023年，氢能产业主营业务收入超过500亿元

续表

省份	区域	发展目标
辽宁	大连	到2025年，氢能产业链产值超过400亿元
河南	郑州	到2025年，燃料电池汽车相关产业年产值突破1000亿元
	新乡	到2025年，氢能产业链年产值突破100亿元
	濮阳	到2024年，全市氢能产业链产值100亿元以上
河北	张家口	2035年建成国际知名氢能之都
	唐山	到2025年，氢燃料电池汽车运营数量达到3000辆以上
	保定	到2025年，全市氢能产业链实现产值规模150亿元
	邯郸	建设中国气谷·邯郸氢能装备产业园
	定州（县级市）	到2023年，打造成京津冀区域最大的氢源基地
山西	大同	到2030年，氢能产业链产值规模实破1600亿元
内蒙古	乌兰察布	到2025年，投放燃料电池汽车200辆
	乌海	到2030年，氢能全产业链年产值力争实破150亿元
	鄂尔多斯	至2024年，可再生氢产量达20万吨/每年
浙江	嘉兴	到2035年，氢能产业总产值超1000亿元
	金华	到2030年，氢能产业链产值300亿元
安徽	六安	到2030年，氢能产业产值300亿元
	铜陵	到2030年，氢能相关产值达到300亿~500亿元
湖南	岳阳	到2035年，实现氢能及相关产业累计产值2000亿元
江苏	如皋（县级市）	到2030年，氢能产业年产值实破1000亿元
	常熟（县级市）	到2025年，氢燃料电池汽车保有量达到约1400辆
	昆山（县级市）	到2035年，氢能产业链产值规模实破150亿元
	张家港（县级市）	到2035年，氢能产业链产值规模突破1000亿元

资料来源：根据公开资料整理

（2）财政补贴方面

典型地区的财政补贴政策主要集中在氢燃料电池汽车推广应用、加氢站建设运营、关键技术研发创新领域以及相关行业标准制定等方面。例如广州市 2022 年 8 月印发的《关于组织开展 2022 年（第二批）区促进氢能产业发展办法兑现工作的通知》，共出台 4 项财政补贴扶持政策，主要围绕加氢站建设运营、科技成果转化应用以及房租补贴等方面。北京市 2022 年 9 月印发《北京市关于支持氢能产业发展的若干政策措施》，也出台了对氢能领域重大新建、改建项目和生产线建设的费用补贴，以及加氢站建设和加氢站运营的相关补贴政策。

（3）加氢站建设方面

我国地方层面已出台 20 余项加氢站管理相关政策，明确了政府部门在加氢站审批、建设、运营等环节的管理职责，规范了加氢站建设与管理，强化了加氢站安全管理措施。例如，济南市明确由住建部门管理加氢站，成都市要求由经信局行使管理职责，而苏州市则要求应急管理部门负责加氢站的安全监督和事故调查工作，这有助于加氢网络体系的快速建设和完善。

（二）基本掌握核心技术，初步构建技术体系

自科技部“十五”电动汽车重大专项启动燃料电池汽车技术研发以来，经过 20 多年的投入，我国基本掌握氢燃料电池及关键零部件、动力系统、整车集成和氢能制取、储运、加注等核心技术，初步构建了氢能产业技术体系。

1. 拥有氢能关键技术及装备

在制氢技术及装备方面，我国大型煤制氢、天然气制氢技术及装备处于国际先进水平。同时，我国在碱性电解水制氢、变压吸附等技术和装备方面也具备优势，在电解制氢装备领域，碱性水电解制氢装备经过

多年发展，已形成一定产业规模，质子交换膜水电解制氢装备正在快速产业化应用，固体氧化物水电解制氢技术处于初步示范阶段。

（1）储氢技术及装备方面

我国已掌握高压储氢瓶和固定式储氢高压容器技术，并开始批量生产。我国自“十五”国家重点研发计划起对车载高压储氢技术进行攻关，目前已具备35MPa铝内胆纤维全缠绕高压储氢Ⅲ型气瓶的设计、制造能力，同时具备批量化生产能力。我国35MPa储氢Ⅲ型气瓶质量储氢密度已经接近或达到国外产品水平，实现了国产化，并在汽车领域实现应用。我国70MPa储氢Ⅲ型气瓶较35MPa气瓶储氢密度更高，已开始进入示范应用阶段。固定式储氢高压容器包括单层钢质储氢高压容器和多层钢质储氢高压容器，目前在加氢站中应用最为广泛。经过20多年的努力，我国已掌握固定式储氢高压容器技术，投入应用的固定式储氢高压容器已超过1500台。

（2）运氢技术及装备方面

我国拥有较成熟的20~30MPa长管拖车和管束式集装箱设计制造和使用经验，正在进行50MPa以上大容量碳纤维缠绕储氢瓶与管束式集装箱研制。我国的氢气长输管道建设起步较晚，已在辽宁朝阳、河北张家口等地开展掺氢天然气输送示范，总里程约为500千米，但尚未进入商业应用阶段。

在加氢站技术及装备方面，我国加氢装备关键部件国产化取得显著进展。45MPa隔膜式和液驱式氢气压缩机具备产业化能力，90MPa氢气压缩机核心技术取得突破，加氢机整机开发实现国产化。同时，我国加氢机、储氢瓶组（储氢罐）的设计制造能力达到国际先进水平，但压缩机设计制造能力与国际先进水平略有差距。此外，我国加氢装备中的高压阀门、氢气流量计等关键部件仍依赖进口。

2. 燃料电池自主化能力及技术水平显著提升

经过各方的长期努力，我国燃料电池技术水平及自主化能力显著提升。在核心材料方面，质子交换膜和气体扩散层（碳纸）技术水平显著提升，催化剂已实现批量生产。在关键部件方面，膜电极、空压机、双极板均已实现国产化，具备大批量生产能力。燃料电池电堆与系统集成技术达到国际先进水平，高功率、高集成、低成本趋势显著。在固体氧化物燃料电池（SOFC）方面，我国拥有全球最大的陶瓷电解质膜片供应商，5kW 级 SOFC 电堆及系统已开发成功。

从技术水平来看，我国燃料电池的功率密度、冷启动温度、寿命以及最高效率等指标均实现大幅提升。从燃料电池系统情况来看，我国商用车燃料电池系统功率达到 100kW 以上，燃料电池系统额定功率、质量比功率、最高效率已达到或超过《节能与新能源汽车技术路线图 2.0》设定的 2025 年目标，燃料电池电堆产品额定功率、功率密度均已超过设定的 2020 年目标。其中，乘用车和商用车燃料电池电堆额定功率分别为 140kW 和 130kW。乘用车电堆体积功率密度为 3.8kW/L，接近 2025 年目标。商用车电堆质量功率密度为 3.5kW/kg，超过 2025 年目标。此外，我国商用车电堆寿命已达 1.5 万小时以上。2015 年以来，我国燃料电池电堆的最高效率已经从 55% 提升至 60%。

在燃料电池终端产品方面，以燃料电池城市客车为代表，我国 2021 年投运的燃料电池车辆续驶里程实现 500km，达到了《节能与新能源汽车技术路线图 2.0》设定的 2025 年目标。其中，燃料电池车辆 100km 氢气消耗量降到 5.38 千克，优于 2025 年目标。产品达到 –30℃启动的 2025 年冷启动指标要求，寿命在 2020 年 20 万公里的基础上增加 1 倍，达到了 2025 年的 40 万 km 的目标要求。

3. 氢能技术专利数量不断突破

我国氢能产业自 20 世纪 80 年代开始出现专利申请，专利申请量始终保持整体增长态势，从 2016 年起，呈现爆发式增长，年均增速超过 20%。至 2020 年，我国氢能专利年申请量已达到全球专利总量的 60% 以上，其中 2 成来自海外申请人，我国已成为美、日、韩等国氢能领域主要的海外目标市场。在我国的氢能技术专利分布中，燃料电池系统专利申请量最高，总计接近 6 成，氢气制备单项技术的专利占比达 25%，远超全球平均比例，为我国制氢技术的发展提供了坚实保障。在专利主要申请人中，中国科学院大连化学物理研究所、清华大学、华南理工大学、浙江大学等国内高校与科研院所成为氢能专利的主要申请人，而企业申请数量相对不足，技术创新成果主要停留在高校，企业未能充分发挥创新主体作用（见图 3–1）。

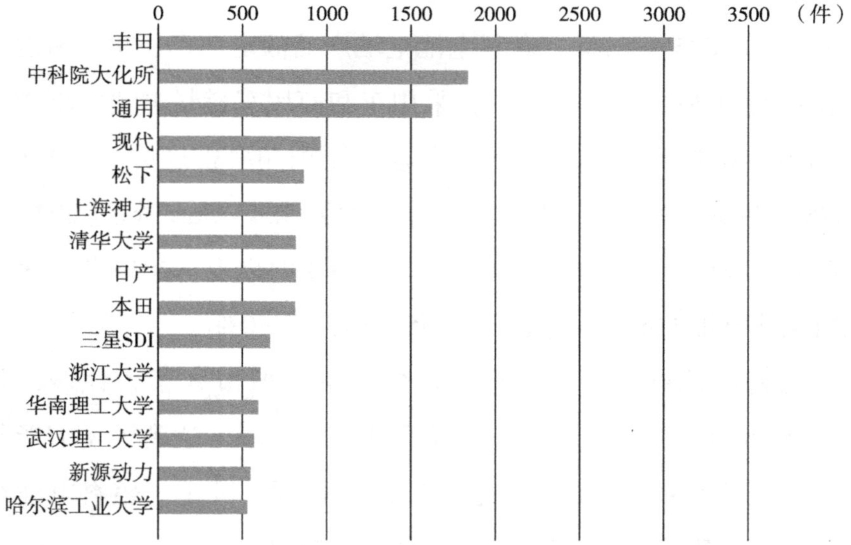

图 3-1 我国境内氢能企业专利申请情况（截至 2020 年）

资料来源：赛迪智库

（三）产品创新进程加快，批量生产能力提升

随着氢能产业发展进程加快和燃料电池汽车示范运行的推进，主要燃料电池企业加大投入力度，产品创新进程加快，批量化生产能力及智能制造水平大幅提升，燃料电池电堆及系统成本显著下降。

国内以捷氢科技、国氢科技、亿华通、明天氢能为主的燃料电池企业在自主研发方面取得较大进展。捷氢科技掌握从膜电极、双极板等燃料电池电堆核心零部件设计、电堆集成到燃料电池系统集成的正向开发能力，采用高稳定性自制膜电极和超薄金属双极板的燃料电池单堆功率可达 230kW，峰值体积功率密度达到 5.1kW/L。一级零部件实现了100% 国产化。国氢科技形成了多元化、系列化的燃料电池产品，水冷动力燃料电池质量功率密度达 500W/kg，可实现 –30℃低温启动。空冷燃料电池形成多款材料级全自主产品，质量功率密度超过 980W/kg。国氢科技还基于自主化高耐久、抗中毒膜电极技术，开发了发电燃料电池产品。亿华通 G120 燃料电池发动机产品采用超薄柔性石墨双极板、框架式电堆封装等轻量化设计，并通过对零部件布置优化、减少管路接口等手段减少零部件，大大提升了系统质量功率密度。明天氢能采用高导电耐腐蚀双极板和高一致性膜电极，电堆寿命达到 1.5 万小时，体积功率密度达到 4.0kW/L，产品一致性得到较好控制。2022 年，亿华通、重塑、捷氢科技、宏力氢动燃料电池系统配套数量均超过 500 套，市场占比接近 60%，形成了我国燃料电池系统企业的第一梯队。

在燃料电池产品需求的拉动下，燃料电池材料及部件产品创新活跃。东岳集团通过自主创新和技术攻关，实现了基础原料 – 中间体 – 单体 – 树脂 – 成膜的全产业链量产技术突破，成为国内领先的燃料电池质子交换膜企业。东岳未来采用全新体系聚合的磺酸树脂量产的氢燃料电池膜

产品，拉伸强度大于 40MPa（均值大于 45MPa），电导率可达到 40mS/cm 以上（室温、50%RH），可实现 95℃工况下的连续稳定工作，性能指标与国外最新的 8 微米竞品基本相当。科润新材料经过 10 余年研发攻关，提高了膜材料的性能，还实现了国产质子交换膜规模化生产。鸿基创能开发了 CCM 阴阳极双面直接涂布技术、膜电极一体化成型技术、膜电极自动化快速封装技术，其生产的 CCM 及膜电极产品核心技术自主可控。国氢科技完成了自主催化剂、质子膜、膜电极和钛金属双极板量产技术开发，性能均达到国际先进水平。基于自主碳毡，国氢科技完成自主碳纸开发，达到进口产品水平。捷氢科技通过建立膜电极关键原材料、特征结构与膜电极性能之间构效关系的仿真工具和分析能力，开展膜电极性能设计和优化，膜电极的峰值功率密度达到 1.3W/cm^2。

同时，我国燃料电池材料、部件及电堆、系统批量生产能力加快提升。东岳未来自主设计的第六代燃料电池膜电极生产线采用高洁净环境、等压流延、低张力复合成膜以及特种聚合物复配等先进技术，设计产能大于 20 万平方米 / 年，是国内领先的大规模燃料电池膜全自动生产线，满产可保障每年 3 万 ~5 万辆氢燃料电池汽车配套用膜。鸿基创能膜电极产品产能达到 1000 万片 / 年，2021 年完成 100 万片膜电极生产与出货。鸿基创能 CCM 成品率达到 99.95%，膜电极成品率达到 99.4%，产品性能、一致性、良品率均处于全国先进水平，对标国际一流水平。国氢科技已建成投产 6 条燃料电池及其关键材料部件自动化生产线，匹配年产千套百千瓦级燃料电池产能。国氢科技已在北京建成膜电极生产线，实现批量化生产。宁波基地已具备 3000 台（套）系统集成和测试产能，武汉基地已建成年产万台（套）能力的电堆组装生产线，并匹配活化测试产能。

我国氢能技术及装备水平也有了显著进步。亚联高科始终把制氢作为业务核心，持续开展甲醇转化制氢、天然气重整制氢、PSA 定向提纯氢气等制氢技术创新，自主开发设计的甲醇转化制氢设备达到国际先进水平。亚联高科开发了多种变压吸附（PSA）氢气提纯成套技术，设备单套制氢能力为 100000Nm^3/h（标准立方米 / 时），最高压力达 5.0MPa，已广泛应用于工业气体分离领域。中材科技在储氢气瓶、站用及运输用储氢容器、供氢系统及关键零部件方面均具备优势。中材科技具备年产 10 万只Ⅲ型储氢气瓶制造能力及车载供氢系统自主设计、供应能力，已完成 70MPa Ⅳ型气瓶研发、加氢站用及运输用储氢容器开发，并开发出钢内胆碳纤维长管运气单元。舜华新能源在国内较早开发了车用高压加氢机，经过不断创新发展已推出第三代产品，采用自主开发的快速加注控制策略，最大加注压力达 87.5MPa，最大满充率达 95%，计量精度达 ±1.5%，预冷温度 –40℃，主要技术指标达到国际先进水平。舜华新能源成功研发了 35MPa 车用集成瓶阀，成本大幅降低，在密封性、耐压性及使用寿命等方面更为优化，该瓶阀已经通过 GB/T 35544 型式试验、EC79+EU406 欧盟汽车认证。

（四）示范推广持续加强，多元应用积极探索

为支撑氢燃料电池技术及产品测试验证，我国启动了燃料电池汽车示范运行，并通过国家科技示范工程探索热电联供等氢能多元化应用，旨在加快氢能产业化发展。

1. 燃料电池汽车示范运营

2021 年下半年，我国正式启动了国家层面燃料电池汽车示范工程。2021 年 9 月，财政部、工业和信息化部、科技部、国家发展改革委、

国家能源局等五部门批复京津冀城市群、上海城市群、广东省城市群为国家燃料电池汽车示范应用城市群。2022 年 1 月，财政部等五部门批复河南省郑州城市群、河北省张家口城市群为国家燃料电池汽车示范应用城市群。目前，上述 5 个国家燃料电池汽车示范城市群已公布各自在示范期内推广燃料电池汽车数量的目标，分别为 5300 辆、5000 辆、10000 辆、7710 辆、10000 辆，总量超过 38000 辆（见表 3–2）。

表 3-2　燃料电池示范城市群示范区域

名称	获批时间	示范区域
京津冀示范城市群	2021年9月	北京大兴、海淀、经开区、延庆、顺义、房山、昌平，天津滨海新区，河北唐山、保定，山东滨州、淄博
上海示范城市群	2021年9月	上海，江苏苏州、南通，浙江嘉兴，山东淄博，宁夏宁东能源化工基地，内蒙古鄂尔多斯
广东示范城市群	2021年9月	广东佛山、广州、深圳、珠海、东莞、中山、阳江、云浮，福建福州，山东淄博，内蒙古包头，安徽六安
河北示范城市群	2022年1月	河北张家口、唐山、保定、邯郸、秦皇岛、定州、辛集、雄安新区，内蒙古乌海，上海奉贤，河南郑州，山东淄博、聊城，福建厦门
河南示范城市群	2022年1月	河南郑州、新乡、开封、安阳、洛阳、焦作，上海嘉定、奉贤、自贸区临港片区，河北张家口、保定、辛集，山东烟台、淄博、潍坊，广东佛山，宁夏宁东

资料来源：根据公开资料整理

国家层面燃料电池汽车示范应用启动以来，一些地区开始探索区域燃料电池汽车示范。2022 年 7 月，浙江省发展改革委印发《关于批复同意浙江省氢燃料电池汽车示范区（点）的通知》，认定宁波市、嘉兴市、绍兴市、金华市、舟山市 5 个地区为省级氢燃料电池汽车示范区，认定嘉善县、长兴县 2 个地区为省级氢燃料电池汽车示范点，在我国率先正式启动省级燃料电池汽车示范。

根据中国汽车工业协会的统计数据，2022 年我国全年燃料电池汽车产销量分别达到 3628 辆与 3367 辆，较 2021 年分别增加 121.11% 和

138.90%。截至2022年底，我国已有超过1.2万辆燃料电池汽车投入运行，累计建成加氢站超300座。2022年，我国燃料电池汽车市场以专用车、重型卡车和客车为主，占比分别达到39%、28%和25%，物流车和乘用车占比约为7%和1%，燃料电池重卡技术持续优化、系统成本显著下降，半挂牵引车成为销量最大的车型（见图3-2）。此外，燃料电池乘用车实现了批量示范应用。在规模化的燃料电池汽车示范应用的带动下，我国氢能产业发展出现了新局面。

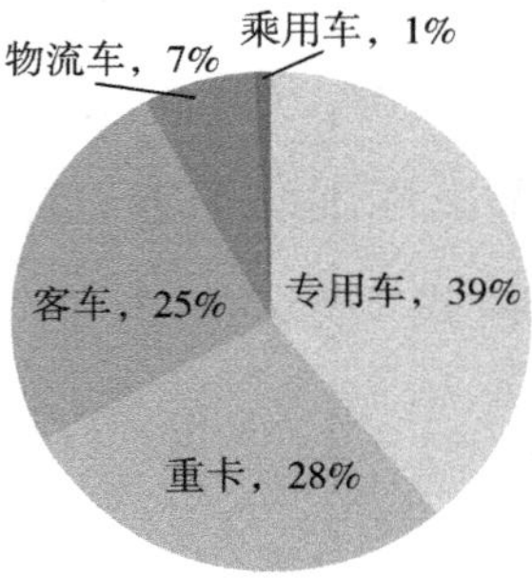

图3-2　2022年中国燃料电池汽车市场类型及份额

资料来源：中国汽车工业协会

2. 可再生能源制氢

我国可再生能源装机量居全球第一，我国电解水制氢能力每年可达9亿立方米，制氢成本降至25元/千克。随着可再生能源大规模推广利用，制氢成本有望持续下降。国家电网、国电投、潍柴集团、中能绿电等企业持续开展可再生能源制氢的探索。

国家电网在浙江台州大陈岛开展氢能综合利用示范工程，是全国首个海岛绿氢综合能源示范工程，利用海岛丰富的风电，通过质子交换膜技术电解水制氢，构建了“制氢－储氢－燃料电池”系统，实现大陈岛清洁能源100%消纳与全过程零碳供能。工程应用了制氢/发电一体化变换装置等首台首套装备，投运后，预计每年可消纳岛上富余风电36.5万kW·h，产出氢气73000标方，可发电约10万kW·h，减少二氧化碳排放73吨；鄂托克前旗250MW光伏电站及氢能综合利用示范项目，以光伏电站提供电解水制氢的绿色电源，满足周边化工基地物流运输和化工产业绿色低碳发展需求，拟建设集成制氢、加氢、充氢和储氢功能的氢能综合供应站，项目设计年产氢量6000吨；中国科学院大连化学物理研究所研制的具有自主知识产权的兆瓦级质子交换膜（PEM）电解水制氢系统、兆瓦级氢质子交换膜燃料电池发电系统已交付国家电网安徽省电力有限公司，正式投入运行。该项目结合站内风光发电系统和电网“谷电”，探索示范电网削峰填谷、绿氢生产供应、燃料电池热电联供等氢能综合利用新模式（见表3–3）。

3. 热电联供探索应用

我国燃料电池技术在热电联供领域的应用尚处于发展和示范初期，尤其是SOFC技术和应用与国外差距相对较大。

近年来，一批科研院所、氢能企业也积极推进氢能技术示范应用，中国矿业大学、中科院大化所、宁波材料技术工程研究所等持续开展技术研发，东方电气、高成绿能、锌德氢能等多家公司均已成功交付了燃料电池热电联供示范项目。2022年7月底，中国东方电气集团向三峡集团交付世界首个含氢燃料电池热电联供系统的实用化零碳智慧能源中心，集成发电与供热技术功能，综合能源利用效率超过90%，将应用于三峡集团乌兰察布“源网荷储”氢能综合示范项目，作为绿氢规模化生产和应用的技术研发验证平台。由浙江高成绿能自主研发生产的20kW燃料电池热电联供系统已成功交付嘉兴红船基地“零碳”智慧园区（见表3–3）。

此外，我国还通过国家科技示范工程等推进氢能多元化应用。2021年4月，科技部与山东省政府签署框架协议，共同组织实施“氢进万家”科技示范工程。示范工程选取济南、青岛、潍坊、淄博四市，重点围绕“一条氢能高速、两个氢能港口、三个科普基地、四个氢能园区、五个氢能社区”的建设目标，在光伏风电可再生能源电解水制氢、副产氢纯化、纯氢管网建设、氢能交通应用、楼宇园区用热电联供系统、综合能源利用、氢能港口、备用电源等领域开展示范，示范周期为5年（2021—2025年）。近年来，我国燃料电池热电联供已实现小规模示范应用，有关项目也在稳步推进中。

表3-3　国内主要热电联供示范项目

序号	时间	相关参与方	项目核心内容
1	2019年3月	润谷东方	润谷东方与重庆九龙坡区政府签署协议，携手推动家庭燃料电池热电联供、商用分布式热电联供项目落地
2	2019年9月	日本松下、四川中核国兴科技	双方签署《在四川共建氢能无碳智慧生活社区协议》，拟采取城市电网和氢燃料电池双能供给方式实现热电联供
3	2019年12月	锌德氢能	锌德热电联供装置在北京大兴示范区实现示范应用
4	2021年4月	东方锅炉、东方氢能、华电集团	三方合作推进国内首套氢燃料电池冷热电三联供系统示范
5	2021年5月	东方氢能	东方氢能交付华电四川氢能电站100千瓦级商用氢燃料电池冷热电联供系统
6	2021年6月	国家电网平湖公司	国家电网平湖公司围绕“职务工厂”用能场景，新建包括氢能微型热电联供系统在内的“氢光储充”一体化智慧能源站
7	2021年6月	高成绿能	高成绿能交付嘉兴红船基地“零碳”智慧园区20千瓦热电联供系统
8	2021年7月	清能股份、同济大学、上海国际汽车城	三方联合打造全球首个离网氢能建筑展示馆，采用清能股份2代燃料电池热电联供系统，额定功率为5千瓦
9	2021年8月	锌德氢能、江苏科技大学	锌德氢能交付江苏科技大学天然气重整制氢分布式氢燃料电池热电联供系统

续表

序号	时间	相关参与方	项目核心内容
10	2021年9月	中集安瑞科、松下电器	双方拟携手开发热电联供产品，用于宝武清洁能源宝武运管楼氢能热电联供示范
11	2021年11月	中科润谷、广东中岩泰科等	全国首座“氢能进万家”智慧能源示范社区项目在佛山南海丹灶投运，项目一期利用天然气重整制氢通过燃料电池实现热电联供
12	2022年1月	上海舜华新能源、贵州氢能效率	双方合作实现贵州首套100千瓦质子交换膜燃料电池热电联供系统投运
13	2022年2月	潍柴动力	潍柴首套30千瓦SOFC热电联供系统在潍坊投运
14	2022年6月	广东能源集团、潮州三环	双方合作实现国内首个百千瓦级（105千瓦）SOFC热电联供示范项目投运
15	2022年7月	国家电网、中国能建、清华大学、中科院大连化物所、阳光电源、明天氢能	国家电网首座兆瓦级氢能综合利用示范站在安徽六安市投运，使用了国内首台兆瓦级质子交换膜氢燃料电池发电系统及整站热电联供系统
16	2022年7月	豫氢动力、国家电网、豫氢装备	国家电网浙江电力台州大陈岛氢能综合利用示范工程投运，使用“制氢–储氢–燃料电池”热电联供系统
17	2022年8月	国鸿氢能、中集氢能	包括氢能发电–热电联供在内的榆林科创城零碳分布式智慧能源中心正式投运

资料来源：中国氢能联盟

（五）产业布局初步形成，领先地区优势显现

随着产业化进程的加快，我国氢能产业集聚发展的态势已初步显现。总体来看，我国长三角、粤港澳大湾区、京津冀等区域的氢能产业初具规模，产业集聚效应明显。与此同时，我国东部地区的济南、青岛、潍坊，中部地区的武汉、郑州，西南地区的成都也已汇集一批氢能企业及研发机构，全产业链发展态势良好。

上海从“十五”开始布局氢能产业，一直致力于氢燃料电池技术研发与攻关。目前，上海在关键基础部件和整车技术性能指标方面取得领

先，已初步形成较为完整的燃料电池汽车产业链。以上汽集团、申龙客车、万象汽车为代表的多家主机厂已经发布多款燃料电池车型，基本实现车型的全覆盖。同时，以上海为引领的长三角区域在燃料电池电堆、膜电极、双极板、空气压缩机等方面已实现批量化生产。与国内其他地区相比，长三角区域已实现氢能产业完整布局，燃料电池系统处于国内第一梯队，燃料电池电堆、膜电极、双极板等核心部件在国内均具有较强竞争力。

京津冀区域较早布局氢能与燃料电池汽车产业，产业主体为科研院所和重点企业，逐步形成并成功培育了一大批优质企业，产业链涵盖氢气制、储、运、加以及燃料电池发动机、整车制造及示范应用等环节。其中，京津冀地区在燃料电池电堆、双极板、催化剂、质子交换膜、膜电极、碳纸、空压机和氢气循环系统等领域拥有相关企业接近 100 家，部分企业产品技术指标达到国内领先水平。

粤港澳大湾区氢能产业链已覆盖燃料电池整车、电堆、膜电极、双极板、质子交换膜、催化剂、碳纸、空压机、氢气循环系统等关键零部件及高端装备制造等多个产业环节，汇集了超过 300 家相关企业，年产值超过 100 亿元。其中，佛山南海区和高明区、广州黄埔开发区、佛山（云浮）产业转移工业园等地初步形成了骨干企业带动、重大项目支撑、产业链集聚发展的态势，已形成全国规模最大的氢能及燃料电池汽车产业集群。

（六）产业规模加速扩张，各类主体积极涌入

近年来，在“氢能热”的带动下，传统能源企业、上市公司、外资企业、大型国企等各类主体积极涌入，我国氢能产业规模不断扩张。据

统计，截至 2022 年 7 月，我国共有 3500 余家燃料电池相关企业，2021 年新注册企业 992 家，2022 年 1—7 月新注册 590 家。从地区分布来看，广东以 470 家企业位居第一，江苏、山东分列第二和第三（见图 3–3）。

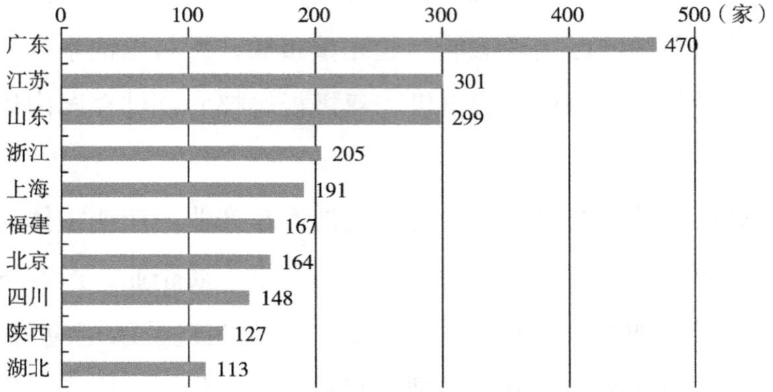

图 3-3　燃料电池相关企业地区分布情况（截至 2022 年 7 月）

资料来源：上奇产业通

超过 1/3 的央企已经在进行氢能产业布局，在制氢、储氢、加氢、用氢等环节取得了一批技术研发和示范应用成果。国家电投集团 2017 年成立了氢能科技发展有限公司，在氢能领域开展可再生能源制氢和燃料电池全产业链布局；中国石化利用自身的加油加气站网络大力布局加氢站，“十四五”期间拟规划布局 1000 座加氢站或油氢合建站；中国石油化工研究院 2021 年成立了氢能研究所，加大氢能产业推进力度，围绕中国石油氢气制取储运及高效利用、燃料电池及储能技术等氢能产业开展相关技术研究。未来，中国石油还计划在全国范围内投运 50 座加氢站。

氢能产业发展必然具备全球化特征，外企加速进入中国市场。据统计，已有近 60 家外企在我国布局氢能产业，国内与其合作的企业超过 100 家，合作项目超过 140 个。欧、美、日、韩、加、澳等是全球范围内布局氢能产业最为积极的国家和地区，都已经与中国在氢能产业上达成合作，氢能产业的全球化特征已经显现。

得益于政策驱动及产业良好的市场前景，资本市场的投资主体纷纷进入氢能产业。2021 年起，氢能板块在资本市场表现强劲，涨跌幅、市盈率、市净率屡屡跑赢大盘。从市值来看，整个氢能板块市值约为 1.6 万亿元，龙头企业隆基绿能、上汽集团、潍柴动力、宝丰能源等公司均表现较好，企业股价和市值不断创下新高，每股收益和企业净利润等财务指标表现良好，体现出氢能领域企业的盈利能力。

（七）政策创新稳步推进，商业模式加快探索

作为一种新兴产业，氢能产业的发展也不可避免地面临体制机制约束及政策法规缺位的问题。同时，由于当前尚处于市场培育期，氢能产业发展面临潜在市场的较大不确定性。为了突破这些瓶颈，我国氢能产业亟须政策创新及商业模式创新，部分地区勇于探索，在政策创新方面取得突破，一批产业主体积极探索面向规模化应用的商业模式，商业模式创新加快。

为突破加氢站建设瓶颈，广东省及佛山市率先进行了加氢站管理规范创新。2017 年，佛山市率先提出参照城市燃气管理机制管理车用氢气，系统梳理了加氢站审批流程，明确住建部门负责推进加氢站建设和管理工作，编制了《佛山市车用加氢站管理暂行规定》。2018 年 6 月，广东省发布《关于加快新能源汽车产业创新发展的意见》，明确提出加氢站设计、建设及运营的管理体制和建设标准由省住房城乡建设厅负责。同时，广东省提出，各氢燃料电池汽车示范市要加快加氢站的规划和建设，由各地住建部门办理报建、验收等加氢站审批手续。武汉也是国内较早探索加氢站管理法规的地区。早在 2018 年 4 月，武汉市

汉南区就发布了《武汉经济技术开发区（汉南区）加氢站审批及管理办法》，在国内率先对加氢站选址、准入、供地、报建、验收、经营管理等进行明确规定。面对高压氢气运输效率低、经济性差等问题，广东积极探索制氢加氢一体化站管理规范突破。2022 年 10 月，广东省住建厅发布《广东省燃料电池汽车加氢站管理暂行办法（征求意见稿）》，在国内率先提出允许在非化工园区建设制氢加氢一体化站，同时提出加氢站参照城镇燃气加气站管理，不核发加氢站的危化品经营许可证。

在氢能产业支持政策方面，北京、成都等地已开展政策创新。北京市在技术攻关方向、应用示范等方面进行了支持政策创新。在技术攻关方面，《北京市氢能产业发展实施方案（2021—2025 年）》提出，重点突破低成本、高效率、长寿命的质子交换膜电解制氢、高温固体氧化物电解制氢成套工艺，重点突破电解制氢 – 低温低压合成氨技术，探索电氢智能内燃机、大规模燃氢燃气轮机、固体氧化物燃气轮机联合循环等前沿技术与装备；建设绿氨、液氢、固态储供氢等应用示范项目，在京津冀区域开展氢能与可再生能源耦合示范项目，推动在商业中心、数据中心、医院等场景分布式供电 / 热电联供的示范应用。就国内情况来看，这些支持政策和探索在全国具有前瞻性。结合氢能产业的比较优势和发展实际，成都市在制氢电价、氢气储运成本补贴、引导非氢企业进入车用氢能产业等方面进行了政策创新，在全国范围内具有开创性。具体来看，2020 年 7 月发布的《成都市人民政府办公厅关于促进氢能产业高质量发展的若干意见》提出，降低氢气制备成本，对专门从事高压氢气 / 液氢存储的企业，按设备投资的 20% 给予企业最高 500 万元的一次性补贴，按照年度累计氢气实际承运量，给予专业从事氢气运输的企业 1.5 元 / 千克、最高 150 万元运营补贴；通过技术改造补助等形式支持非氢企业进入氢能产业。

当前，我国氢能产业的商业模式创新主要包括燃料电池汽车运营模式创新及加氢站建设模式创新。其中，燃料电池网约车是我国2021年以来的燃料电池汽车运营新模式。2022年9月，上海燃料电池网约车正式投入运营，80辆上汽大通MAXUS MIFA氢燃料电池MPV上线“享道出行”平台，在手机App上下单后即可体验燃料电池汽车出行。首批燃料电池网约车以虹桥机场为中心，在上海石油青卫油氢合建站加注氢气后投入运营。此次投入运营的MIFA氢仅需3~5分钟即可加满6.4kg高压氢瓶，续航里程可达605km，较好地突破电动汽车“充电慢”的瓶颈，大幅提升运营效率。除燃料电池汽车外，常州市还进行了共享燃料电池自行车的探索。2020年12月，永安行在常州推出首款共享型燃料电池助力自行车。永安行氢燃料电池自行车续航总里程约70公里，采用换氢技术，只需1分钟完成，在加氢中心也只需3分钟加满氢气。燃料电池具有低温性能优势，在寒冷气候下燃料电池自行车的动力和续航里程基本不受影响。相比于慢充需要至少3小时、续航40公里左右的纯电动助力车，燃料电池自行车可以更好地满足用户的出行需求。

在加氢站建设模式方面，我国自2017年开始探索油氢合建站模式。与新选址建设加氢站的模式相比，油氢合建站在减少加氢站土地规划、行政审批流程等方面具有显著优势。2019年7月，我国首座油氢合建站——中国石化广东佛山石油樟坑油氢合建站正式投入运营。据不完全统计，截至2022年9月，我国油氢合建站数量已超过80座。油氢合建站在前期可以简化土地审批流程，显著缩短建设周期和降低土建成本，后期运营可以利用原有的加油站人力资源和管理制度，又解决了人工成本高的难题。因此，油氢合建站可能是未来我国加氢站建设的一种有效商业模式。除油氢合建站之外，我国还通过制氢加氢一体化站等方式开展加氢站建设模式创新的探索。2022年8月，广东佛山佛燃能源明城综合能源供应站启动试运行。作为国内具有代表性的制氢加氢一体化站，该站天然气制氢设计规模为1500千克/天，并设计有光伏耦合电解水制氢、加氢、加气、充电等功能，可满足燃料电池公交车125车次或燃料电池物流车250车次的加氢需求。

二、我国氢能产业发展面临的主要挑战

从总体上看，我国氢能产业目前仍然处于发展初期。相较于国际先进水平，我国氢能产业仍存在一定差距和部分问题，如产业战略定位尚未明朗、技术创新能力不足、基础设施建设滞后、产业布局不合理等。但得益于完备的工业体系等优势，我国氢能产业正在实现快速发展。

（一）产业定位与顶层设计滞后

与发达经济体较早将氢能纳入国家能源体系不同，我国氢能产业定位与顶层设计明确较晚。直到2022年3月，我国才颁布氢能产业中长期规划，正式明确氢能的能源属性，并初步确定氢能在国家能源体系中的定位。然而，我国尚未建立系统的氢能产业支持政策与管理体系。与此同时，国家层面的氢能产业战略导向、发展目标、技术创新、示范应用、产业化能力等内容还需进一步研究和细化，氢能产业化发展的管理规范与政策保障体系仍需进一步完善，面向碳达峰碳中和及新型能源体系建设的国家氢能产业顶层设计仍需进一步研究。

（二）标准体系不够健全，管理部门有待明确

总体来看，虽然我国已建立涵盖氢能、燃料电池、燃料电池汽车等方面的技术标准体系，但一些环节的技术标准仍然薄弱或不够健全。其中，燃料电池技术相关标准基本健全，但氢能技术标准存在较多薄弱环节。例如，我国氢气制取碳排放标准、车载储氢瓶组标准、液氢民用标准、氢安全等方面的标准仍然薄弱，氢气品质及储运技术标准较少。并且，我国可再生能源制氢、工业用绿氢等领域发展较快，相关技术工艺、装置设备及生产运营等环节标准亟须完善。同时，我国氢能产业管理部门尚不明确，工作推进机制尚未形成，氢能产业发展面临的安全、标准、项目核准、加氢站审批等问题难以实现根本性突破。

（三）存在一定技术瓶颈

我国氢能产业发展已取得显著成效，氢能及燃料电池技术体系基本构建。然而，在一些氢能技术领域仍然存在瓶颈，部分基础材料及核心零部件尚未实现国产化。例如，对燃料电池寿命和生产成本有决定性作用的质子交换膜、70MPa储氢Ⅳ型瓶的高强度碳纤维和安全阀、加氢站氢气压缩机及加注枪等产品尚未完全国产化，电解水制氢催化剂和阴离子膜、光电催化制氢、基于超导强磁场高效磁制冷的氢液化循环以及中压深冷气态储氢、新一代固体氧化物燃料电池和能够可逆运行的SOFC/SOCE等新一代氢能技术研究力度不够，氢安全技术未得到足够重视。

（四）应用场景有待拓展

氢能应用领域较广，交通、储能、工业等领域都是较好的应用场景，氢能的广泛应用将对我国实现碳达峰和能源转型发挥重要支撑作用。得益于新能源汽车发展的经验和国家层面燃料电池汽车示范的启动，不少地区的氢能产业规划将氢能应用聚焦于交通领域，我国燃料电池汽车推广应用进展相对较快，已突破10000辆。然而，氢能作为能源载体，在传统能源密集型产业及新型氢能应用场景中的推广应用尚未得到全面开发，应用场景亟待拓展。

（五）成本高导致经济性不足

经济性是影响氢能产业化进程的重要因素，成本高导致的产品经济性不足对氢能技术商业化的影响不容忽视。一方面，虽然我国燃料电池生产成本已大幅下降，但与传统燃油汽车和新能源汽车相比，当前燃料电池汽车售价依然偏高。这主要是因为我国质子交换膜、碳纸、催化剂等产品国产化程度不够，对外依存度偏高。另一方面，加氢站建设审批难度大、投入运营的燃料电池汽车数量不足导致加氢站建设成本高，这又进一步拉升了加氢站运营及氢气加注成本。

（六）存在地区同质化苗头

氢能产业对于地方制造业转型升级、培育新的经济增长点具有重要意义，因此，地方政府发展氢能的积极性较高，多地启动了氢能产业园区建设，众多氢能企业也在寻求项目落地。需要强调的是，部分地区不考虑技术基础、区域资源禀赋优势和产业基础而盲目引进氢能项目的现象以及跑马圈地、投资泡沫、产业无序发展、恶性竞争的态势已初现端倪，导致氢能产业低水平重复建设和有限资源的浪费，为氢能产业发展带来了隐患，需要加以干预和引导。

三、我国氢能产业发展前景展望

《氢能产业发展中长期规划（2021—2035年）》提出，到2035年，形成氢能产业体系，构建涵盖交通、储能、工业等领域的多元氢能应用生态。可再生能源制氢在终端能源消费中的比重明显提升，对能源绿色转型发展起到重要支撑作用。随着规模化示范应用的开展，我国氢能产业将在技术创新、研发能力、产品性能、产业竞争力及产业规模等方面实现跨越式提升。

（一）技术前景展望

1. 制氢技术发展趋势

未来制氢技术的发展主要受经济效益、环境效益等因素影响。现阶段，从成本角度而言，煤气化制氢成本最低，已存在利润空间。从绿色环保角度而言，可再生能源发电电解水制氢是可持续和低污染的理想制氢技术。预计到2030年，可再生能源制取氢气成本可能下降30%以上，发展前景广阔，到2050年，可再生能源发电电解水制氢将成为主流制氢技术。

根据国际能源署发布的《全球氢能回顾 2022》报告，到 2030 年欧洲电解制氢产量可接近 500 万吨，其中德国和西班牙合计 140 万吨。澳大利亚由于其良好的光伏和风力发电资源条件，到 2030 年可再生能源电力制氢产量有望达到 300 万吨，电解槽装机容量将接近 50GW。同时，2030 年拉丁美洲、中东和非洲电解制氢产量也将超过 400 万吨。据中国氢能联盟预测，2050 年我国将实现持续利用可再生能源电解水制氢，生物质制氢、太阳光解水制氢将得到长足发展。

2. 储运氢技术发展趋势

目前，高压气态氢气储运基本可以满足现阶段氢能供应需求，但无法满足大规模氢气储运的需求，预计未来的应用会相对减少。低温液态储运技术是一种潜力较大的氢气储运技术，对于同一体积的储氢容器，液氢储氢质量大幅提高，成本较高是氢气液态储运的主要障碍。有机物液体储氢具有较高的安全性和运输便利性，长距离、大规模的氢气输送具有一定优势，但也面临杂质气体含量高、纯度不够等问题。固态合金输氢纯度高、安全性好，但是输运能耗和成本较高。管道运输是具有发展潜力的低成本运氢方式，适合大规模、长距离地运氢，氢气在低压状态（工作压力 4~14MPa）下运输，相比于高压钢瓶输氢能耗更低，但管道建设的初始投资较大。

3. 燃料电池技术发展趋势

兼顾低成本与长寿命是实现燃料电池商业化的关键，燃料电池技术将从材料、部件与系统三方面进行改进与创新，以促进燃料电池具备规模化、商业化能力。例如，研发贵金属部分替代或完全替代的催化剂，降低铂催化剂用量，或探索非铂催化剂，同时提高催化剂活性与稳定性；研发高比功率、高可靠性的系统集成技术，提高部件可靠性，延长无故障间隔时间等。

根据美国能源部预测，燃料电池技术将快速进步。材料层面，将重点向低贵 / 无贵金属催化剂、新的膜及离聚物材料、耐久性好的高温膜电极、双极板及涂层优化发展；系统及制造层面，重点方向将是系统设计及操作条件优化、模块化的堆和系统、改善生产和供应链、BOP组件和外围部件的优化。2025 年，燃料电池膜电极功率密度将达到 0.3mg/cm^{2}PGM，寿命将达到 25000h。根据《节能与新能源汽车技术路线图 2.0》，到 2025 年，我国商用车燃料电池系统功率将高于 120kW，质量比功率大于 350W/kg，系统能量效率超过 55%，–40℃冷启动不超过 5min，寿命超过 15000h。2030—2035 年，商用车燃料电池系统功率将高于 180kW，质量比功率大于 450W/kg，系统能量效率超过 60%，–40℃冷启动不超过 2min，寿命超过 30000h。

（二）经济性预测

在产业协同和规模经济的共同作用下，燃料电池等产品生产成本将快速下降，氢能产业的经济性将大幅提升。根据国际氢能委员会发布的《氢能平价之路》研究报告，预计到 2030 年氢能产业链整体成本将下降 50%。

在制氢环节，根据美国能源部预测，2025 年将实现电解制氢成本 2 美元 / 千克，2030 年不同来源的清洁氢气成本降低至 1 美元 / 千克，比 2020 年的成本降低 80%。根据日本第六版《氢能战略计划》预测，到 2030 年实现制氢成本从目前的 100 日元 / 标准立方米降至 30 日元 / 标准立方米，到 2050 年降至 20 日元 / 标准立方米。根据中国电动汽车百人会发布的《中国氢能产业发展报告（2020）》，2025 年到 2050 年，我国碱性电解系统成本有望从现阶段的1250~2000元/千瓦逐步降低至1000元/千瓦和600元/千瓦，PEM电解水装备设备成本降本空间更大，有望从6000~12000元/千瓦降低至2000元/千瓦和800元/千瓦。

在燃料电池应用终端层面，根据美国能源部发布的《氢能计划发展规划》，2030年，长途重卡燃料电池系统成本达到80美元/千瓦，寿命为25000小时；固定式发电燃料电池系统成本为1000美元/千瓦，寿命为80000小时，固体氧化物系统成本降至900美元/千瓦，运行寿命达到40000小时；储能用可逆电池成本为1800美元/千瓦，寿命为40000小时；电解槽成本降至300美元/千瓦，运行寿命达到80000小时，系统转换效率达到65%；车载储氢系统成本在能量密度2.2kW·h/kg、1.7kW·h/L条件下达到8美元/千瓦时，便携式燃料电池电源系统储氢成本在能量密度1kW·h/kg、1.3kW·h/L条件下达到0.5美元/千瓦时，储氢罐用高强度碳纤维成本达到13美元/千克。根据《节能与新能源汽车技术路线图2.0》，2025年我国商用车燃料电池系统成本将低于2000元/千瓦。2030—2035年，我国商用车燃料电池系统成本将低于600元/千瓦。

（三）产业规模预测

未来，氢能多元化、多场景应用将带来大量用氢需求，从而带动氢能产业加快扩张。从中长期来看，由于氢能源独特的优势、能源革命及碳中和的大趋势，以及氢燃料电池技术水平、产品性能提升，大规模推广应用，氢能产业具有非常大的发展空间。据中国氢能联盟预测，到2025年，我国氢能产业产值将达1万亿元，2035年产值有望达到5万亿元。

1. 主要国家氢能战略及产业规模展望

根据国际氢能委员会《净零氢能报告》，预计到 2030 年，氢需求将达到 1.4 亿吨，其中 7500 万吨为清洁氢，整个氢能价值链直接投资总额将达到 7000 亿美元。到 2050 年，氢能需求将达 6.6 亿吨，中国将成为氢能最大市场，到 2050 年氢能需求约为 2 亿吨。欧洲和北美紧随其后，氢能需求均约为 9500 万吨，日本和韩国约需 3500 万吨，整体价值链投资将达到 7 万亿 ~8 万亿美元，产生经济效益约 3 亿美元。从细分市场来看，2050 年地面交通领域氢气需求量约为 1.75 亿吨，重卡将占到 1.1 亿吨；海事和航空领域需求预计达到 1.1 亿吨；工业原料需求约为 1.05 亿吨；钢铁脱碳需求为 3500 万吨，清洁发电需求为 6500 万吨，工业供热为 7000 万吨，建筑供热为 4000 万吨。

2022 年 9 月，美国能源部发布了《国家清洁氢战略与路线图（草案）》，将美国氢能发展分成四个阶段：第一阶段（2020—2022 年），实现成本降低和性能改进，总氢需求达到 1200 万吨，售出 3 万辆燃料电池汽车；第二阶段（2023—2025 年），氢气总需求量达到 1300 万吨，售出 15 万辆轻型和重型燃料电池汽车，建成 1000 个加氢站，其中近 10% 的加氢站专门用于燃料电池汽车；第三阶段（2026—2030 年），氢气总需求量达到 1700 万吨，售出 120 万辆燃料电池汽车，建成 4300 个加氢站；第四阶段（2030 年后），在更大范围内展开氢应用，到 2050 年，氢气消耗量达到 6800 万吨。

2020 年 7 月，欧盟发布了《欧盟氢能战略》，预计氢能总投资超过 4500 亿欧元。2024 年与 2030 年，欧洲可再生能源产氢量要分别达到 100 万吨和 1000 万吨，可再生能源电解槽装机量要分别达到 6GW 和 40GW。据《欧洲氢能路线图》预计，到 2050 年，欧盟的氢气需求约为

5600万吨，约占总能源需求的1/4。到2030年，欧盟氢能产业规模将达到1300亿欧元，电解槽领域新增240亿~420亿欧元投资；到2050年，产业规模将达到8200亿欧元，电解槽规模达到1800亿~4700亿欧元，全面带动欧盟能源体系的基础设施投资。

2020年，德国政府发布《国家氢能战略》，将采用两步走策略，2023年前重点打造国内市场基础，2024—2030年积极拓展海外市场。德国通过《未来计划》，追加90亿欧元用于氢能技术转化与推广以及国际市场培育。

2021年，日本发布的第六版《氢能战略计划》提出，到2030年和2050年，清洁氢/氨发电量占总电力供应的1%和10%；工业部门持续应用绿氢替代技术，住宅与商业部门广泛使用氢能热电联供系统，2050年全面使用零碳排放车辆，通过积极部署加氢基础设施，强化清洁氢/氨等相关技术与产业发展，在船用燃料脱碳方面，积极开发绿氢合成氨技术，于2040年起实现商业化；氢气供应量到2030年实现300万吨/年，到2050年实现2000万吨/年。

2. 国内氢能产业规模展望

根据我国2022年3月发布的《氢能产业发展中长期规划（2021—2035年）》以及现阶段产业发展动态，到2025年，我国氢能燃料电池车辆保有量预计将超过5万辆，可再生能源制氢量将达到10万~20万吨/年，成为新增氢能消费的重要组成部分，实现二氧化碳减排100万~200万吨/年。到2030年，形成较为完备的氢能产业技术创新体系、清洁能源制氢及供应体系，产业布局合理有序，可再生能源制氢广泛应用，有力支撑碳达峰目标实现。到2035年，形成氢能产业体系，构建涵盖交通、储能、工业等领域的多元氢能应用生态。可再生能源制氢在终端能源消费中的比重明显提升，对能源绿色转型发展起到重要支撑作用。

据《中国氢能源及燃料电池产业白皮书》预测，到2030年，我国氢气需求量将达到3500万吨，氢能在我国终端能源体系中的占比至少达到5%，其中可再生氢供给可达770万吨；2050年氢能在我国终端能源体系中的占比至少达到10%，氢气需求量接近6000万吨，其中交通领域氢气需求约为2458万吨，占氢能总需求的40%以上，产业链年产值达到12万亿元；到2060年，中国氢能年需求将超过1.3亿吨，在终端能源消费中的占比约为20%，其中70%为可再生能源制氢。

根据2020年发布的《节能与新能源汽车技术路线图2.0》，2035年之前我国将实现100万辆氢能燃料电池汽车的总目标。第一阶段：约2020—2025年，氢能燃料电池汽车的商业化应用基本实现。第二阶段：约2025—2030年，加快实现氢能及燃料电池汽车的推广应用。以大型SUV、公共服务用车的批量应用为主，基于现有储运加注技术，基于150km的辐射距离，因地制宜地推广氢能与燃料电池技术，优化燃料电池系统结构设计，加快关键部件产业化，大幅降低燃料电池系统成本。燃料电池汽车保有量达到5万~10万辆规模，加氢站数量不少于1000座。第三阶段：约2030—2035年，实现氢能及燃料电池汽车的大规模推广应用。氢的制取、存储、运输、应用大规模一体化，加氢站现场储氢、制氢模式实现标准化和推广应用；完全掌握燃料电池核心关键技术，建立完备的燃料电池材料、部件、系统的制备与生产产业链。燃料电池汽车保有量为80万~100万辆，加氢站超过5000座，50%以上的氢气为可再生能源制取的绿氢。

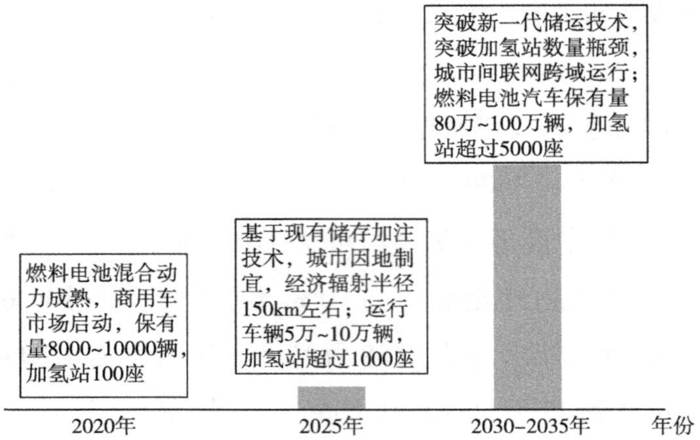

图 3-4　中国燃料电池汽车技术路线图

资料来源：《节能与新能源汽车技术路线图 2.0》

综合我国已出台的省级氢能产业规划，2025 年燃料电池汽车推广应用数量将达到 11.1 万辆，建设加氢站数量将超过 1000 座。据不完全统计，截至 2022 年底，我国已有 21 个省级行政区、69 个市级行政区出台相应的氢能规划。其中北京、河北、辽宁、浙江、内蒙古、宁夏、山东、上海、天津、湖南、江苏、山西、吉林、广东、河南、四川、贵州、安徽、陕西、重庆、福建等 21 省（区、市）发布了“十四五”期间燃料电池汽车推广和加氢站建设目标，共计推广燃料电池汽车 11.1 万辆，建成加氢站 1071 座。在燃料电池汽车推广应用方面，北京、广东、河北、江苏、山东、山西、陕西、上海 8 个省（市）到 2025 年均计划推广 10000 辆燃料电池汽车，四川省计划到 2025 年推广 6000 辆燃料电池汽车。在加氢站建设方面，广东计划到 2025 年建成 300 座加氢站，河北、山东、陕西 3 省计划到 2025 年建成 100 座加氢站，北京、上海分别计划到 2025 年建成 74 座和 70 座加氢站。

第四章

典型地区氢能产业进展及经验

面对氢能产业加快启动和发展的形势，地方政府积极布局氢能产业。一些地区不断出台和完善产业支持政策，创新政策法规和管理规范，通过自主创新驱动、示范应用、龙头企业引领、专项政策支撑、核心科研成果转化、引导传统产业转型升级等方式，积极探索与本地条件相契合的产业创新发展之路。

一、北京市——产业培育与示范应用并举

以北京为核心的京津冀地区在氢能技术研究与应用示范方面起步较早，在科技创新、产业基础、支撑要素和市场应用方面具有领先优势。北京立足全国科技创新中心定位，深入落实首都高质量发展战略，围绕支撑京津冀能源结构转型、引领全国氢能技术创新和产业发展，率先打造氢能创新链和产业链，产业发展已呈现积极态势。

（一）北京市氢能产业进展情况

2021 年，北京氢能产业重点区域产业链布局稳步推进，聚集具有核心技术和产业化能力的企业主体超过 100 家，累计实现产业链规模突

破 100 亿元。北京冬奥会开展全球最大规模的燃料电池车辆示范应用，京津冀燃料电池汽车示范群正式启动，多领域示范推广进展显著，北京在政策环境、产业布局、示范应用、平台支撑、技术创新等方面的国内领先优势进一步巩固。

1. 政策环境持续优化

北京市政府正积极进行氢能产业发展布局，顶层设计与配套措施加快完善，产业发展政策环境持续优化。此外，北京市还围绕氢能产业出台燃料电池汽车产业发展相关规划，出台科技、人才等相关产业扶持政策和氢能安全监督管理办法。

北京市经济和信息化局持续谋划和推动北京氢能产业发展，2021 年 8 月发布《北京市氢能产业发展实施方案（2021—2025 年）》，作为北京氢能发展顶层设计的文件，明确提出了北京氢能产业发展目标与布局思路，以及关键技术突破、京津冀氢能产业链、全场景应用示范、公共服务平台建设四项重点任务与相关保障措施。

北京市城管委编制发布的《北京市氢燃料电池汽车车用加氢站发展规划（2021—2025 年）》提出了加氢站建设目标、选址原则，建立加氢站选址储备库；《北京市氢燃料电池汽车车用加氢站建设管理暂行办法》和《北京市氢燃料电池汽车车用加氢站运营管理暂行办法》对加氢站规划和建设提出了要求，对新建、改（扩）建加氢站和内部加氢站建设管理程序、加氢站经营许可管理、企业服务和安全管理、政府监管、应急预案与事故处置、法律责任等方面的事项进行了明确。

2. 区域布局因地制宜

《北京市氢能产业发展实施方案（2021—2025 年）》提出了京北、

京南、京津冀区域统筹规划的产业布局思路。在京北以昌平“能源谷”建设为核心，向南融合海淀，向北辐射延庆、怀柔，打造氢能产业关键技术研发和科技创新示范区；在京南依托大兴、房山、经开区，构建氢能全产业链生态系统，打造氢能高端装备制造与应用示范区。2021 年，北京氢能产业发展各重点区积极落实产业布局，依托大兴国际氢能示范区、昌平“能源谷”和房山中关村氢能产业园，因地制宜开展产业链布局。

（1）大兴氢能产业建设初见规模

《大兴区促进氢能产业发展暂行办法（2022 年修订版）》已正式发布，区域政策体系趋于完善。大兴国际氢能示范区北区已正式建成投用，首届 H2-Eco 国际氢生态年会在该示范区举办。截至 2021 年底，示范区共储备项目 293 个，90 家企业完成注册（39 家签约落地）。其中，示范区聚集 10 余家研发机构和企业科技创新部门，区域氢能产业生态与影响力初步形成。大兴作为京津冀燃料电池汽车示范城市群牵头区，氢能场景示范应用稳步推进，已投入使用氢燃料旅游客车、环卫车 185 辆，建成全球最大加氢示范站，日加氢能力可达 4.8 吨，日服务车辆达 600 辆，高峰时可 2 小时连续加满 200 辆物流车。

（2）房山特色产业布局基本形成

《北京市房山区氢能产业发展规划（2021—2030 年）》正式发布，在氢能产业发展思路、战略方向与发展路径方面进行了规划安排。《北京市房山区促进氢能产业发展暂行办法》初步编制完成，区域产业政策日趋完善。房山区成功举办中关村氢能论坛，中关村（房山）氢能产业园正式挂牌建设，已入驻 31 家氢能产业链上下游企业。建成氢气产能 3300Nm^3/h（约 7 吨 / 天），阶段性保障全市用氢需求。房山区建成并投用3座加氢站，推广燃料电池通勤班车、物流车共9辆。同时，房山区依托燕山石化开展重卡、叉车、PEM制氢示范工作，探索石化行业氢能转型路径。

（3）昌平加快推动产业创新发展

《昌平区氢能产业创新发展行动计划（2021—2025年）》和《昌平区促进氢能产业创新发展支持措施》正式发布，明确了昌平氢能产业发展目标、空间布局、重点任务与支持措施。"能源谷"核心区集聚60余家布局氢能业务的国企、创新型企业和机构，低碳院、国家电投氢能公司、华能研究院等6家央企研究机构实现氢能技术突破。昌平区成功举办全球能源转型论坛"氢能产业化与技术进步"分论坛，顺利开展10辆燃料电池大巴班车示范运营，完成35MPa福田中石油加氢站建设与试运行。

此外，延庆区200辆燃料电池大巴参与冬奥会延庆赛区保障服务工作，车辆运营平台公司已正式注册，配套加氢示范项目已建成投运，中关村延庆氢能园被列入北京"高精尖产业重点项目"和"创新型产业集群项目"。经开区成功引进丰田燃料电池研发及生产项目，储备多家氢能产业链创新企业，氢能（汽车）产业发展专项扶持政策即将落地。

3. 示范应用进展明显

北京氢能示范应用以交通领域为突破口，截至2021年，北京市累计推广燃料电池车辆超过850辆，建成加氢站10座。同时，北京市主动谋划国家级及市级层面的氢能综合示范，多领域示范推广进展明显。

（1）北京冬奥会——全球最大规模燃料电池车辆示范

北京冬奥会以“绿色冬奥”为主题之一，碳排放全部实现中和，是目前全球范围氢燃料电池车辆示范规模最大、应用场景最全以及氢能技术应用最全面、保障体系最完善、政策标准持续创新的重大示范。此次冬奥会火炬全部采用氢气作为燃料，是世界首套高压储氢火炬，由航天六院 11 所（京）与航天六院 101 所共同研制。火炬供氢系统由天海工业承担研制工作，点燃主火炬的氢气由燕山石化供应，三个分会场火炬台由中国石油供应的氢气点燃。此次冬奥会共计投入使用 816 辆燃料电池汽车参与赛事交通服务保障工作，其中包括约 500 辆北汽福田自主研发、生产的福田欧辉客车，首次实现本土研发及生产的丰田柯斯达中巴、首批进口的丰田 Mirai 等车辆规模化示范应用。

（2）京津冀燃料电池汽车示范城市群正式启动

2021 年 8 月，财政部等五部门联合发布《关于启动燃料电池汽车示范应用工作的通知》，京津冀氢燃料电池汽车示范城市群正式获批。北京作为京津冀燃料电池汽车示范城市群的牵头城市，将充分发挥科技创新的引擎作用，与天津市、河北省、山东省共同谋划、高效协同、产业融通，形成优势互补、协同联动、绿色可持续的氢能产业生态，在全国形成可推广、可复制的示范效应和模式创新，共同打造氢能产业发展新高地、燃料电池汽车示范新样板。2021 年 12 月，京津冀燃料电池汽车示范城市群启动仪式在大兴国际氢能示范区举行，明确了城市群在示范期内推广 5300 辆燃料电池汽车的目标，发布《京津冀燃料电池汽车示范城市群年度任务计划》《京津冀燃料电池汽车示范城市群工作机制》等多个重要文件。2021—2022 城市群示范年度，面向省际专线货运、城市重型货物运输、城市物流配送、城市客运 4 个方向，北京市开展了超过 1160 辆燃料电池汽车的示范应用。

（3）主动谋划氢能多领域综合应用示范

北京市经济和信息化局积极开展氢能技术应用试点示范项目方案征集工作，面向区域综合示范应用、分布式能源示范、氢能工业车辆示范等方向，计划遴选一批氢能领域多种先进技术路线与机制、模式创新的综合应用场景充分融合的试点示范项目方案，并推动项目在京落地示范。北京市经济和信息化局共征集 50 余家单位报送的 60 余个项目，计划结合技术成熟度和实施可行性分领域分批支持项目落地实施，并在此基础上启动国家级氢能综合示范的谋划工作。

4. 支撑平台能力全面

2021 年，北京氢能产业公共服务平台相继成立，国际氢能中心、中关村氢能与燃料电池技术创新产业联盟为氢能技术研发、国际合作与资源整合提供了有力支撑。标准认证机构建立质量体系，持续引导产业健康有序发展。

（1）公共服务平台支撑产业布局

北京市政府、联合国工业发展组织与清华工研院合作建设国际氢能中心，打造基础研究、技术研发与产业落地融合的氢能技术和产业创新体系，推动构建氢能创新高地。80 余家氢能领域领先的企业、高校及科研院所联合成立中关村氢能与燃料电池技术创新产业联盟，协调整合优势产业资源，推动行业协同创新，全面配合北京市氢能产业布局。

（2）标准认证机构引导产业有序发展

全国氢能标委会、全国燃料电池及液流电池标委会等氢能产业国家级标准化机构秘书处均设在北京，已组织开展数十项国家标准的编制和转化工作。中国汽车工业协会、中国汽车工程学会、中国电器工业协会、中国能源研究会等相关机构也组织设立了氢能和燃料电池相关的标准化机构，助推行业标准、团体标准的制定。中国质量认证检验中心、中国标准化研究院、中国特检院、中国汽车技术研究中心等机构在氢能领域的检测认证方面具备良好的研究基础和权威的资源平台，支撑并引导着北京及全国氢能与燃料电池产业的健康有序发展。

5. 技术不断取得新进展

北京是我国氢能领域科技创新的策源地，创新资源优势显著，聚集清华大学等一流高校、科研院所、企业研发机构，已推动科研课题实施30余项，积累了丰富的科研成果。在氢能供应和终端应用领域，北京整体技术水平与产业化能力优势地位明显，具备研发实力突出、产业基础完备等优势基础，并在氢能制储运加用全环节不断取得新进展。

（1）PEM制氢装备自主化应用

中国石化首套质子交换膜（PEM）制氢示范站在燕山石化投用，电解水制氢技术与燕山石化绿电耦合，实现绿氢制取。该项目采用石油化工科学研究院独立自主研发的高性能阴阳极催化剂，催化剂、双极板以及集电器等关键核心材料部件均实现国产化。项目投用标志着中国石化自主开发的国产PEM制氢设备打通了从关键材料、核心部件到系统集成的整套流程，为自主研发电解水制氢技术与装备建设积累了经验，为兆瓦级质子交换膜电解水制氢设施国产化奠定了基础。

（2）Ⅳ型储氢瓶完成交付使用

Ⅳ型储氢瓶因其质量轻、耐疲劳等特点正成为全球的应用热点，日本、韩国、美国与挪威等国的Ⅳ型储氢瓶均已量产。天海工业自2016年起进行Ⅳ型储氢瓶自主研发，承接科技部Ⅳ型瓶关键技术研究课题任务“塑料内胆纤维全缠绕气瓶设计制造关键技术研究”，掌握Ⅳ型瓶关键核心技术并建立研发体系。2021年，天海工业已取得Ⅳ型瓶制造许可证并完成首批Ⅳ型瓶供气系统交付。目前，天海工业已完成多款产品研制工作并获得国际国内多项认证，正在加速推动产业化布局。

（3）加氢技术达到国际先进水平

北京低碳清洁能源研究院开发的加氢机已服务于国内9个商业化加氢站，其中35MPa快速加氢机正式入选国家能源局2021年度能源领域首台（套）重大技术装备项目名单，已在张家口、佛山等地区进行示范应用；70MPa加氢机正式获得国际认证机构TÜV南德的官方认证，并在此前顺利通过相关认证测试，也是国内70MPa加氢机首次取得国际认证。同时，北京低碳清洁能源研究院70MPa加氢机已服务于2022年北京冬奥会，标志着北京氢气加注已跻身国际行业领先水平。

（4）高效燃料电池国产化进程加快

北京亿华通围绕自主大功率燃料电池开展技术攻关，发布新一代燃料电池发动机，额定功率达到240kW，质量功率密度达到810W/kg。国家电投氢能公司已实现燃料电池催化剂、膜电极、扩散层、金属双极板、电堆组装等关键技术、材料和部件自主化，在关键技术指标达到国际先进水平的同时，还显著降低了燃料电池成本。

燃料电池液氢重卡正式发布。由清华大学牵头的产学研团队围绕长途重载应用场景，成功研制出全球首辆35吨级、49吨级的分布式驱动液氢燃料电池重型商用车并完成功能验证，正在积极谋划液氢技术全产业链示范。35 吨级重卡续航里程超过 700 公里，燃料电池系统功率大于 80kW，液氢携带量大于 60 千克；49 吨级重卡续航里程超过 1000 公里，燃料电池系统功率大于 160kW，液氢携带量大于 100 千克。

（二）京津冀氢能产业协同发展

“双碳”目标的提出为京津冀地区的氢能产业带来了重大发展机遇，发展氢能产业是推动京津冀能源结构转型，促进京津冀在全国范围率先实现碳达峰目标的重要支撑。京津冀区域是国内最早开展氢能与燃料电池产业研发和示范应用的地区之一，具备研发实力突出、产业基础完备、氢能供给多元、产业链完整、应用场景丰富等优势，三地产业与经济结构互补性强，为区域协同发展氢能产业奠定了坚实的基础。

1. 区域氢能产业发展基础

京津冀区域化石能源资源相对贫乏，是典型的能源输入型地区，能源清洁高效利用水平相对较低。京津可再生能源尚未形成规模化应用，津冀整体高碳化石能源消费比重仍较高，大气改善任务仍然艰巨。北京研发机构和科技创新资源优势集中，在科技创新、产业基础、支撑要素和市场应用方面具有领先优势。天津市在燃料电池汽车标准与检测、水电解制氢等方面具备优势。河北省具备规模化绿氢供应潜力，拥有丰富的氢能与燃料电池应用场景。京津冀三地氢能产业发展目标一致，产业基础各具优势，市场需求旺盛，产业链资源禀赋充分互补，产业优势主体集聚，应用场景高度契合，已具备氢能全产业链发展的基础条件，产业跨区域、集群化的协同发展势在必行。

2. 区域产业协同发展布局

针对氢能产业区域化、规模化、市场化的突出特征，北京率先谋划京津冀氢能产业协同发展。《北京市“十四五”时期高精尖产业发展规划》将氢能产业协同发展作为京津冀区域高精尖产业协同发展的重要方向之一，计划推动京津冀规模化、协同化布局氢能产业，重点布局制备、运输、存储、加注和氢燃料电池产业链环节，聚焦氢能关键核心技术攻关和终端应用，推进氢燃料电池堆和高端整车制造；支持天津发展储氢材料设备、加氢站成套装备等先进装备制造，支持河北发展风能制氢、工业副产氢，加强氢能供给，研发高压车载储氢系统、高压气态和低温液态氢储运技术及管道输氢特种材料，壮大储氢上游环节。

3. 支撑推动区域协同发展

重点打造京津冀氢能全产业链，突破制约产业发展的关键共性技术，保障三地低碳氢源的稳定可靠供应，形成全产业链自主可控能力，全面降低终端应用成本。实施全场景示范应用工程，推动氢能装备的商业化与规模化，培育一批具有国际竞争力的氢能机构与企业。实施公共服务平台建设工程，形成低碳化、专业化、规范化、智能化的产业发展生态。

4. 区域协同重点项目布局

以冬奥会、燃料电池汽车示范城市群等应用场景为引领，以跨区域氢能货运示范专线为牵引，结合各地资源禀赋和产业基础，协同布局氢能供应及燃料电池应用全产业链，加快氢能在能源、工业、交通、民生等多领域推广应用，带动全产业链技术进步与产业规模化、商业化发展，形成优势互补、错位发展、互利共赢的产业协同发展新格局。以

“宜电则电，宜氢则氢”为推广原则，聚焦大宗物资运输、渣土运输、港区作业、物流配送、市政环卫、通勤客运、机场快线、公交、乘用车等以中远途、中重型车为主的应用场景，完成5300辆自主化燃料电池汽车的示范应用。建成具有国际影响力的产业创新群体与氢能示范区域，相关产业链产值超过百亿元级。此外，在京津冀区域各港口与北京间的运输线路、重点企业物流专线和以农副产品为重点的生活必需品运输线路上，构建京津冀燃料电池重卡货运走廊，实现氢燃料电池牵引车和载货车的分阶段替换。

（三）北京市氢能产业发展计划

立足北京实现碳达峰碳中和的目标，把握首都城市战略定位和京津冀协同发展、冬奥会和冬残奥会示范应用、区域产业结构转型三大机遇，加快培育和发展氢能产业，打造自主可控、绿色安全的京津冀氢能全产业链，加快提升产业技术创新与装备制造水平，推进氢能多领域应用和基础设施建设，引领北京氢能产业发展。

1. 发展定位

依托北京全国科技创新中心的战略定位和高地优势，协同津冀在氢能供应、应用场景、材料装备等方面的资源禀赋，以“创新引领、技术多元、协同发展、示范带动、绿色安全”为发展原则。北京氢能产业发展的总体思路是：坚持目标导向，把握战略机遇，突出政策引导和机制创新，立足科技进步、产业链完整、应用示范丰富和公共服务完善四个方面，高位谋划、超前布局，为京津冀氢能全产业链发展定方向，为全国氢能产业发展举旗帜，奠定产业引领地位。

2. 发展目标

以科技创新驱动为核心，强化政策引领和产业培育，建设国际一流的研发设计、国际交流和应用推广平台，努力把北京建设成为具有国际影响力的氢能产业城市与科技创新中心，驱动京津冀氢能产业协同发展，合力构建氢能与燃料电池全产业链，形成氢能低碳化、规模化生产与应用，着力打造“区域协同、辐射发展、国内领先、世界一流”的产业创新高地，促进产业可持续发展。

以冬奥会和冬残奥会重大示范工程为依托，2023 年前实现氢能技术创新“从 1 到 10”的跨越，培育 5~8 家具有国际影响力的氢能产业链龙头企业，京津冀区域累计实现产业链产业规模突破 500 亿元，减少碳排放 100 万吨。在交通运输领域，推广加氢站及加油加氢合建站等灵活建设模式，力争建成 37 座加氢站，推广燃料电池汽车 3000 辆；在分布式供能领域，在京津冀区域开展氢能与可再生能源耦合示范项目，推动在商业中心、数据中心、医院等场景分布式供电 / 热电联供的示范应用。开展绿氨、液氢、固态储供氢等方面的前沿技术攻关，实现质子交换膜、压缩机等氢能产业链关键技术突破，终端应用成本降低超过 30%。

2025 年前，具备氢能产业规模化推广基础，产业体系、配套基础设施相对完善，培育 10~15 家具有国际影响力的产业链龙头企业，形成氢能产业关键部件与装备制造产业集群，建成 3~4 家国际一流的产业研发创新平台。京津冀区域累计实现氢能产业链产业规模 1000 亿元以上，减少碳排放 200 万吨。在交通运输领域，探索更大规模加氢站建设的商业模式，力争新增 37 座加氢站建设，实现燃料电池汽车累计推广量突破 1 万辆。在分布式供能领域，在京津冀范围内探索更多应用场景供电、供热的商业化模式，建设“氢进万家”智慧能源示范社区，累计推广分布式发电系统装机规模10MW以上。建设绿氨、液氢、固态储供氢等应用示范项目，实现氢能全产业链关键材料及部件自主可控，经济性能指标达到国际领先水平。

二、上海市——龙头企业引领与自主创新驱动

上海是氢能产业发展的先行者，经过多年积累，关键核心与技术产品持续创新，龙头企业不断涌现，示范应用大面积推广，发展水平进一步提高，已初步形成较为完整的燃料电池汽车产业链。2021年8月，由上海牵头，协同苏州、南通、嘉兴、淄博、鄂尔多斯、宁东组建“1+6”的上海燃料电池汽车示范城市群率先获批，上海氢能及燃料电池汽车产业发展步入快车道。

（一）上海市氢能产业发展背景

1. 产业生态较为完善

上海现已建成国家机动车产品质量监督检验中心、同济大学新能源汽车工程中心、上海智能新能源汽车科创功能平台、上海新能源汽车公共数据采集与监测研究中心等国内领先的公共服务平台。同时，上海还成立了以燃料电池汽车商业化促进中心、上海燃料电池汽车示范应用创新联盟、长三角氢能基础设施产业联盟、氢能产业技术创新联盟、上海氢能利用工程技术研究中心为典型代表的行业组织，探索燃料电池汽车相关领域的国际合作交流新模式、新路径，不断扩大燃料电池汽车产业

对外交流频度、广度和深度，持续提升上海燃料电池汽车产业国际影响力。

2. 氢能供应基础雄厚

上海市化工基础雄厚，现有工业产氢供氢能力近50万吨/年，主要为工业副产氢，可用于车辆加注的氢气年充装能力近1万吨（见表4-1）。燃料电池汽车示范启动以来，上海市新增氢气充装能力6000吨，可有效支撑氢能及燃料电池企业产业发展。除工业副产氢外，上海市还积极探索绿色制氢技术，围绕电解水制氢领域，在碱性电解槽制氢技术、质子交换膜制氢技术、高温固体氧化物电解水制氢技术等方面进行了全面布局。

表4-1　上海2022年车用氢气充装能力

生产厂家	制氢方式	充装能力（吨/年）
中石化	天然气重整制氢 工业副产氢	2157
华谊+林德	工业副产氢	2157
法液空+林德	工业副产氢	1159
宝武	工业副产氢	4314
合计		9787

资料来源：上海市经济信息化委，数据截至2022年9月底

（二）上海市氢能产业进展情况

1. 技术创新和产业链建设优势明显

上海依托雄厚的汽车产业基础，以打造氢能“南北两基地、东西三高地”为空间布局思路，基本形成布局完整、功能齐全、各具特色的燃料电池汽车产业链。

（1）整车制造基本实现车型全覆盖

上海市以上汽集团、申龙客车、万象汽车为代表的多家主机厂，率先发布了上汽荣威 950FCV、大通 FCV80 轻客、大通 EUNIQ7 MPV、跃进 FC500 货车、申沃 12 米 /10.5 米燃料电池公交客车、物流车等多款燃料电池车型，基本实现车型的全覆盖，并已实现示范应用与量产（见表 4–2）。

表 4-2　上海城市群燃料电池整车制造情况

车型	主要企业	基本情况
乘用车	上汽乘用车	代表车型为上汽荣威950FCV，是国内首款燃料电池乘用车，率先采用金属板电堆和70MPa高压储氢系统等相关技术，到2022年10月全国累计销售81辆
	上汽大通	代表车型为上汽大通EUNIQ7MPV，是国内首款燃料电池MPV，核心性能指标对标丰田Mirai，已取得公告
客车	上汽大通	代表车型为上汽大通FCV80，是国内首款燃料电池轻客，前期在上海、抚顺等多地示范，到2022年10月全国累计销售407辆
	上海申沃	代表车型为申沃12米/10.5米燃料电池公交客车，前期中标UNDP（联合国开发计划署）三期项目，在嘉定公交114路投入6辆运营
	苏州金龙	代表车型为10.5米氢燃料电池客车，苏州金龙在坚持自主开发、掌握核心技术的前提下与丰田联合打造第五代氢燃料公交车，客车采用行业领先的材料和结构，实现了电堆系统-30℃低温自启动以及不低于65%的电堆系统效率、2.19kW/L体积功率密度等关键系统性能指标，达到国内外先进水平
货车	上汽大通、申龙客车	代表车型为跃进FC500货车（已取得公告）、申龙物流车等，基于“车–站–景”的联动模式，积极拓展城市配送领域、港口码头短驳等场景，到2022年10月全国累计销售810辆

资料来源：上海市经济信息化委

（2）基础材料、关键零部件等布局基本完整

上海在电堆、膜电极、双极板、空气压缩机等关键零部件上已实现批量产业化，捷氢、重塑、神力科技等企业均研发出了具有自主知识产

权的电堆。其中，捷氢拥有国内首个自主研发的百千瓦级大功率电堆产品 PROME M3H，其燃料电池系统 PROME P390H 获得“氢能与燃料电池技术创新奖一等奖”，并获评“全球新能源汽车创新技术”；重塑凭借主营产品——商用车氢燃料电池系统获评工业和信息化部第六批制造业单项冠军示范企业，以及第二批专精特新“小巨人”企业；神力科技自主开发的 150kW 石墨板电堆，体积功率密度已达到 4kW/L，达到国际先进水平。在关键零部件方面，唐锋、捷氢、韵量（重塑）等企业开发出了高性能膜电极产品，治臻、清志等企业已经量产性能优异的超薄双极板、复合双极板等产品，势加透博、毅合捷等企业在空气压缩机这一燃料电池系统关键“卡脖子”产品上取得了自主突破。除此以外，催化剂、质子交换膜、碳纸、氢循环系统等关键零部件也在积极布局中，初步形成了自主可控的燃料电池 – 膜电极 – 发动机 – 整车的燃料电池汽车产业链。

表 4-3　上海燃料电池核心零部件自主突破情况

序号	零部件	主要企业	自主突破情况
1	燃料电池堆	捷氢科技	燃料电池系统PROME P390H获得“氢能与燃料电池技术创新奖一等奖”，并获评“全球新能源汽车创新技术”，已配套近20款车型
		重塑能源	燃料电池系统CAVEN系列、PRISMA系列两款产品配套的燃料电池汽车安全运行里程超1亿公里
		神力科技	自主开发的150kW石墨板电堆，体积功率密度已达到4kW/L，达到国际先进水平。截至2022年9月底，有50余款搭载神力科技产品的燃料电池汽车已获公告，神力科技全自主燃料电池产品累计出货量超过140MW，在全国范围内实现装车运行1000余台
		航天氢能	自主开发的燃料电池电堆技术，独创静态持/排水超精细流场冲压及耐蚀涂层金属双极板，电堆额定功率为150kW，峰值功率为190kW，功率密度为5200W/L，效率不低于54%。经上海科学技术情报研究所（国家一级科技查新咨询单位）查新鉴定，电堆功率密度和效率达到国内领先水平

续表

序号	零部件	主要企业	自主突破情况
2	双极板	治臻新能源	自主研发的双极板在结构设计方面，采用细密化蜿蜒流道及局部特征结构设计，强化气相传质，支持长时间、高电流运行，可支持电堆最大功率达到200kW以上，该型号所匹配的电堆及系统销量已超过500台（套）
		清志新能源（清能股份）	独创石墨金属复合极板技术路线，采用一侧石墨极板、一侧钛金属极板的设计，在利用石墨极板长寿命特点的同时，提高了功率密度，已具备电堆的自动化堆叠和封装能力，单班年产能可达5000套
3	膜电极	上海唐锋	凭借“高功率密度长寿命燃料电池低铂膜电极技术研发及应用”成功入围并获得上海市技术发明一等奖。开发并建成国内首条燃料电池汽车电堆低铂合金膜电极生产线，膜电极产品销量超百万片
		捷氢科技	具备膜电极关键原材料以及催化剂浆料制成、催化层结构及膜电极性能之间构效关系的分析和仿真能力。该公司所开发的新一代膜电极采用高活性催化剂、更薄的质子交换膜和气体扩散层，膜电极厚度下降20%以上，功率密度从1W/cm^{2}提升至1.3W/cm^2，催化剂用量从0.3gPt/kW下降至不高于0.25gPt/kW，耐久性不低于15000h

资料来源：上海市经济信息化委

2. 车辆推广及运行使用初具规模

上海采用“商乘并举，双轮驱动”的整车推广路径，聚焦成品钢材运输、整车物流运营、“港、区、园”一体化现代物流、物流园区运营、乘用车运营、公共交通领域示范等多个应用场景，重点示范燃料电池货车，加快推广燃料电池乘用车和客车。截至 2022 年 9 月底，上海已累计推广燃料电池汽车近 2000 辆，其中乘用车占 8%，客车占 19%，货车占 73%，累计运营里程近 3800 万公里。示范期内上海已推广超 500 辆燃料电池车，单车最高运营里程超 4 万公里。

3. 加氢站建设超前布局

针对车辆应用场景需求，上海初步形成了“以车促站、车站联动”

的建站模式，基本构建了纯氢站、油氢合建站等多种模式的供氢网络。在加氢站的规划布局方面，力争保障加氢站与氢源间运距小于 100 公里。同时，上海在加氢机、氢气压缩系统等加氢站关键设备国产化方面积极布局，进行科技攻关。

目前，上海共建成投运加氢站 14 座（固定式 10 座、撬装式 4 座），日加注能力近 14 吨（见表 4–4）。示范期内，车辆推广规模扩大不断带来氢气需求量增加和制储运加各环节的技术创新，上海城市群氢气的平均终端售价将控制在不高于 35 元 / 千克的水平。

表 4-4　　上海市加氢站建设情况

区域	加氢站名称	能源类型	建设方式	加注压力（MPa）	日加注能力（kg/ 天）	建成时间
青浦区	青卫站油氢合建站	油氢合建	固定	70	1000	2021年
浦东新区	鸿音路加氢站	纯氢	撬装	35/70	500	2021年
金山区	上海石化供氢中心	纯氢	固定	35	500	2021年
嘉定区	安智站	油氢合建	固定	35	1000	2019年
	西上海站	油氢合建	固定	35	1000	2019年
	上海安亭加氢站	纯氢	固定	35	960	2007年
	江桥加氢站	纯氢	撬装	35	1000	2018年
	电驱动站	纯氢	撬装	35	500	2018年
奉贤区	上海驿蓝化工区加氢站	纯氢	固定	35/70	1920	2019年
	奉贤公交停保场站	纯氢	固定	35	2000	2022年
	平霄路油氢合建站	油氢合建	固定	35/70	2000	2021年
	上海神力科技有限公司加氢站	纯氢	固定	35	500	2018年
	浦江气体加氢站	纯氢	撬装	35	400	2019年
宝山区	宝武清能上海宝氢加氢站	纯氢	固定	35	600	2020年

资料来源：上海市经济信息化委

4. 政策制度体系不断完善

燃料电池汽车示范启动后，上海已累计出台 11 项燃料电池汽车产业相关政策。一是加强顶层规划设计，制定发布《上海市氢能产业发展中长期规划（2022—2035 年）》《上海市燃料电池汽车产业创新发展实施计划》等。二是完善具体支持政策，制定发布《关于支持本市燃料电池汽车产业发展若干政策》《上海市燃料电池汽车加氢站建设运营管理办法》《上海市燃料电池汽车示范应用专项资金管理办法（征求意见稿）》等（见表 4–5）。

表 4-5　上海城市群燃料电池汽车产业政策文件汇总

政策分类	政策名称	发布时间
顶层规划	《上海市能源发展“十四五”规划》	2022年5月
	《上海市氢能产业发展中长期规划（2022—2035年）》	2022年6月
	《上海市碳达峰实施方案》	2022年7月
具体支持政策	《关于支持本市燃料电池汽车产业发展若干政策》	2021年11月
	《上海市燃料电池汽车加氢站建设运营管理办法》	2022年1月
	《上海市燃料电池汽车示范应用专项资金管理办法（征求意见稿）》	2022年9月
	《临港新片区打造高质量氢能示范应用场景实施方案（2021—2025年）》	2021年9月
	《临港新片区燃料电池汽车加氢站建设运营若干规定(试行)》	2021年12月
	《关于支持中国（上海）自由贸易试验区临港新片区氢能产业高质量发展的若干政策》	2022年8月
	《嘉定区关于持续推动汽车“新四化”产业发展的若干政策》	2022年1月
	《嘉定区加快推动氢能与燃料电池汽车产业发展的行动方案（2021—2025）》	2022年1月

资料来源：上海市经济信息化委

（三）上海市氢能产业发展经验

1. 率先实践“揭榜挂帅”模式，探索高效示范组织工作

上海积极探索并借鉴了“揭榜挂帅”这一新型科技项目组织管理模式，率先于 2022 年 1 月公示了承担第一年度示范任务的 6 个“示

范联合体”。各示范任务均由“示范应用联合体”申报，由燃料电池系统企业牵头，由整车制造企业、车辆营运企业、加氢站运营企业、车辆使用单位等组成。牵头单位须与各成员单位签订合作协议书，明确联合体组织方式、项目管理机制、各成员单位权责、具体任务分工等。这种做法有效促进了产业链协同创新，带动了燃料电池汽车产业链加速发展。

2. 因地制宜，深度挖掘燃料电池汽车适用场景

上海作为特大型城市和长三角区域的经济增长极，商务接待、生鲜物资配送、干线物流等多种应用场景对燃料电池车辆都有非常旺盛的需求。上海以“商乘并举，双轮驱动”为整车推广思路，重点示范燃料电池货车，加快推广燃料电池乘用车和客车，以点带线，形成长三角带状氢能走廊，推动产业发展达到国际领先水平。

3. 协同共治、多措并举，探索示范有效的商业模式

在清洁低碳氢示范及氢能保障体系建设方面，上海燃料电池汽车示范城市群区分不同应用场景，做好城市环境和矿山环境的氢能保障规划，形成布局合理、能效充裕的氢源供给保障体系；应用不同技术，尝试多模式清洁低碳氢制取方案，并探索商业化运营的可行性。在加氢站建设方面，上海制定专项规划，推广油氢合建站，优化加氢站建设运营审批流程，以多部门协同共治的方式破解加氢站少、氢气供应不足等难题。除此以外，上海还综合运用专项资金等支持手段，鼓励支持企业加大加氢站设备的研发力度，提高国产化比例，降低加氢站建设成本。上海结合车辆落地运营的市场需求，兼顾土地供应、交通等条件，促使车、站同步落地，提高加氢站利用效率，有效降低运营成本。

4. 数智赋能、强化监管，保障产业高质量发展

在信息化监管方面，上海市加氢站与氢燃料电池汽车公共数据平台（以下简称车站一体化平台）作为全国首个加氢站与氢燃料电池汽车一体化地方性监管平台，由上海市新能源汽车公共数据采集与监测研究中心承建并于2021年11月正式发布上线。平台构建五大核心功能，涵盖车辆监管、加氢站统计、政策支撑、数据服务和安全监管，旨在为上海城市群燃料电池汽车示范应用工作提供强有力的数据支撑。截至2022年9月底，车站一体化平台累计接入车辆近2200辆，共涉及15家车企、15个品牌和30多款车型。其中，上海接入的车辆占比为93%，鄂尔多斯为4%，嘉兴为3%，其他城市正在陆续接入。

三、佛山市（南海区）——未来战略引领产业发展

佛山市是国内较早布局氢能产业的城市。多年以来，佛山市通过加强组织领导、强化规划引导、优化产业政策环境、积极引进培育氢能产业项目、推进基础设施建设、推广终端应用等措施，不断加快氢能产业要素聚集。特别是在“双碳”战略和成为广东燃料电池汽车示范应用城市群牵头城市的双重机遇下，佛山市加强氢能产业对传统产业转型升级的带动作用，将氢能产业作为支撑佛山市碳达峰碳中和战略的重要抓手，推进氢能产业持续健康快速发展，成为广东省乃至全国范围内氢能产业发展的先行示范地区。

（一）佛山市氢能产业进展情况

1. 聚焦关键环节，持续提升技术创新水平

近年来，佛山市加大力度与知名院士团队合作，整合氢能行业顶尖资源，加大引进高端人才力度，创建了仙湖实验室、华南氢安全促进中心、广东省武理工氢能产业技术研究院等重大科研创新平台，加强在氢能材料、部件和应用层面的技术支撑；依托国家技术标准创新基地（氢能），参与了国家级、省级氢能产业政策研究，制定发布 50 余项氢能领域标准规范，极大提升了佛山市氢能产业技术创新水平和行业影响力。此外，佛山市依托广东省特种设备检测研究院、国家低温容器质量监督检验中心（广东）等第三方检验检测机构，打造省级氢能检测及研发基地，2022 年已建成一条每年可完成 2.4 万个高压储氢气瓶定期检验的流水线，加强质量把控，提高氢能装备安全生产与终端产品运营水平。

2. 持续完善产业链条，培育本土龙头企业

佛山市持续完善产业链条，围绕质子交换膜、催化剂、碳纸、电解水制氢装置、整车等环节补链强链，以南海区“广东新能源汽车产业基地”（仙湖氢谷）、高明区“现代氢能有轨电车修造基地”等为主要载体，陆续引进一汽解放、国家电投、康明斯、中石化等龙头企业，推进一汽解放南方新能源汽车产业基地、国家电投华南氢能产业基地、康明斯恩泽质子交换膜电解水制氢装置研发生产基地、广东清能万台级燃料电池核心零部件与系统制造基地、鸿基创能燃料电池膜电极和 PEM 电解水制氢膜电极产业化基地等重点项目落地，支持广东清能、鸿基创

能、泰极动力、佛山清极等优势企业做大做强。佛山市氢能产业基本覆盖了氢能制储运加供应链、燃料电池关键基础材料及核心零部件、燃料电池系统和终端应用等环节，引进培育近150家企业，总投资近350亿元，头部企业集群效应初步显现。

3. 探索创新实践，稳步推进氢能多元化示范应用

在车辆推广应用方面，截至2022年9月，佛山市已开通氢能源公交线路92条，购置上牌氢能源公交车1000辆（日常在线营运586辆），投运氢燃料电池物流车470辆、氢能有轨电车5列、氢燃料电池客车9辆，试运行燃料电池渣土车8辆，车辆安全运行合计已超2000万公里，是国内燃料电池车辆应用推广规模最大的地区之一。

（1）加氢站建设方面

佛山市已建成加氢站28座（禅城区8座、南海区11座、顺德区5座、高明区2座、三水区2座），数量位于全国前列。佛山已建成油氢合建站6座、油气合建站1座、制氢－加氢一体化站1座，加氢能力超过20吨/天。

（2）氢源供应方面

为进一步提高氢源供应自给率，佛山市正推动落实悦隆氢能源综合利用及大宗气体配套项目、瀚蓝可再生能源（沼气）制氢加氢母站项目等，加快构建佛山市氢能供应体系。

（3）其他氢能终端示范应用方面

氢能游船“仙湖1号”、高温甲醇燃料电池游船“嘉鸿1号”2艘燃料电池船舶下水试航；“氢能进万家”智慧能源示范社区项目已启动，

将为国家“减碳社区”和“碳中和社区”建设提供标准化实施路径参考；5 台氢能叉车投入示范应用，多元化氢能终端示范应用路径探索有序进行。

4. 持续完善政策体系，加强制度有效供给

近年来，佛山市各部门积极协作，持续完善氢能产业政策体系，出台了市区两级氢能产业发展规划、加氢站建设运营管理办法、推广应用财政补贴方案等政策文件 20 余项，为产业发展营造了良好的政策环境。在示范应用方面，市直部门及区级政府研究出台了《佛山市新能源城市配送货车运营扶持资金管理办法》《佛山市南海区新能源（氢能）市政、物流车辆推广应用实施方案（2021—2025 年）》等政策文件，对符合条件的燃料电池车辆给予置换、运营补贴及奖励，进一步鼓励示范应用燃料电池车辆。在资金保障方面，通过佛山市制造业转型发展基金、佛山市创新创业引导基金等资金平台，佛山市引导各类社会资本共同组建氢能产业发展基金，支撑产业发展。

5. 紧抓机遇，共建良好产业生态

2021 年 8 月，财政部等五部门联合批复广东燃料电池汽车示范应用城市群为我国首批示范城市群之一。佛山市作为广东城市群牵头城市，紧抓示范机遇，成立广东城市群工作专班办公室，牵头建立示范城市群工作机制、沟通机制、协调会议制度并组建广东城市群专家委员会，开展实地调研，掌握城市群最新进展、面临问题及需协调事项，充分发挥广东省产业先发优势，加强政策体系构建和燃料电池汽车示范应用，强化跨省区域协同发展，共建良好产业生态，形成可复制推广的示范经验。

（二）南海区氢能产业发展经验

佛山市南海区布局氢能产业启动于2009年，是目前国内燃料电池汽车运行规模最大和加氢站数量最多的地区之一，制定了全国首个加氢站审批验收流程，建成全国首个商用加氢站、首个油氢合建站和首批高密度商用标准化加氢站，拥有全国唯一的国家技术标准创新基地（氢能）、全国首座“氢能进万家”智慧能源示范社区，开创了氢能领域多个“全国第一”，在政策体系构建、基础设施建设、产品推广应用等方面走在全国前列。

1. 建立了完整的规划政策体系

2015年，南海区出台《佛山市南海区新能源汽车产业发展规划（2015—2025）》，确定了氢燃料电池汽车为新能源汽车的突破发展方向，探索制定加氢站行政审批验收流程；2017年，南海区出台《佛山市南海区促进新能源汽车产业发展扶持办法》，重点推进氢燃料电池汽车产业发展；2018年，南海区出台《佛山市南海区促进加氢站建设运营及氢能源车辆运行扶持办法（暂行）》，从储罐压力、压缩机能力、加氢枪数量等方面对加氢站日加氢能力做出标准定义，将购车补贴变为运行补贴，避免骗补现象；2020年，南海区出台《佛山市南海区氢能产业发展规划(2020—2035年)》，推动将南海打造成为中国氢能产业商业化创新发展区；2021年，南海区出台《佛山市南海区新能源（氢能）市政、物流车辆推广应用实施方案（2021—2024年)》，推进市政、物流车辆氢能化；2022年，南海区出台《佛山市南海区氢能产业发展三年行动计划（2022—2025年)》，加大政府对氢能产业发展的统筹推进力度。

2. 集聚了完整的氢能与燃料电池产业链

2016 年，南海区仅有广顺新能源和泰罗斯 2 家氢能企业，目前已聚集 100 多家氢能企业和机构，涵盖氢气生产储运及设备研制、加氢站设计与建设、燃料电池及系统、核心材料与部件、整机研发制造、产品检测及设备研制、标准制定、人才培养等 8 大环节，尤其是在燃料电池及系统、关键材料与零部件、氢气制储运及设备研制等环节集聚了一批头部企业，是目前国内具备燃料电池及系统 8 大部件完整产业链的地区之一。

（1）燃料电池及系统生产环节

南海区拥有 9 家各种不同技术路线的企业。其中，清能股份、韵量科技为近年来全国出货量前五的燃料电池生产企业，国家电投集团氢能科技发展有限公司作为国内唯一的燃料电池及系统供应商参与了北京冬奥会示范，中科嘉鸿为大连物理化学研究所国内唯一的高温甲醇燃料电池生产企业，中科润谷为国内第一家固体氧化物燃料电池整合引进企业。

（2）核心材料与部件环节

南海区拥有济平新能源（全国燃料电池催化剂量产最大企业）、国电投氢能（致力于催化剂、质子膜、碳纸等关键核心材料的国产化）、广顺新能源（全国首个量产燃料电池空压机企业）等企业。

（3）氢气生产储运及设备研制环节

南海区拥有康明斯恩泽（全球技术领先的质子膜电解水装备生产企业）、海德利森（全国领先的加氢装置研制头部企业）、联悦气体（广东省最大的专业氢气生产储运企业）等企业。

3. 规划建设了一个氢能产业载体

南海区在丹灶镇规划了面积为48平方公里的“仙湖氢谷”，按“一湖一城三园区”的空间布局，围绕仙湖规划建设氢能企业总部、科研检测机构、会展中心及氢能职业学院，依托三大园区承载先进氢能技术产业化项目。同时，南海区结合丹灶城区、有为水道及周边的商业、人文、旅游等资源，导入立体化氢能交通，融入氢农业、氢生活等氢能元素，建设富有特色的氢谷小镇，力争打造成为“国际知名的自主氢能技术先行地、高端氢能产业集聚地、先进氢能社会示范区”。

4. 搭建了完整的氢能产学研用平台

（1）产学研平台

佛山仙湖实验室加挂先进能源科学与技术广东省实验室佛山分中心牌子，已引进院士 7 名、国家级高层次人才 14 人、科研人员 120 多人，发表 SCI 等论文 200 多篇。同时，南海区与浙江大学合作建设华南氢安全中心，开展氢安全领域的研究；与西安交通大学合作建设鑫锦伟华洁净能源研究院，推进氢能与洁净可再生能源技术产业化；与武汉理工大学合作建设武理工氢能产业技术研究院，致力于燃料电池、双极板、燃料电池检测等技术的研发。

（2）标准化平台

南海区与中国标准化研究院合作成立佛山绿色创新发展研究院，推动国家技术标准创新基地（氢能）建设，2020—2022 年组织制定了团体标准 19 项、联盟标准 9 项，参与制定国家标准 16 项，2020 年 12 月顺利通过国家验收，2021 年 3 月正式获批成立；与中标集团合作引进中标兴质和中国标准化事务所，推动氢能有轨交通、氢能两轮车、氢能公交站场等领域涉氢基础设施、装备及管路的标准及规范体系研究制定工作，为氢能与燃料电池推广夯实基础。

（3）大数据平台

结合科技部课题，南海区开发了氢能汽车综合监管平台，实现氢能车辆、加氢站和核心部件运行数据在线监控，已成功运营3年，极大地支撑了南海区氢能车辆的商业化推广应用，并升级为广东省燃料电池汽车示范运行城市群的监管平台。

（4）人才培养平台

通过与联合国开发计划署（UNDP）合作的UNDP中国粤港澳大湾区氢能经济职业学院项目，南海区推动广东环境保护工程职业学院设立氢能学院，广东轻工职业学院、广东理工职业学院、佛山技师学院等一批职业院校设立氢能和燃料电池技术相关专业和培训项目，学历教育与职业培训并举，培养氢能领域高素质复合型技术技能人才和专业型一线技术骨干队伍。

5. 成为国内氢能与燃料电池商业化应用的典型地区

佛山是科技部/UNDP“促进中国燃料电池汽车商业化发展项目”首批五个城市之一，也是科技部国家重点研发计划专项课题——“典型区域多种燃料电池汽车示范运行研究”的参与地区。截至2022年9月，南海区已建成11座加氢站（包括国内首座商用加氢站、首个油氢合建站和首批高密度商用标准化加氢站）、在建4座商业化加氢站，上牌运行车辆862辆，包括公交车、宽体轻型客车、厢式物流车、翼展物流车、渣土车等多种车型，累计行驶里程26万多公里、加氢1200多吨，开通氢能公交线路25条，在建氢能有轨交通线路1条。

此外，南海区建成投运全国首座“氢能进万家”智慧能源示范社区，涉及1788个用户和多个商业体，装机容量2.035MW；在知名陶瓷企业——蒙娜丽莎落地国内首个氢能叉车应用整体解决方案，推动氢能叉车示范运营；国内首艘高温甲醇燃料电池示范游船下水试航，积极推进氢能在两轮车、无人机、扫地机以及农业、医学等领域的应用。

6. 打造了具有全国知名度的氢能产业交流平台

自2017年起，南海区与中国标准化研究院、联合国开发计划署、中国国际经济交流中心等国内外顶级机构，每年联合举办氢能产业大会和氢能与燃料电池技术产品展览会，吸引了众多国内外政府官员、氢能与燃料电池行业知名专家和企业参与，成为国内最具影响力的高端氢能产业交流与展示平台。同时，南海区成功争取到由中国科学技术协会、中国机械工业联合会、国际氢能协会主办的2023年世界氢能技术大会（WHTC）承办权。

（三）存在问题与发展计划

佛山市在氢能产业发展探索过程中，遭遇了氢源供应紧缺、加氢站等氢能基础设施标准规范缺失及管理过严、土地指标缺乏等挑战。

1. 氢源供应能力亟须提高

（1）氢源紧缺，供应成本居高不下

到2022年5月，佛山市投放燃料电池车辆超1500台，日需氢量约18吨，实际氢气日供应量约为6.5吨；氢气价格偏高，出厂价格一般为34~70元/千克，加上运输成本后到站价格进一步提高，与示范城市群氢气终端销售价格35元/千克以下的总体任务目标相去甚远。当前由于氢源问题导致可上路运行车辆仅约500辆，剩余约1000辆因缺氢不能保障运营，只能停放在公交站场或物流园区，造成极大浪费。

（2）储运效率待提高

当前氢气仅能采用20MPa长管拖车进行运输，同时受技术发展水平、标准法规等制约，未来两三年内氢气仍将以气态压缩储运为主，导致氢气储运效率低、运输成本高；即便氢源充足，要完成当前氢源供应任务，也存在长管拖车存量不足及运输安全管理的双重压力。随着车辆规模的进一步扩大，氢源成本以及“储运”环节“卡脖子”效应将进一步凸显，氢源基础设施配套问题将越发突出。

2. 上位制度创新供给有待加强

在目前国家层面未明确加氢站管理制度要求的情况下，地方在制定政策的创新实践过程中也遇到一定困难。一是加氢站经营许可核发管理制度未明确，加氢站监管无法适用《燃气经营许可管理办法》或《危险化学品经营许可证管理办法》；二是制氢加氢一体化站中的制氢装置缺乏明确有效的管理机制，同时受制氢项目要进入化工园区限制，制氢加氢一体化站所生产的氢气只能自产自销，在一定程度上制约了产业发展。

3. 下一步工作计划

佛山市在下一阶段的氢能产业发展工作中，一是加快完善氢源供应体系，解决氢源供给不足问题，推动降低终端用氢成本。二是提升氢能技术自主创新能力，加快创新平台建设，支持具有自主知识产权的技术或装备率先示范应用和产业化。三是优化完善产业扶持政策，加快燃料电池车辆推广应用，推进加氢站建设和运营管理。四是加快推进广东城市群示范工作，多措并举，实时跟进示范进度及存在问题并协调解决，助力示范工作顺利进行。

四、张家口——专项政策与重大赛事驱动

张家口市积极抢抓建设国家可再生能源示范区的历史机遇，大力推动氢能全产业链发展，着力建设清洁、低碳、安全、高效的能源体系，努力为全国可再生能源发展和新能源体制改革探索可复制、可推广的成功路径。2020 年，张家口市加快推动氢能产业全链条发展典型经验，获国务院办公厅通报表扬，推广氢燃料电池公交车的做法被写入《新时代的中国能源发展》白皮书。2021 年 12 月，张家口市牵头的“河北省燃料电池汽车示范应用城市群实施方案”获财政部等五部门批复并启动实施。2022 年北京冬奥会期间，张家口氢能产业体系安全稳定地保障了核心赛区 710 辆氢燃料电池汽车的运行，供给绿氢 150 吨，实现减碳 2100 吨，首次实现奥运史上氢燃料电池汽车的规模化示范应用。

（一）构建氢能产业政策体系及领导组织机制

张家口市坚持把强化顶层设计作为产业发展的先导性工作，持续完善氢能产业政策，为氢能产业发展提供坚强保障。一是领导重视、建立联动机制。张家口成立由市长任组长的氢能产业发展领导小组，全面统筹协调氢能城市建设；建立领导小组定期会商制度，明确氢能城市建设发展战略、重点方向和年度任务，协调解决存在的主要问题。二是展望未来、科学谋划布局。高标准编制《氢能张家口建设三年行动计划

（2019—2021 年）》《氢能张家口建设规划（2019—2035 年）》《张家口市“十四五”氢能产业发展实施方案》，为氢能产业的发展指明方向。三是先行先试、打通关键环节。张家口依托建设国家级可再生能源示范区“先行先试”的政策优势，探索出台了《张家口市加氢、制氢企业投资项目核准和备案实施意见》《张家口市氢能产业安全监督和管理办法》《张家口市加氢站管理办法》等一系列指导性文件，保障项目有序建设。四是把握重点、加大扶持力度。2019 年，张家口市政府印发《张家口市支持氢能产业发展的十条措施》，对创新平台、成果转化、标准制定、装备制造、示范应用、项目审批、用地保障等方面提供政策及资金支持。2022 年 7 月，张家口市政府印发《张家口市支持建设燃料电池汽车示范城市的若干措施》，市级财政原则上按照中央财政奖励资金 1 ∶ 1 的比例进行配套，对“燃料电池汽车推广应用”“氢能供应”“关键零部件”三个重点领域予以奖励，同时对车辆运营以及加氢站建设给予资金支持，助力张家口加快建设国家燃料电池汽车示范城市。

（二）统筹项目布局，不断完善产业链条

张家口市坚持目标导向，突出重点，抓住关键，全力推进氢能全产业链发展。

1. 加速推进产业布局

瞄准国际先进水平，张家口依托氢能产业基础和特色优势，围绕“制取、储运、加注、应用”环节补链强链，加快建设氢能产业研发、生产、示范中心，初步形成制氢、燃料电池发动机、关键核心零部件、氢能整车制造、加氢基础设施等上下游全产业链发展。截至 2022 年 11 月，张家口氢

能产业建成项目18个，在建项目8个，项目累计完成投资约35亿元。亿华通动力科技有限公司年产1万台燃料电池发动机项目、张家口氢能科技有限公司年产4000台（套）风冷型氢燃料电池堆生产线项目于2022年底投产，张家口市将成为全国最大的燃料电池生产基地；建成制氢项目5个，制氢能力达到17吨/天，国华赤城、中智天工等一批制氢项目正在有序推进，加快打造绿色氢源基地；建成加氢站9个，加注能力达到7.9吨/12小时。

2. 加快推进氢能产业示范应用

自2018年起，张家口市已投运氢燃料电池公交车444辆，完成载客量超7033万人次，安全运行超2400万公里，2021年被联合国开发计划署评价为中国规模最大的燃料电池公交运行车队。当前，张家口正在以建设燃料电池汽车示范城市为突破口，全面推进公交、环卫、物流等氢燃料汽车的运营。此外，张家口还在积极探索氢在冶金、储能发电等领域的示范应用。宣钢氢冶金项目已在河北省发展改革委备案立项，正在办理相关手续。河北省科技厅支持的天然气掺氢示范项目已进入第二阶段，2022年10月开始建设混气站并采集相关数据；中电新源氢储能发电示范项目正在加快办理手续。

（三）建设创新平台，提升创新能力

立足可再生能源示范区功能定位，张家口大胆创新，先行先试，力争实现氢能产业创新重大突破，切实形成强大产业竞争力。

1. 打造技术创新平台

以院士为智囊核心，张家口创建氢能与可再生能源研究院，建成国内首个氢能数据中心，亿华通动力科技有限公司牵头成立国创河北氢能产业创新中心有限公司，获批全国首家省级氢能产业创新中心，正在积极申报国家氢能产业创新中心，致力于打造氢能领域具有国际竞争力的先进技术创新、成果转移转化、先进技术和产品测试评价、政策法规研究与标准制定、产业化应用示范的重要平台。

2. 建设招才引智平台

张家口坚持将引进高端人才资源放在推动科技创新发展的优先位置，与北京清华工业开发研究院、中国汽车技术研究中心有限公司签署战略合作协议，构建张家口氢能产业智库，在氢能示范运营、氢能产业标准体系研究、燃料电池等核心技术领域开展联合创新，逐步形成产学研用相结合的创新体系。

3. 创新金融服务平台

张家口积极建立“政府引导、市场运作、社会参与”的金融服务平台，创新融资手段，不断拓宽当地新能源产业融资渠道。通过发挥地方财政资金的引导撬动作用，吸引商业银行、保险机构等开发适宜本地企业发展的金融创新产品，引导各类社会资本进入氢能产业，有力推动张家口市氢能产业发展。

五、郑州市——领军企业与产业示范协同

郑州市利用河南示范城市群对燃料电池汽车发展的内生动力，基于

宇通客车、海马汽车等领军企业的产业优势，发挥副产氢成本及规模优势，大力推广氢能和燃料电池汽车多场景示范应用，满足全市经济发展、能源供给和环境保护的综合需求，探索氢能产业绿色清洁发展道路。

（一）郑州市氢能产业发展背景

1. 应用场景丰富

郑州市公共交通需求、中重载货需求巨大，同时面临能源与环保双重压力，因此多应用场景下的公共交通和货运物流亟待绿色清洁化，氢能与燃料电池汽车应用推广需求迫切。郑州市依托河南城市群，打造燃料电池汽车产业链和示范应用场景，用市场推动燃料电池汽车产业发展，构建功能明确、定位清晰、产业互补、协同合作的燃料电池汽车示范应用场景。

在城际、短途公共交通领域，郑州市选择城郊 / 环线公交、城际公交、机场巴士、文旅车辆作为燃料电池汽车示范应用场景，打造特色应用场景。在货物运输领域，郑州市大力推广燃料电池冷链物流车、重载牵引车以满足食品、货物等的运输需求；环卫车、自卸 / 搅拌车的示范应用解决了绿色低碳条件下城市生活垃圾运输的问题，保障了城镇化建设。

2. 整车企业实力突出

郑州市燃料电池汽车产业链企业涵盖燃料电池整车、加氢站、氢传感器、燃料电池电控系统等领域，通过整车龙头优势企业的牵引带动，产业链优势企业协同创新发展，打通氢气的制、储、输、运、加注各环节。郑州市燃料电池汽车产业链优势企业见表 4-6。

表 4-6　　郑州市燃料电池汽车产业链优势企业

创新产品	企业名称
燃料电池客车	宇通客车
燃料电池货车	宇通重工
	宇通商用车
燃料电池乘用车	海马汽车
加氢站建设	河南氢枫
	正星科技
氢传感器	河南日立信
燃料电池电控系统	郑州精益达
	郑州意昂新能源

资料来源：郑州市工业和信息化局

郑州市拥有宇通、海马等优质整车研发制造企业，开发了系列化客车、卡车和乘用车燃料电池整车产品。宇通集团是国内最早实现燃料电池汽车商业化运营的车企之一，承担了多项国家及省部级科研项目，参与了“十三五”新能源汽车专项全部燃料电池客车项目，“燃料电池公交车电—电深度混合动力系统平台及整车开发”项目被科技部评为优秀项目，其开发的长续航高环境适应性燃料电池公交客车被评为“十三五重点科技成果”。宇通牵头成立河南省燃料电池与氢能工程技术研究中心、河南省燃料电池商用车技术创新中心、河南省氢能与燃料电池汽车产业研究院，自主研发与产业化能力行业领先。截至 2022 年 10 月，宇通集团已完成 8~12 米全系列燃料电池客车产品开发，并在河南郑州、河北张家口、北京延庆、山东潍坊、江苏张家港等地实现小规模推广应用。2021 年，宇通集团完成燃料电池渣土自卸车、水泥搅拌车、环卫车、物流 / 冷链车和重型牵引车等车型的开发，产品实现各类应用场景需求全覆盖。到 2022 年 10 月，宇通集团各类燃料电池卡车正在开展不同典型场景下的产品试用。

3. 氢能资源储备丰富

河南省是我国重要的化工大省，焦化、氯碱、合成氨工业基础较好。据测算，郑州市及周边城市工业副产氢生产潜力可达每年数十亿标准立方米，可以满足十万余辆燃料电池汽车用氢需求。同时，工业副产氢出厂价格相对较低，在燃料电池汽车示范初期具有较好的经济性。随着燃料电池汽车使用规模进一步扩大，工业副产氢价格会有较大的下降空间，有利于长期的氢气成本维持与产业推广。

（二）郑州市氢能产业进展情况

1. 产业政策环境

为推动郑州市氢能及燃料电池汽车产业健康有序发展，郑州市根据财政部等五部门发布的《关于启动新一批燃料电池汽车示范应用工作的通知》，以及河南省政府发布的《河南省氢燃料电池汽车产业发展行动方案》《关于进一步加快新能源汽车产业发展的指导意见》《郑汴洛濮氢走廊规划建设工作方案》等文件要求，在核心技术研发及产业化、车辆推广、加氢基础设施建设等方面出台了一系列相关政策与规划文件（见表 4–7）。

郑州市成立了燃料电池汽车示范应用领导小组和专家委员会，统筹推进示范应用工作。在推动示范任务和产业攻关方面，制定并出台了《郑州市氢燃料电池汽车产业发展规划（2020—2025 年）》《郑州市燃料电池汽车示范应用工作方案》《郑州市 2022 年燃料电池汽车示范应用和产业发展行动计划》，明确了示范目标、重点工作、保障措施和职责分工。在加氢基础设施建设方面，郑州市出台了《郑州市汽车加氢站管理暂行办法》，规范和指导郑州市各区县开展加氢站建设和运营工作。同时，积极编制加氢站专项规划，根据中长期燃料电池车辆推广计划和加氢站建设需求，统筹规划全市加氢站建设。在示范应用支持方面，郑州市出台了《郑州市支持燃料电池汽车示范应用若干政策》，从产业链研发攻关、项目投资招引、整车示范应用、降低加氢成本、加氢站建设、金融政策6个方面给予资金支持。其中，对示范推广的燃料电池汽车和车用氢气，市财政按中央财政奖励资金给予1∶1配套支持。

表 4-7　　郑州市燃料电池汽车示范应用支持政策文件

序号	政策文件名称	发布单位	发布时间
1	《河南省加快建设燃料电池汽车示范城市群行动方案（2022—2025）》	河南省制造强省领导小组	2022年8月
2	《郑汴洛濮氢走廊规划建设工作方案》	河南省政府办公厅	2022年8月
3	《郑州市支持燃料电池汽车示范应用若干政策》	郑州市政府	2022年8月
4	《郑州市汽车加氢站管理暂行办法》	郑州市人民政府	2022年8月
5	《郑州市氢燃料电池汽车示范应用工作方案》	郑州市政府	2022年8月

资料来源：郑州市工信局

2. 加氢站建设保障措施

随着燃料电池汽车示范项目逐步落地推广，加氢站基础设施建设也在同步推进。2022年8月，郑州市发布了《郑州市汽车加氢站管理暂行办法》，明确了加氢站各环节主管单位以及审批、建设、验收等流程和要求，起到了先试先行的作用。同时，郑州市的支持政策提出对加氢站建设给予资金奖励，对示范期内竣工验收并投入使用且日加氢能力为500千克及以上的加氢站，按照核定的设备购置和安装投资总额的30%给予建设单位奖励。其中，2022年、2023年、2024—2025年底前投入使用的，每座加氢站总奖励金额最高分别不超过500万元、400万元、300万元。奖励资金分三年分别按照总奖励金额的30%、30%、40%予以拨付，在经营期间停止加氢服务的，后续资金不再发放。

在加氢站实际建设过程中，华润燃气、中石油等结合实际燃料电池车辆运营场景，积极布局开展油（气）氢合建站建设示范工作，示范初期采用“以油（气）养氢”的模式，降低初期资金投入成本和运营成本，同时缩短加氢站规划建设流程，促进燃料电池汽车示范应用落地。

在加氢站建设方面，郑州已建成并投入运营加氢站4座（见表4–8），日加氢能力达到3710千克。加氢站建设快速推进，运营负荷大，郑州市223辆燃料电池公交车日加氢约3500千克，加氢站运营负荷达到95%，有效支撑了郑州的示范运营工作。此外，郑州市还有6座在建加氢站，预计2022年底前可完成10座加氢站的建设目标，为燃料电池汽车多场景应用提供基础保障。

表4-8　　郑州市加氢站建设情况

序号	站点名称	加氢能力	建成时间
1	宇通加氢站	1210千克/天	2015年8月
2	公交杲村站	1000千克/天	2020年5月
3	公交毛庄站	500千克/天	2020年5月
4	公交淮河西路站	1000千克/天	2020年8月

资料来源：郑州市工信局

3. 产业链科技创新

近年来，郑州市有力推进燃料电池汽车和关键部件相关技术研发攻关和产业化，初步建立了以整车—动力系统为牵引带动、氢能装备与燃料电池零部件产业初具特色的产业体系；并通过燃料电池汽车产业化及应用推广，吸引和促进氢气储运加注、关键零部件开发、系统集成、整车应用等燃料电池汽车全产业链快速发展。

2021年10月，宇通集团牵头，联合高校、科研院所及产业链优势企业，组建了氢能与燃料电池汽车创新平台——河南省氢能与燃料电池汽车产业研究院，打造创新生态、产业生态。同时，在2022年度河南省重大科技专项项目中设立了“燃料电池汽车及关键部件技术研究与示范应用”专项，支持优势企业、高校和科研院所开展燃料电池系统及整车集成、氢燃料储运及加注等关键领域的技术攻关。对此，宇通客车联合正星科技、豫氢动力、亚普汽车等行业优秀企业和清华大学、郑州大学等知名高校组成创新联合体，进行协同攻关，以续驶里程、环境适应性和可靠性作为研究重点，从动力系统、燃料电池、氢系统、整车、氢能装备及多场景示范运营等方面开展共性技术研究，建立多层级多目标测试评价体系。

在政府引导和科研资金的支持下，相关优势企业、高校重点围绕燃料电池汽车产业发展，构建完整的燃料电池汽车核心零部件产业链体系，打通氢能供应体系，燃料电池整车氢耗、燃料电池系统可靠性及氢能装备安全性集成度等产品性能大幅提升，达到国内领先水平。其中，宇通开发了高效能量型的电—电混合动力系统，采用燃料电池目标功率精准预测技术，保障燃料电池系统始终工作在高效区间，平均效率大幅提升。宇通 12 米燃料电池公交车氢耗降至 4.9kg/100km，处于国际领先水平。正星科技专注于加氢站核心装备的研发制造和基础设施的建设、运营、智慧管理，加氢站装备和系统系列产品已经覆盖国内近 40 座加氢站，在国内建成、在建以及待建的加氢站和油氢合建站超过 25 座，包括北京冬奥会期间投入运营的北京庆园街加氢站。

4. 车辆推广与应用

郑州市燃料电池汽车示范运营以燃料电池客车为特色，已累计推广 200 余辆，安全运行数年，累计行驶逾 2500 万公里，积累了丰富的经验。第一期示范运营始于 2018 年 8 月 GEF/UNDP“促进中国燃料电池汽车商业化发展”郑州项目，3 辆 12 米燃料电池公交车在郑州 727 路正式上线运营，成为郑州市首条完全由燃料电池公交车承运的线路，该线路在2019年入选交通运输部全国十大新能源公交高品质线路。2020年以来，郑州市新一期共200辆燃料电池公交车已在17条公交线路中投入运营。随着行驶里程的不断增加，郑州市燃料电池汽车示范运营保障服务体系已初步建立，对逐步扩大燃料电池汽车的示范推广起到了支撑作用。

截至2022年10月，郑州市已签约投产燃料电池客车540辆，待启动采购72辆，主要客户为政府、国资平台、社会资本及平台运营公司。签约投产产品包括10.5米公交车、4.5吨冷链物流车、18吨洗扫/转运环卫车、31吨燃料电池渣土车、水泥搅拌车、49吨重型牵引车、各类燃料电池客车/卡车产品。

（三）郑州市氢能产业下一步发展计划

下一步，郑州市将聚焦增强产业链供应链自主可控能力，强化技术创新对强链补链的支撑作用，加强核心技术攻关与科技成果转化，加快构建安全、稳定、低价的车用氢能供给体系，以整车示范应用带动产业链上下游协同发展，推动郑州市及河南城市群高质量完成示范应用目标任务，促进燃料电池汽车和氢能产业融合发展。

1. 政策体系建设完善

郑州市将继续发挥政府在政策扶持、标准建设、规划引导、规范市场等方面的重要作用，在技术创新、产业布局、推广应用、氢能供给、安全监管等方面加强统筹规划与协调。

（1）技术创新方面

郑州市将结合各自产业优势和区位特点，围绕燃料电池汽车产业关键零部件、基础材料和配套产业重点环节开展技术攻关和成果转化，以项目制为牵引，强化关键技术自主研发资金支持，集中突破一批关键核心技术特别是对外依存度高的“卡脖子”技术。

（2）产业布局方面

郑州市将继续培育优势企业，提升产业链企业自主创新能力，增强产品市场竞争力，打造具有国内先进水平的自主品牌。同时，依托燃料电池整车示范引领作用，郑州市将研究制定产业链招商引资支持政策，引进和培育产业链优势企业，形成产业集聚发展态势。

（3）推广应用方面

郑州市将结合环境治理，发挥燃料电池汽车续驶里程长、加氢速度快等优势，结合各地特色在城际配送、市政环卫、城市建设、钢铁企业清洁运输等重点领域推广应用燃料电池汽车，通过鼓励模式创新、新车购置奖励等一系列措施，降低车辆购置和运维成本。

（4）氢能供给方面

郑州市将依据《河南省氢能产业发展中长期规划（2022—2035年）》制定氢能供应体系建设规划、加氢站审批管理办法、加氢站建设奖励支持政策，确保氢能供给安全、稳定、经济。燃料电池汽车示范期内，郑州市将积极开展加氢站建设，保障燃料电池汽车加氢需求得到有效满足。

（5）安全监管方面

郑州市将明确各环节部门职责，制定氢能供应体系和氢燃料电池汽车安全管理规范，建立安全监管机制，针对突发事件制定应急预案。郑州市将探索利用数字化平台等方式构建氢燃料电池汽车运行安全及氢能供给安全监管平台，对全产业链环节进行跟踪、监督、评价。

2. 示范应用牵引产业链创新链协同发展

郑州市要发挥燃料电池汽车示范应用的牵引功能，使燃料电池汽车产业链与氢能产业链在示范应用过程中协同推进，引导产业链创新链融合。

郑州市将充分发挥燃料电池商用车率先批量应用的先发优势，用好整车规模示范和产业龙头带动效应，培育和吸引燃料电池汽车和氢能产业上下游重点企业在郑州市集聚，加快打通氢能制取、提纯、运输、基础设施、氢能装备等氢能产业链，提升以整车、系统、膜电极、基础材料等为核心的燃料电池汽车产业链薄弱环节，以示范应用场景为导向，实现燃料电池汽车产业链与氢能供给产业链双向协同发展。

同时，郑州市将围绕燃料电池汽车实际应用场景需求，部署整车动力系统精准控制与匹配、燃料电池系统高集成与高可靠性、长寿命电堆及基础材料自主研发、高安全高集成管阀件等一系列创新产品布局，完善技术创新链条，构建以企业为主体、市场为导向、产学研协同的技术创新体系，提高郑州市燃料电池汽车与氢能产业链在全国范围内的价值能级。

3. 优化氢能供给保障和加氢站基础建设

根据氢源特点与示范城市群的用氢中心的地理分布，以及车辆推广氢气需求，协调副产氢资源，建设适度超前的氢能供给能力，郑州市探索各环节管理运营新模式，合理布局示范城市供应体系，实现大量、低价、高纯度氢气的供应。

（1）氢气智慧供应保障

郑州市在综合考虑各类燃料电池示范应用场景车辆氢气需求的基础上，提升加氢站综合利用水平，适度超前布局加氢网络，统筹规划加氢站的选址布局，对氢气供给方和加氢站做好匹配。同时，郑州市在氢能分配调度及加氢站安全监控中引入“互联网+大数据”的新技术，建立氢能“一体化运维管理云平台”。郑州市利用平台的优势对氢源、氢运输、加氢站、消费终端各环节重新进行整合，对氢气供需进行预测与平衡分析、加氢站负荷实时监控，建立“激活闲置资源、集中调度、高效匹配”的氢气运输联动机制，实现不同氢源、加氢站之间灵活调度，有效保障燃料电池汽车的加氢需求。

（2）智慧运输体系建设

郑州市将加强运输协调保障，提前摸清运输需求，加强与运输部门的沟通衔接，制定运输方案，强化运输综合协调，确保运输平稳有序。对于保障极端情况的氢气供应，加强运输态势与气象分析研判。强化对氢气运输供需状况的分析监测，准确把握市场变化，密切关注特殊情况，进行监控与调控。重点加强对生产、运输、库存等情况的跟踪监测及产运销衔接，保持合理库存水平，及时发现和协调解决供应中出现的问题，保障氢气稳定有序供应。

（3）低碳氢源转型

顺应国家清洁、低碳与可再生能源转型战略方向，郑州市在近期充分利用城市群工业副产氢资源的基础上，逐渐推进氢能源头的低碳转变。积极探索生物质制氢技术，为中远期低碳氢能供给提供技术储备；同时充分利用光伏发电潜力，积极尝试光伏发电等可再生能源电解水制氢，在示范应用中逐步降低绿氢成本，为燃料电池汽车长期、可持续发展提供能源保障。

（4）完善加氢站建设和管理

郑州市将统筹协同中石油、中石化、华润等有加油（气）站土地资源和能源设施的核心企业，结合灵活的撬装站建设模式，优先建设油（气）氢合建站。同时对于氢能产业链各环节的建设及改造项目给予绿色通道及政策资金支持，提高建设主体的投资意愿，加快燃料电池汽车发展进程，解决有车无站的核心问题。

六、成都市——传统能源产业转型

近年来，成都市创新探索低碳城市实践路径，加快推动原有天然气产业转型升级，积极发挥成都市装备制造业优势以及天然气资源优势，构建碳中和生态圈和绿色低碳产业链，持续营造绿色氢能新赛道。成都市大力推进氢能及燃料电池汽车产业加快发展，在顶层设计规划、产业支持政策、产业链条打造、示范推广应用等方面形成了一系列重要成果，持续引领我国氢能及燃料电池汽车产业发展。

（一）成都市氢能产业政策体系建设

成都作为我国发展氢能及燃料电池汽车产业的先发城市，立足氢能“制备－存储－运输－加注－应用”全产业链条，围绕氢能产业集群培育、技术创新、基础设施保障、产业生态营造等方面，先后制定发布了《成都市氢能产业发展规划（2019—2023 年）》《成都市支持氢能暨新能源汽车产业发展及推广应用若干政策》《成都市人民政府办公厅关于促进氢能产业高质量发展的若干意见》《成都市加氢站建设运营管理办法（试行）》等文件，初步形成以产业规划为引领、以安全管理保障为前提、以财政支持政策为支撑的氢能及燃料电池汽车产业政策体系，突出产业发展特色、填补产业空白、降低氢能应用成本、拓宽氢能应用场景，为成都氢能及燃料电池汽车产业高质量发展奠定了基础（见表 4–9）。

表 4-9　成都市氢能及燃料电池汽车产业主要支持政策文件

序号	政策文件	时间	主要内容
1	《成都市氢能产业发展规划（2019—2023年）》	2019年7月	培育从事氢能相关业务企业100户，建设全国知名的氢能产业高端装备制造基地。预计到2023年，推广应用燃料电池汽车2000辆以上，建设加氢站30座以上
2	《成都市支持氢能暨新能源汽车产业发展及推广应用若干政策》	2019年10月	在支持企业协同创新、开展技术攻关、设立国家级实验室等方面给予配套奖励；支持燃料电池汽车示范及加氢站建设，分别给予购置补贴、建设运营补贴；支持氢能产业大会等活动，给予经费补助
3	《成都市人民政府办公厅关于促进氢能产业高质量发展的若干意见》	2020年7月	从推动氢能全产业链发展、加大氢能项目引进力度、强化氢能产业集群培育、支持氢能企业科技创新、营造氢能产业生态五个方面对成都市氢能产业进行支持
4	《关于促进氢能产业高质量发展若干意见的实施细则》	2020年9月	从氢气制储运加、燃料电池及关键零部件研发、车辆推广应用、项目招引、产业集群培育等全方位支持氢能产业发展
5	《成都市加氢站建设运营管理办法（试行）》	2021年3月	涵盖加氢站（包括独立加氢站、合建站、制氢加氢一体站）建设的规划、审批、设计、施工、验收，以及加氢站运营与安全管理等
6	《成都市优化能源结构促进城市绿色低碳发展行动方案》	2022年7月	构建“制储输用”全产业链，加快建设“绿氢之都”。到2025年，绿氢年生产能力达到10000吨以上。对绿电制氢项目，市、区（市）县两级联动给予0.15~0.2元/千瓦时的电费支持，鼓励氢能多领域应用示范，对加氢站建设运营给予最高1500万元的补助

资料来源：成都市经济和信息化局

（二）成都市氢能产业进展

1. 成都市氢能产业链培育情况

依托完善的工业体系和市场条件，成都以燃料电池研制和燃料电池汽车示范应用为突破口，培育了以东方电气为龙头的一批本土氢能产业重点企业。成都在以郫都绿色氢能产业功能区、龙泉驿汽车产业功能区及成都高分子新材料产业功能区等为核心的区域，发展形成涵盖氢能“制备－存储－运输－加注－应用”的完整产业链条。截至2022年9月，成都已集聚知名企业、高校和科研机构80余家，产业规模超过100亿元，在整车、制氢系统、燃料电池及关键零部件、高压储氢瓶、氢气压缩机、加氢系统、加氢站用高压储氢罐等装备领域具有国内领先优势，产业集聚效应初显。

（1）氢气“制储运加”环节

成都技术全国领先，产业化能力凸显。成都市依托成熟的天然气产业基础，在“制储运加”环节实现了向氢能的快速转型，形成了以东方锅炉、亚联高科、四川能投、四川国富氢能等为代表的先进氢气“制储运加”产业链企业，具备全国领先的制氢系统、高压储氢瓶、氢气压缩机、加氢系统、加氢站用高压储氢罐等方面的核心技术，具备加氢站工程设计能力、整套设备供应及建设运营能力，建设了国家市场监管技术创新中心（氢储运加注装备）。

（2）燃料电池及关键零部件环节

成都聚集了东方电气、成都亿华通、荣创新能、中自环保、四川锋源、成都新研等企业，掌握燃料电池膜电极、电堆、催化剂、空气压缩机等方面的核心技术并实现批量生产和应用；掌握车用燃料电池系统设计、集成、控制等关键技术，在寿命、氢耗、可靠性等方面保持行业领先水平，部分指标达到国际先进水平，产品覆盖轻中重全系车型需求，已批量应用于公交、客车、物流车、专用车、重卡等车型。

（3）氢能终端应用环节

成都聚集了成都客车、成都大运、四川野马、成都广通、一汽丰田、东方电气、成都中车、纵横大鹏等一批实力雄厚的氢燃料电池汽车、氢能综合供能系统、轨道列车方面的企业，具备国内一流的燃料电池中重卡、物流车、客车、专用车、乘用车、氢燃料电池热电联供装备、城轨机车、工业无人机等产品研发、验证及制造能力。相关企业研制的燃料电池汽车服务于北京冬奥会及全国十余座城市，开发的氢燃料电池热电联供装备已供四川、广东、内蒙古等省份使用。

此外，成都市拥有强大的氢能基础研发能力及人才基础，依托四川大学、电子科技大学、西南交通大学、清华四川能源互联网研究院、东方电气中央研究院等知名高校及研究院所，在氢能及燃料电池基础机理、先进材料、前端技术、特殊应用等领域形成多项领先成果，为产业发展输送大量人才。

2. 成都市氢能产业示范应用情况

成都是全国第四个实现百台以上规模燃料电池公交车、西部首个实现百台燃料电池物流车商业运营的城市，于 2018 年 2 月率先在郫都区建成西部首条、国内第二条商业运营的燃料电池公交线路，并配套建成西部首座加氢站。截至 2022 年 9 月，成都市累计示范推广燃料电池汽车 370 辆（其中公交车 270 辆、物流车 100 辆），建设运营加氢站 3 座（加氢能力 2500 千克 / 天），示范规模全国领先。

在燃料电池汽车示范运营成效方面，由东方电气（成都）氢燃料电池科技有限公司与成都客车股份有限公司2018—2020年研制投放运营的百台级燃料电池公交车，截至2022年9月累计行驶里程超过1600万公里，平均单车里程远超全国平均水平；单车最高行驶里程超过25万公里，居全国第一；综合工况下百公里氢耗低于4千克，全国领先。东方电气自主研制的膜电极在国内率先实现装车运营超过千万公里，为燃料电池核心零部件国产化不断贡献力量。

（三）成都市氢能产业发展计划

下一步，成都市将充分发挥资源禀赋、产业基础、市场空间等方面的比较优势，围绕构建“5+5+1”现代产业体系，坚持优势引领、市场导向、安全稳慎、开放合作的发展方向，持续优化氢能及燃料电池汽车产业链条、加强绿氢供给、完善加氢网络、扩大多元示范，全力打造“绿氢之都”。

1. 优化产业链条

加快头部企业培育和优质资源引进，着力提升全产业链发展水平。成都市将立足现有基础和比较优势，聚焦电解水制氢、高密度氢储运、燃料电池基础材料及关键零部件、氢能终端应用、检测认证等重点领域和高附加值环节，培育壮大整车、燃料电池、制氢系统、加氢机、车载储氢瓶等优势领域。依托东方氢能产业园、成都西部氢能产业园、成都市氢能及燃料电池产业发展促进会、四川省氢能创新联合体等特色载体和协同平台，吸引一批国际知名、国内领先的龙头企业和高能级项目、高端人才及团队进驻，持续强化引链、补链、强链，构建成都市氢能产业高质量发展集群，打造国内领先的氢能产业生态。

2. 加强绿氢供给

四川水电资源丰富，装机容量和年发电量均稳居全国前列。成都市将充分依托四川省水电资源禀赋，强化与周边富余水电地区联动协同，依托成都市绿电制氢项目 0.15~0.2 元 / 千瓦时的电费支持政策，以成都高分子新材料产业功能区为主要载体，建设规模化水电制氢应用试点，在有条件的核心示范区和小水电站，试点建设小规模制氢加氢一体站，健全促进可再生能源消纳的“制储运加”氢能供给链条，形成多地协作的氢能供应网络，切实降低终端用氢成本，不断夯实绿色氢源体系。

3. 完善加氢网络

按照“合理配套、适度超前”的原则，成都市在成渝“氢走廊”及其沿线、重点发展区域、主要道路、高速路快速路等布局建设氢油气电综合能源站、小规模制氢加氢一体站、独立加氢站等多种类型的加氢站，鼓励具备条件的加油加气站扩（改）加氢站，力争各区（市、县）至少建设 1 座加氢站，形成互联互通的加氢网络。

4. 扩大多元示范

一是加快燃料电池汽车示范应用，坚持“政府引导、场景示范、市场运作、自愿参与”的原则，以“揭榜挂帅”等方式，进一步加强在公交、物流、环卫、重卡等领域的示范应用，在示范中不断完善产业链条、提升技术水平、探索可持续发展的商业模式，持续提高燃料电池汽车经济性；加快打造成渝“氢走廊”，作为成渝地区双城经济圈燃料电池汽车示范牵头城市，积极向国家有关部门申报，争取进入第二批国家燃料电池汽车示范城市群。

二是扩大氢能在发电、分布式供能、储能、工业等领域的多元示范应用，开展燃料电池分布式发电、冷热电联供、调峰储能示范，逐步加大绿氢作为高品质原材料、高热值燃料、高性能助剂在电子信息、石化、食品、钢铁等行业的应用规模及占比，有效降低工业领域化石能源消耗；通过氢能多元化示范应用，为氢能全产业链技术提升、产品迭代、成本下降提供应用平台，加快氢能产业化进程。

七、深圳市——产业环境建设与技术创新协同

深圳肩负建设粤港澳大湾区和中国特色社会主义先行示范区的重要历史使命，致力于发展壮大新兴产业和培育发展未来产业。为抢抓氢能产业发展新机遇，深圳以产业环境建设和技术创新为方向，积极开展实践探索。

（一）深圳市氢能产业环境建设

1. 明确氢能发展目标与路径

深圳发布了《深圳市氢能产业发展规划（2021—2025 年）》《深圳市氢能产业创新发展行动计划（2022—2025 年）（征求意见稿）》等文件。根据这些文件，深圳提出到 2025 年氢能产业规模达到 500 亿元，建成氢能标准研究、检测试验和安全运营检测方面的公共服务平台 3 个，主导或参与制修订氢能领域国际国内标准 20 项左右，新建创新载体不少于 15 家，建成氢能特色产业园 3 个，培育和引进重点领域优质企业不少于 100 家，示范推广分布式能源、热电联供及备用电源应用不

少于 100 套，氢能船舶 1~3 艘，氢能无人机不少于 100 架。未来，深圳将形成较为完备的氢能产业发展生态体系，建成氢能产业技术策源地、先进制造集聚高地、多场景应用示范基地，实现氢能商业化应用。

2. 强化氢能发展的组织保障

由深圳市发展改革委牵头，统筹解决氢能产业发展中的跨区域、跨领域和跨部门重大问题；以应用需求为导向，引导产业专项资金向氢能关键技术突破、核心产品开发和先进产品应用示范布局；充分发挥天使投资引导基金、产业并购基金等政策性基金作用，鼓励社会资本组建氢能产业基金，助力氢能创新型企业做大做强；鼓励氢能产业园区和加氢站基础设施采用不动产投资信托基金（REITs）或者专项债等方式进行融资。

3. 健全完善氢能产业安全发展机制

深圳市明确了政府主管部门氢能产业分工，市发展改革部门作为氢气生产、存储、运输、使用等环节安全监督的主管部门；市应急管理部门负责加氢站建设项目安全审查，组织指导协调氢气安全生产类、自然灾害类等突发事件的应急救援，并依法组织开展生产安全事故的调查处理工作；市住房建设部门对制氢、加氢站建设工程实施施工许可审批、开展消防设计审查及验收；市场监管部门负责氢气相关特种设备检验、使用登记、使用安全等监督管理工作。

（二）深圳市氢能产业培育进展

1. 氢能技术创新与产业链建设取得进展

氢能关键核心技术取得突破。在规划引领和政策促进下，深圳在氢能领域关键核心技术攻关方面取得了一系列国内领先的技术成果，部分达到国际先进水平。在燃料电池系统方面，深圳市氢蓝时代动力科技有限公司实现超过 130kW 燃料电池系统技术突破性产业化应用，国产化电堆、空气压缩机系统、氢气循环系统等关键零部件实现配套应用，已形成 50~132kW 全系列氢燃料系统和关键零部件产品链。在电堆方面，深圳众为完成电堆自主化产品开发和产业化，功率密度达到 4.7kW/L。在双极板方面，深圳众为实现厚度 1mm、强度大于 50MPa、80 元 / 片双极板生产，年产量 60 万片。在催化剂方面，深圳航天催化剂中心和通用氢能实现高性能、高一致性阴极与阳极催化剂量产，日产能大于 1 千克。在碳纸方面，通用氢能在全国率先采用气体扩散层连续化卷对卷生产工艺并实现商业化应用，产能 10 万平方米 / 年。在关键生产装备和测试设备方面，完成电堆伺服组装压机、金属双极板成型、石墨双极板热冷伺服模压成型、钛合金双极板热压成型、膜电极伺服热压成型机、质子膜模切生产线、压力容器生产线、燃料电池系统测试设备等的装备研发和产业化。

氢能产业链初具雏形。截至 2022 年 9 月，深圳拥有近 121 家创新型企业及科研机构从事氢能技术研发和产品开发。其中，国家级高新技术企业 28 家，市级高新技术产业 10 家，主要致力于研发电解水制氢设备、高功率密度电堆及系统、燃料电池重卡、氢能无人机等具有自主知识产权的氢能科技产品，覆盖了氢气制取、储运、加注及燃料电池关键材料、电堆、系统集成、产品应用、测试验证、运营服务等产业链环节，初步形成了较为完整的氢能产业链。

2. 重视氢能应用示范与商业模式探索

（1）规划发展多场景氢能应用示范

深圳正在推进多元化氢能产品的多场景应用示范，同时围绕示范所需建设加氢站。围绕交通运输领域，深圳正在推动深汕特别合作区两地通勤巴士试点，在码头开展专用拖车和叉车应用示范。围绕5G基站、充电桩等建设，深圳布局开展氢能备用电源和储能应用，在公安、消防、电力巡检等领域布局开展燃料电池无人机应用等试点示范。深圳氢能车辆示范工作稳步推进，上牌燃料电池汽车总量为787辆。深圳目前建设的加氢站多为内部自用，市内运行燃料电池车辆较少，仅在港口片区投放了3辆49吨燃料电池牵引车。

（2）积极探索有效的商业模式

低成本绿氢制取和加氢站建设运营是率先开展的探索领域。深圳本地氢源并不丰富，工业副产制氢、可再生能源制氢量较小，以电解水制氢为主。深圳以“资源化利用、商业化运行”为原则，加快推动氢能产业基础设施建设，推动小规模电解水制氢加氢一体化站不入化工园区，开展制氢储氢加氢一体化站试点示范。深圳市已建成加氢站3座，总设计加氢规模为1600千克/天。目前，深圳正在探索实施用蓄冷电价电解水制氢（成本大约为28元/千克）商业模式，以推动氢能市场化应用。同时，深圳正在探索氢能与风电、光伏、核能的耦合与协调利用，加强深圳市本地绿氢供应能力，丰富氢源获取途径。

3. 广泛推进跨区域交流合作

围绕氢能产业发展的一系列问题，深圳支持本地氢能领域龙头企业与国内外氢能领先企业、科研机构，在科技创新、人才培养、平台建设等方面开展全方位合作，参与国际国内氢能科学和技术联合研发、氢能标准制定，以加速构建国际氢能创新链、产业链。深圳鼓励重点企业与氢能技术领先的地区加强项目合作，在技术开发、成果转化、产品推广等方面开展深入合作，共同开拓第三方市场。深圳支持举办国际技术峰会、学术交流会、技术成果展览会等行业交流活动，推动氢能先进技术成果在深圳实现转化。

八、武汉市——汽车产业创新发展

汽车产业是武汉市第一大产业，其产值已占到全市工业总产值的20%以上，产业规模居我国中部地区首位。为顺应汽车产业发展的新趋势，支持湖北汽车产业高质量发展，优化中部地区汽车产业集群布局，武汉市将发展氢燃料电池汽车产业作为促进全市汽车产业转型升级的重要方向。2020年，武汉市将氢能产业作为院士专家引领发展的十大产业之一，成立了工作专班，拟定专项工作方案。2021年，武汉市将氢能产业列入“965”产业链中的新兴产业加以发展，构建氢能产业链条，强化应用场景示范。

（一）武汉市氢能产业政策体系建设

围绕燃料电池汽车推广应用、产业化发展、加氢基础设施规划建设，近年来武汉市出台了《武汉市人民政府关于促进新能源汽车产业发展若干政策的通知》《武汉市停车场及新能源汽车配套设施建设工作方案》《武汉市氢能产业突破发展行动方案》。2022年，武汉市人民政府出台了《关于支持氢能产业发展的意见》，实施产业培育、科技领航、设施建设、应用示范、生态培育五大工程，核心内容是未来5年内安排财政资金10亿~15亿元，支持燃料电池汽车、叉车和船舶的示范应用，按地产核心部件积分给予奖励；支持加氢站投资运营，对加氢站建设、站内制氢项目建设和加氢站运营给予财政补贴；对燃料电池核心零部件的销售给予超额累进制阶梯奖励；对车企研发燃料电池汽车车型，给予一次性奖励等。

《武汉市氢能产业"十四五"发展规划》（以下简称《发展规划》）于2021年底正式出台。根据《发展规划》，武汉市将实施氢能产业"一核（经开区）、一都（青山）、两翼（东湖开发区、东西湖区）"空间布局，通过产业链部署创新链，以能源链、资金链和人才链为要素基础，构建标准链，实现"六链"深度融合，推进氢能产业发展。《发展规划》提出的目标是在燃料电池和整车关键环节形成国内领先的关键核心技术，在部分基础材料方面形成技术突破，在氢气制、储、运、用方面形成特色技术。到2025年，全产业链营业收入达500亿元以上，全市推广应用燃料电池汽车达3000辆，建成加氢站35座以上，逐步将武汉市建设成为中国氢能枢纽城市。

（二）武汉市氢能产业培育进展

1. 产业发展处在前列

武汉市早在2005年就开始布局氢能产业，具备良好的氢能产业产学研基础和发展条件。全市已集聚40余家氢能产业重点企业和科研院所，2021年全产业链营收达20亿元，具备了氢气的制储运、燃料电池膜电极、质子交换膜、电堆系统等核心零部件和整车制造等全产业链资源，氢能产业发展水平处于国内前列。

2. 具备完善的“制储运”体系

（1）丰富的氢气来源

武钢、中韩石化、液化空气公司等企业均可自产氢源，总生产能力达5000吨/年。武钢气体焦炉煤气制氢项目已投产，三峡集团正在武汉开展制加氢一体化项目，国家电网武汉电力公司也准备投资建设绿氢（电解水制氢）生产基地。孝感、荆门、宜昌、岳阳、九江等城市具备充裕的氢气供给能力，能为武汉的氢能产业发展提供充分的氢气供给。

（2）全面的储运能力

武汉市除具备常规槽罐车运输能力外，还具备特殊车辆运输能力。例如，武汉氢阳能源的液态有机物储氢技术可实现常温常压下的氢气安全运输，中车长江车辆公司具备–253℃液氢运输铁路罐车研发制造能力。

3. 引育一批氢能产业重点项目

近年来，武汉市除培育了理工氢电、众宇动力两家本地氢能企业外，还大力引进国内外领军企业，吸引了国家电投氢能公司、雄韬氢雄、康明斯氢能中心等氢能领域头部企业落户。国家电投华中氢能产业基地总投资达70亿元，重点开展燃料电池核心部件产品研发及生产，已建成年产能30万平方米质子交换膜生产线；雄韬氢雄氢能产业园一期已投产；康明斯氢能中心投资2.5亿美元，建设动力系统实验室、新能源动力研发大楼，进行动力电池、氢燃料电池的创新研发。同时，武汉市还积极促进本地大型企业开展氢能项目投资，东风公司在东风新能源汽车产业园二号园区投建燃料电池电堆生产线，宝武清能公司开展焦炉煤气制氢项目。

4. 示范应用形成规模

截至 2022 年 9 月，武汉已建成加氢站 8 座，其中油氢合建站 4 座，“油—氢—电”多种能源综合补给已成为武汉市特色。截至 2021 年底，全市已推广应用 188 辆燃料电池汽车。其中，燃料电池公交车 43 辆，燃料电池公交车单车运营里程超过 6 万公里，累计行驶里程超过 150 万公里；燃料电池通勤客车 31 辆；燃料电池轻型物流车 104 辆，用于冷链物流；燃料电池环卫车 10 辆。2022 年，武汉市计划投放 300 辆燃料电池汽车，继续扩大示范应用规模，但与北京、上海、佛山相比，武汉市的推广数量还存在一定差距。

5. 产业研发能力强大

以氢能领域知名院士为核心的氢能科研团队，为武汉市的燃料电池核心部件研发工作提供了强力的技术支撑。武汉理工氢电是全球第五大膜电极生产商，具备完全自主知识产权的膜电极生产工艺，处于国内领先水平；国家电投华中氢能产业基地建设了国内首条全自主可控的氢燃料电池质子交换膜生产线；众宇动力自行研发的电堆系统获得中国首张船用燃料电池产品型式认可证书；东风公司电堆中试线生产的中功率级电堆实现 -20℃条件下的无辅助热源启动，装备中船 712 所燃料电池系统的试验船是全国首条 500kW 级的燃料电池船舶。

6. 集成产品类型丰富

武汉资环工研院、武汉雄韬氢雄分别和武汉开沃联合研制了燃料电池公交车，东风公司联合众宇动力、理工氢电等企业成功开发出新一代插电式燃料电池乘用车，武汉氢阳能源和三环商用车联合研发了世界首台常温常压液体有机储氢燃料电池物流车。除车用方面，氢阳能源与五环工程积极合作，推动高环保超高温城市垃圾转化制氢油产业化项目，中船 712 所与武汉长江船舶设计院合作推进氢燃料电池动力船三峡氢舟 1 号项目，众宇动力与纳恩博公司合作的空冷燃料电池摩托车项目预计 2023 年实现量产。众宇动力采用自主知识产权的燃料电池电堆开发了针对商用车应用的燃料电池发动机，产品功率覆盖范围从 30kW 到 100kW，可广泛用于多种商用车。众宇动力的无人机动力系统和车用动力系统在行业内处于领先水平，采用自主技术量产的燃料电池电堆功率密度达 2.5kW/L。

（三）武汉市氢能产业发展经验

1. 加强创新平台建设

武汉市积极构建氢能产业合作平台，推动东风汽车集团、宝武集团、三峡集团、国电投集团、中石化湖北石油公司、武汉理工大学和中国地质大学（武汉）等在氢能领域有较强影响力、号召力的龙头企业和高校组建了武汉市氢能产业促进会。该促进会已吸纳 54 家市内氢能领域企事业单位参与，构建了创新链、产业链、资金链协同发展的氢能产业生态体系。武汉市积极推进氢能技术公共服务体系建设，武汉经开区的“国家燃料电池汽车质量监督检验中心”项目正在快速推进，已具备燃料电池单元、电堆系统的测试能力；武汉资环工研院中极氢能产业创新中心已获批省级氢能产业创新中心，正在积极创建国家级氢能产业创新中心。武汉市积极打造以氢能领域高校院所和重点企业为核心的中试平台，已建成“氢燃料电池关键工艺装备研发中试平台”“有机液体氢储能技术湖北省中试基地”等中试平台（基地）7个，正逐步实现对外开放和开展公共服务。

2. 开展科技创新攻关

武汉市积极组织实施市重点研发计划项目，引导支持氢能产业重点区域头部企业，聚焦燃料电池电堆、膜电极、质子交换膜和催化剂等细分领域开展关键技术攻关，进行研发项目申报，推动在氢能领域设置揭榜挂帅项目。武汉市积极支持高校院所和重点企业联合进行技术创新，加快研发应用。

九、大连市——核心科研机构技术扩散

近年来，大连市基于国内氢能核心科研机构——中国科学院大连化学物理研究所等优势资源，大力推进氢能产业规划部署，支持科研成果转化及企业孵化，投资建设基础设施，完善政策生态，打造氢能产业生态和资本生态。2021年12月，《辽宁省氢能产业发展规划（2021—2025年）》印发，着力构建以大连氢能产业为核心的“一核、一城、五区”的氢能产业发展空间格局，支持大连市提出的打造沈大高速氢能产业走廊，并提出在氢燃料电池汽车、燃料电池船舶、轨道交通、无人机等方面实现突破，初步形成氢能全产业链发展格局。大连市氢能产业发展规划主要内容已纳入全省规划。

（一）大连市氢能产业进展情况

1. 先发优势明显，四大优势突出

大连市拥有大连理工、大连锅检院等30余所科研院所和一批具有相应研发能力的科技型企业。在此基础上，大连市形成了在氢能利用领域创新和人才先发优势明显、产业链初具雏形、廉价氢气资源丰富和应用场景多样四大突出优势，为发展氢能产业奠定了良好的基础。

（1）大连市氢能产业研发和人才先发优势明显

中国科学院大连化学物理研究所是国内最早从事氢能利用相关研究的机构，在燃料电池催化剂、质子交换膜、膜电极、双极板、电堆和系统等核心技术领域成果丰硕，是我国氢能产业创新技术路线的策源地，形成了一条较为完整且处于国际领先水平的氢能利用国产自主技术路线，并已在上海、广东、安徽等多地投入实践，成功培育孵化了中国第一家致力于燃料电池产业化的股份制企业——大连新源动力股份有限公司。中国科学院大连化学物理研究所和大连新源动力股份有限公司牵头并参与制定了我国现行51项燃料电池标准中的45项，占比为88%。

（2）产业链初具雏形

在上游产业氢能源方面，在氢气制备方面，大连拥有中触媒体和福佳大化等企业；在氢气储运设备方面，大连拥有冰山集团、林德等企业；在加氢站建设方面，盛港氢电合建站、英歌石科学城加氢站、海明氢电合建站、同新加氢站、北市加氢站、天元加氢站6座加氢站已投入运行，2022—2023年规划建设10座加氢站。在中游产业氢燃料电池电

堆、电池系统及其他核心部件方面，大连拥有新源动力、大连天能、洺源科技、大连宇科、大连擎研等企业。在下游产业氢燃料电池整车整机方面，大连聚集了一汽大客、华晨汽车等汽车企业和中车大连、大连齐车等轨道交通企业以及大连船舶重工、中远船务等船舶制造企业。截至2022年9月，大连市已成功开发出氢燃料电池36吨重型卡车和8.5米、10.5米公交车，具备了研制开发包括冷链物流车、港口装卸车、氢燃料电池船舶等在内的各类交通装备的能力。

（3）廉价氢气资源丰富

大连市作为国家级石化产业基地，拥有大量的工业副产氢，仅福佳大化一家企业全年闲置的工业副产氢就高达12万吨，完全可满足大连市短期对低成本氢气的需求；从中长期看，大连市风能、光能、核能等非化石“零碳”能源丰富，可快速实现绿氢的制取。

（4）典型应用场景丰富

大连市具备高速公路、轨道交通、海岛、机场、港口等多种典型应用场景的突出优势，可为氢能产业在交通、能源、工业等各个领域的应用提供多样化的现实应用场景。此外，东北地区的低温气候正是氢燃料电池发挥特长的最佳应用场景。

2. 氢能产业发展工作扎实推进

（1）建立健全高效组织机构

大连市成立了以市长为组长的氢能产业发展工作领导小组，推动设立了大连市氢能产业发展促进协会、辽宁省汽车工程技术学会等产学研联盟组织。

（2）打造完整的政策生态体系

大连市发布了《大连市加快培育氢能产业发展的指导意见》《大连市氢能产业发展规划》《大连市氢能产业发展专项资金管理办法》《大连市氢燃料电池加氢站管理办法》和《大连市燃气（CNG 加气站 / 加氢站）专项规划》等系列政策文件以及氢能产业相关标准，引导氢能产业快速有序发展。

（3）以示范推动发展取得实效

2021 年，大连市共评选“大连市氢能综合利用示范工程”项目 17 个，谋划氢能产业项目 34 个；大连市氢能产业发展专项资金分两批论证审核，支持项目 21 个，总投资达 3.5 亿元，涉及专项资金总额达 1.2 亿元，项目平均资金支持率约为 34.2%。在氢船、氢燃料电池汽车示范应用方面，大连市先后完成多型氢燃料电池样车联合研制攻关和排产，自主研制且搭载本地关键核心零部件的首批 60 台氢燃料电池公交车已投入运营，2022 年规划投入 160 台重型卡车和 100 台公交车上线运行，完成 2 艘氢燃料电池样船设计试制；在加氢站示范运营方面，首批 6 座加氢站陆续建成投入使用；在核心零部件研发示范方面，福佳大化工业副产氢提纯项目正在开展前期工作，新源动力年产 1 万套燃料电池电堆全自动化生产线建成调试；在氢能产业园示范方面，在大连自贸片区内大连氢能产业园二期已开工建设，总计占地 1 平方公里，在太平湾经济区规划建设清洁能源产业园，总占地面积约 3 平方公里，将构筑起完整的集科研、孵化、制造、示范、应用、推广为一体的氢能产业集聚区。

3. 产业发展工作成效明显，呈现加速态势

经过近两年的努力，大连市氢能产业已基本构建起与产业发展相适

应的生态环境，形成了涵盖氢燃料电池电堆、控制系统等关键核心零部件的较为完整的产业链条，引起社会各界，特别是资本界的高度关注。据大连市氢能产业发展促进协会不完全统计，到2022年9月，在大连市从事氢能产业发展工作的42家协会会员企业中，燃料电池电堆系统方面的企业有3家、动力系统相关设备方面的企业有2家、测试设备方面的企业有3家、生产线方面的企业有1家，加氢设备方面的企业有4家、氢气方面的企业有5家、能源企业有3家、加氢站建设企业5家，燃料电池车辆机车整机方面的企业有3家、应用方面的企业有2家、通用设备方面的有11家，2021年产值已近100亿元。

（二）大连市氢能产业发展面临的问题

现阶段，大连市氢能产业发展仍然面临以下挑战。

第一，大连燃料电池汽车示范城市群尚未获得国家批复，大连氢能产业发展尚未能获得国家层面的资金和政策扶持。

第二，产业市场化、商业化发展尚受经济性制约。目前，氢能产业发展急需扩大应用规模，以规模降成本；国内电堆和关键材料零部件价格居高不下，需要创新迭代发展，快速提升性价比；急需多上制氢项目，形成竞争格局，降低氢气价格。

第三，资本环境不够完善。当前氢能产业处于市场化快速发展阶段，仅依靠财政资金直接投入无法满足当前产业发展对资金的需求，需要在一定规模财政资金投入的基础上，充分发挥财政资金的撬动作用，引导社会资本汇聚，构建资本环境。

第四，核心材料和技术存在“卡脖子”环节。大连市正在布局质子交换膜、碳纸等基础材料研发和产业化发展，亟待整合创新资源，取得关键材料和核心技术的突破性进展。

第五，具有整车生产资质的本土企业较少。大连市近期需要加大招商力度，构建商业化的市场竞争格局，引进和新上新能源整车项目，推进汽车产业加快转型升级。

（三）大连市氢能产业下一步发展计划

根据《大连市氢能产业发展规划（2020—2035 年）》，大连市氢能产业发展目标如下。到 2025 年，全市氢能产业引进和培育优势龙头企业 5~8 家，累计拉动社会资本超过 600 亿元，清洁能源制氢能力达到 3 万吨 / 年，实现产值超过 500 亿元，初步形成氢能全产业链发展格局，减少碳排放 30 万吨 / 年；技术创新目标为到 2025 年，形成涵盖氢能产业全链条的技术研发、检验检测体系，氢能产业关键核心技术与应用接近国际先进水平，关键部件本地化率超过 75%；应用推广目标为到 2025 年，全市推广氢燃料电池车 1100 辆、船舶 10 艘、轨道交通车 10 辆。

在产业布局方面，按照全产业链协同、差异化和集群化发展的要求，以旅顺南路创新产业走廊、太平湾合作创新区、金普新区、旅顺口区、瓦房店、庄河等为载体，引导产业要素资源向相应区块集聚发展，形成“一廊、一湾、三园、七区”的氢能全产业链空间布局。加快启动“沈大氢能产业走廊”建设，远期推动哈尔滨共同规划建设“哈大氢能产业走廊”，推动氢能产业跨区域布局，实现联动发展。

为快速推进大连市氢能产业发展，大连市制定了“四大重点工作目标，25 项重点工作任务”，具体如下。一是做好大连市氢能发展顶层设计。加快推动《大连市氢能产业发展规划（2020—2035 年）》修编审批、落地实施，积极争取获批国家燃料电池汽车示范应用城市群，完成大连市加氢站规划选址工作。二是发挥氢能综合利用示范工程牵引作用。积极推进氢燃料电池汽车示范应用，加快氢燃料电池相关基础材料、关键零部件和整车产品研发突破，重点研究推动氢能高速、氢能港口、氢能轨道交通、氢能电站和氢能小镇等多种应用场景和融资租赁商业发展模式。三是完善各项政策，健全支持体系。四是提供安全稳定的氢源保障，探索发展绿氢产业，推动项目尽快落地。

十、浙江省（宁波市）——大型国企与装备产业共同引领

发展氢能产业是浙江省打破资源能源发展瓶颈、打造绿色低碳产业体系的重要途径。浙江省积极谋划氢能产业，加快打造氢能产业链，开展系统性示范应用工作，氢能产业取得长足进步。

（一）浙江省氢能产业进展及经验

1. 氢能产业发展基础及亮点

（1）氢能产业链基本形成

目前，浙江省已初步形成涵盖高效氢储运、氢燃料电池、氢能汽车制造等较为完备的产业链，在嘉兴、宁波、杭州、湖州、绍兴等地区已形成具有一定规模的氢能产业集群。储运氢装备领域是浙江的优势领域，

拥有浙江蓝能、巨化集团、杭氧等一批龙头企业，在高压储氢装置、高压长管运输车、深冷液化核心装备等环节具备竞争力。浙江蓝能是全球高压气体储运装备研发制造的龙头企业，氢气储运领域市场占有率居全国第一。氢燃料电池产业基础扎实。据初步统计，浙江省氢燃料电池上下游相关企业有百余家，2021 年产值约 220 亿元，集聚了爱德曼（燃料电池系统）、德燃动力（氢燃料发动机）、国家电投（电堆）、普瑞均胜（控制系统）、宁波氢远（双极板）、绍兴俊吉（催化剂、膜电极）、汉丞新能源（膜电极）等一批优势企业，2021 年爱德曼氢燃料电池的市场占有率为 8.8%，居全国第二。氢燃料电池汽车产业快速发展，吉利汽车、浙江中车等整车企业积极推进氢燃料电池汽车开发和生产。

（2）氢能供给保障能力持续提升

在制氢方面，嘉化能源、宁波金发、卫星石化、万华化学等企业工业副产氢综合利用能力不断加强，宁波、嘉兴等地高纯度氢气年产能可达 10 万吨以上，台州大陈岛氢能综合利用示范工程实现可再生能源电解制绿氢。在储运氢方面，浙能集团、嘉化能源等在浙江省内加快布局液氢项目。加氢方面，浙江省已建成加氢站 16 座，涉及城区站、城镇供能站、园区供能站等多种类型，为氢能示范应用提供有力支撑。

（3）技术创新能力不断增强

一是高能级研发创新平台加快布局。浙江大学、西湖大学、上海交通大学、上海大学、之江实验室、中科院宁波材料所、甬江实验室等高校院所和科研机构在浙江积极布局氢能研发平台，推进建设白马湖实验室、氢能装备与安全浙江省工程研究中心等氢能创新平台。三是企业创新载体加快建设。爱德曼、锋源等创新企业推进企业研究院、企业研发中心等企业研发平台建设。二是关键技术攻关取得标志性成果。浙江大学与巨化集团联合研发的固定式大容积98MPa储氢罐技术全球领先；中科院宁波材料所在大功率固体氧化物燃料电池电堆关键材料和系统集成方面走在前列，实现单堆发电功率超过5kW。

（4）示范应用有序推进

在氢燃料电池汽车方面，嘉兴市2021年纳入上海国家燃料电池汽车示范城市群；2022年以来，浙江省推进7个省级氢燃料电池汽车示范区（点）建设；全省累计推广氢燃料电池汽车约220多辆，在嘉兴、金华、湖州、舟山等地开展了氢能公交运营，在嘉兴港区开展了氢能集卡示范应用。在氢能船舶方面，嘉兴启动氢能船舶应用试点工作，舟山市推进搭载氢燃料电池动力系统的“海上的士”试验船建造和试航。在氢能储能发电方面，嘉兴电力红船基地“零碳”智慧园区搭建完成全省首个高效氢储能热电联供系统。

2. 培育氢能产业的主要经验做法

（1）突出系统谋划布局

氢能产业目前处于培育阶段，统筹谋划、整体布局，推动其稳慎有序发展尤为关键。在省级层面，浙江出台了《浙江省加快培育氢能产业发展的指导意见》《浙江省加快培育氢燃料电池汽车产业发展实施方案》《浙江省能源发展“十四五”规划》，部署推进省级氢燃料电池汽车示范区（点）建设、谋划打造氢走廊、完善加氢基础设施等重点工作，力争到2025年，推广应用氢燃料电池汽车接近5000辆，规划建设加氢站接近50座。在城市层面，宁波印发《宁波市人民政府办公厅关于加快氢能产业发展的若干意见》《宁波市氢能发展中长期规划》，提出建设氢能产业装备制造基地和氢能创新孵化平台，打造具有全球影响力的氢能产业基地。嘉兴将氢能作为五大战略性新兴产业之一，出台《嘉兴市人民政府关于推进氢能产业发展的实施意见》《嘉兴市氢能产业发展规划》等政策文件，着力构建“示范引领＋创新驱动＋平台护航＋要素支撑＋区域协同”五位一体的氢能产业发展体系。

（2）突出政策协同支持

在省级层面，浙江把加氢站建设、氢燃料电池汽车推广应用作为省级新能源汽车推广应用财政奖补政策的重要内容，下一步将进一步完善奖补政策，加大氢能领域的支持力度。浙江省科学技术厅在省重点研发计划中设立“氢能与燃料电池”专项，支持氢燃料电池汽车领域攻关。浙江省经济和信息化厅研究通过首台（套）支持等政策支持氢能产业化发展，并进一步研究氢能装备产业发展若干意见等政策举措。在城市层面，宁波出台《宁波市氢能示范应用扶持暂行办法（征求意见稿）》，给予加氢站建设、加氢补贴。温州印发《温州市支持新能源汽车产业发展及推广应用若干政策措施》，支持加快推进加氢站建设，最高给予500万元补贴。嘉兴港区出台《嘉兴港区氢能产业发展扶持政策》，从加快氢能产业培育、增强产业创新动力、加快示范应用推广、强化要素资源支持等方面对氢能产业提出明确扶持，单项补贴最高达4000万元。

（3）突出特色产业集群培育

浙江省坚持把握特色优势，坚持错位发展，有序推动全省各地市氢能产业特色化培育发展，协同打造“环杭州湾”氢走廊，形成各具特色的氢能产业集群。例如，宁波加快集聚制氢、储氢、氢燃料电池装备研发制造企业，形成了氢能高端装备制造的产业链优势；嘉善加快氢燃料电池全领域布局，努力打造成为长三角一体化区域氢能与燃料电池产业基地；舟山围绕海洋氢能应用，开展氢能船舶、海水电解制氢、海岛氢储能等领域产业化发展和示范应用。同时，浙江省加快打造一批氢能特色产业平台，嘉兴大力打造嘉兴港区长三角（嘉兴）氢能产业园主平台，推进嘉善、海盐、平湖等地差异化打造特色氢能产业主题园区，形成“一主三副”的氢能产业集聚发展格局。积极在氢能领域谋划创建“万亩千亿”新产业平台。

（4）突出示范应用的牵引带动作用

一是以试点示范为牵引。浙江省重点推进国家、省、市各级氢燃料电池示范城市、示范区建设，以试点促示范、以示范促发展。特别是2022年以来，浙江省认定宁波市、嘉兴市、绍兴市、金华市、舟山市、嘉善县、长兴县7个省级氢燃料电池汽车示范区（点），加快推进氢燃料电池示范应用。打造“环杭州湾”“义甬舟”两条氢走廊，串联起杭州、宁波、嘉兴、绍兴、金华、舟山等重要节点城市，加快推进应用场景建设和产业发展。二是坚持基础设施先行。浙江省出台《关于明确燃料电池汽车加氢站管理部门职责分工的通知》，正加快推进编制加氢站专项布局规划、加氢站建设管理办法。因地制宜建设固定式、撬装式加氢站，依托全省综合供能站建设，开展加氢网络布局，具备加氢功能的综合供能站已建成14座。

3. 下一步工作计划

（1）加快完善政策扶持和监管体系

进一步研究完善氢能产业政策体系和工作体系，加大氢能关键技术研发和产业化、项目和人才引进、基础设施建设、示范应用推广等方面的扶持力度。开展氢能标准、安全管理体系建设，进一步完善检验检测能力，加强氢气从生产到使用全流程监测和全链条监管。

（2）加速产业链龙头企业引育

引导浙江省内氢能产业链优势企业加大研发力度，培育一批“单项冠军”“隐形冠军”和专精特新“小巨人”企业。以省级示范区、特色平台为依托，积极招引国内外制储运氢装备、氢燃料电池关键零部件等方面的龙头企业，重点引进具有核心技术的强链补链项目。推动浙江省内氢能产业链上下游企业加强合作，协同打造产业集群。

（3）加强产学研用协同

浙江省将加快关键技术、关键材料和关键装备等“卡脖子”环节和行业关键共性技术的研发攻关，提升涉氢关键技术竞争力。支持高校和科研机构与相关企业建立“产学研用”协同机制，支持骨干企业创建高能级创新平台，联合产业链上下游创新资源，鼓励开展氢能领域创新成果转化应用。

（4）加大示范应用力度

浙江省将发挥示范应用对产业的带动作用，通过推动氢能在交通、储能发电、绿色化工、分布式供能等领域的示范应用，促进技术升级，带动产业发展，推动市场规模化发展。浙江省持续开展国家级、省级氢能产业示范区建设，高水平推进氢燃料电池汽车示范应用，因地制宜推进海洋氢能特色应用，探索氢能船舶、深远海风电制氢、零碳智慧能源岛等海洋领域的创新应用。

（二）宁波市氢能产业进展及经验

宁波市氢源及应用场景丰富，材料工业及装备制造业发达，能源类国企聚集，具备氢能产业发展的比较优势。宁波市委市政府对氢能产业发展较为重视，积极出台相关政策，促进氢能基地打造。

1. 宁波市氢能产业政策体系建设

2019 年 1 月，宁波市政府印发的《宁波市人民政府办公厅关于加快氢能产业发展的若干意见》提出，到 2025 年建成加氢站 20~25 座，氢燃料电池汽车运行规模力争突破 1500 辆，成为具有全球影响力的氢能产业基地。

2021 年 11 月，浙江省发展改革委等六部门联合印发《浙江省加快培育氢燃料电池汽车产业发展实施方案》，提出打造“环杭州湾”和“义甬舟”两条特色氢走廊，并打造省级重点示范区。其中，宁波市重点在港口以及城际物流领域开展氢燃料电池汽车示范应用。预计到 2025 年，氢燃料电池汽车推广数量将突破 500 辆，建成加氢站 5 座以上。

2021 年 12 月，宁波市能源局和财政局联合印发了《宁波市氢能示范应用扶持暂行办法（征求意见稿）》，明确了宁波市对氢能产业发展的财政支持。市级财政设立宁波市氢能示范应用补贴资金，专项用于宁波市氢能示范应用扶持，扶持宁波市 2021—2025 年期间加氢站建设、运营及燃料电池的推广应用。

2. 宁波市氢能产业进展情况

（1）本地化全产业链促进加氢站快速形成服务能力

宁波市氢能产业链较为完整，大幅度加快了加氢站建设和投运速度。2021年6月，中国石化镇海炼化公司建成宁波市首个加氢示范站，每天加氢规模可达500千克。氢气通过镇海炼化第四套炼油氢气回收装置来供应，纯度达99.98%，满足氢燃料电池车加氢的标准。该站由宁波企业设计、宁波企业建造、宁波企业供氢，宁波企业生产的大巴车搭载宁波企业制造的氢燃料电池同步投入服务运营，续航里程可达500公里以上。镇海石化加氢站项目创造了三个月建成的最短时间纪录，凸显了宁波发展氢能的全产业链优势。

在镇海炼化的工业副产氢制备过程中，采用二氧化碳技术捕集封存，进行碳排放的有效治理，二氧化碳输送至产业链下游成为制作干冰、饮料汽水等产品的重要原料。与此同时，镇海炼化加氢站用电将全部由光伏清洁发电自给。到2022年10月，镇海炼化总产氢能力为36万Nm^3/h（标准立方米/时），经全厂氢气平衡后，尚有2.5万Nm^3/h氢气可供外送。2022年底，镇海炼化在加氢示范站基础上，新增每日充装供氢能力4000千克。东华能源（宁波）新材料有限公司投资建设的氢气充装站已正式进入商业运营，项目位于宁波大榭岛，气源来自公司PDH装置富产氢，基地氢气产能为6万吨/年，氢气纯度可达到99.99%。充装站设计产能为$8000Nm^3/h$，设有10个充装位，可以实现快捷高效的氢气充装。

（2）积极推动氢能核心零部件的产业化应用

宁波氢能装备产业及氢能车辆的产业化应用呈现快速发展之势。2019年1月，宁波与国家电投签署合作协议，共建清洁能源研发创新和示范应用基地，成为宁波氢能产业发展的标志性事件之一。随后，国家电投集团组建宁波绿动燃料电池有限公司、宁波氢远能源材料有限公司，推进双极板和氢燃料电池总装两条中试线、氢能产业基地建设、氢能交通示范与应用推广等项目实施。宁波与国家电投战略合作取得阶段性成果，首台搭载国家电投自主氢燃料电池电堆的氢能客车样车一年内在宁波顺利下线。宁波绿动与东风商用车、杭叉集团等企业达成合作，于2022年四季度发布搭载氢燃料电池的轻卡、重卡、环卫、冷链物流车、叉车等多款车型。

吉利汽车在宁波建有五大整车生产基地和吉利汽车研究总院，并组建了燃料电池乘用车开发团队；浙江中车开发的氢燃料电池客车已在镇海炼化提供接驳服务，该客车加氢时间为15分钟，满载续航里程在600公里以上，能量转化效率为53%~55%；普瑞均胜在燃料电池控制系统硬件、符合AUTOSAR标准的底层软件和应用层控制软件以及关键算法领域深耕多年；宁波拜特参与制定了中国“燃料电池模块”及“固定式燃料电池发电系统”等5项国家标准，相关测试软件及生产装置获得12项专利，已为国内超过40家高校和燃料电池生产企业提供检测设备；中国钢研总院计划将储氢材料、质子膜、碳纸等涉氢业务在宁波实现产业化，其下属的安泰环境宁波化工院已完成国内多地加氢站的设计和EPC总包。

此外，2022年北京冬奥会、冬残奥会期间，200辆搭载宁波生产的氢燃料电池动力系统的氢能客车完成接驳7000余班次、累计行驶近90万公里，圆满完成了冬奥会的保障任务。

（3）氢电耦合助力宁波建设未来能源强市

宁波制造业发达，是传统的电力能源消耗大市。为实现新型电力系统的高效应用，宁波在氢能发电、储能方面积极探索。2022年5月，国家电网宁波慈溪氢电耦合直流微网示范工程在慈溪滨海经济开发区正式开工。作为国家重点研发计划配套项目，工程计划于2022年12月具备投运条件，每天可为10辆氢能燃料电池汽车加氢、为50辆纯电动汽车直流快充。宁波舟山港“水运港—船多能源融合技术及集成应用”示范项目列入国家科技部重点研发项目，项目拟建立港区“风、光、储、氢”等多能源融合系统网络构架。示范项目的落地有望产生重大技术突破，有助于实现氢能关键设备的国产化，提升氢能应用设备集成效率，提高设备在随机输入与负荷波动应用场景下全生命周期的经济性，助力宁波市在“双碳”背景下实现建设未来能源强市的新目标。

3. 宁波市氢能产业发展计划

2022 年 6 月，宁波入选浙江省氢燃料电池示范区。凭借氢资源优势、区位优势、制造业优势，宁波在氢能产业发展上形成了一定的综合优势，但与北京、上海、佛山等国内氢能产业发展较快的城市相比，宁波还存在一些差距，需要在多个方面迎头赶上。

（1）加强顶层设计

宁波市于 2019 年 1 月和 2021 年 12 月分别发布《宁波市人民政府办公厅关于加快氢能产业发展的若干意见》《宁波市氢能示范应用扶持暂行办法（征求意见稿）》，明确了氢能产业发展的整体方向，但在氢能基础设施的规划、运营管理办法、支持氢能车辆高效运营的路权以及运营补贴等具体实施层面引导力不足。随着国家明确将氢能产业作为战略性新兴产业和未来产业重点发展方向，宁波将尽快出台更加详细的实施办法，为推进氢能产业发展确定更加详尽、明确的路线图、时间表。

（2）加强研发能力建设

宁波需积极引入国内先进技术及实力雄厚的专家团队，结合中科院宁波材料所、甬江科创大走廊、中石化宁波新材料研究院、国家电投宁波绿动氢能科技研究院的科研实力，重点开展氢能应用相关技术的研发攻关，搭建氢能创新应用的孵化平台，重点突破化工余热与废气资源高效制取氢气等关键技术，将其列入宁波科技创新重大专项，突破技术壁垒，降低氢能燃料电池的生产成本，加快建设新材料、智能制造两大科创高地。

（3）加快加氢站的建设

目前，宁波象山巨鹰路、象山九顷、慈溪龙山等加氢站具备使用条件。2022 年 9 月底，宁波金发氢能综合利用项目开工，一期设计供氢能力为 8000Nm^3/h。同时，镇海炼化也在积极规划加氢站二期项目，新增 4000 千克 / 天充装供氢设施。未来，宁波将结合氢能交通应用推广情况，研究布局加氢示范设施，在北仑区、奉化区、慈溪市等地开展加氢站示范建设，分步推进供氢—加氢中心项目，依托石化园区、大榭岛等的氢能资源优势，建立多个加氢充装站，同时探索加氢（油、气、电）综合建站模式，打造浙江省最大的供氢中心。

（4）丰富氢能应用场景

宁波市将积极引导浙江海港集团、宁波公运集团、宁波商贸集团等相关企业开展氢能应用，扩大氢能汽车市场，在港区重卡、叉车、环卫、冷链配送车、城配物流以及公交等领域推动氢能车辆替代，从而促进氢能“制储运加”及氢燃料电池全产业链发展。

第五章

氢能企业典型案例分析

我国国家层面的氢能燃料电池技术研发始于2001年启动的国家“863计划”电动汽车重大专项。燃料电池汽车技术作为重大专项的五个方向之一，与车用氢能技术一起得到了专项研发支持。“十三五”期间，特别是2017年以来，我国氢能产业开始启动和发展。一批氢能及燃料电池企业在关键技术研发、核心材料攻关、技术自主化及部件国产化、产业化能力建设及规模化示范应用方面取得了较大突破，重点科研院所技术成果转化活跃，氢能装备及供氢能力显著提升，我国初步构建起氢能技术体系和产业链供应链体系。本章选取我国氢能产业各环节的典型企业，对其创新行为和产业化进展进行分析。

一、氢燃料电池技术自主创新

以国氢科技、捷氢科技、明天氢能、氢途科技为代表的燃料电池企业，持续加强燃料电池自主创新核心技术研发，开展电堆及燃料电池系统的商业化推广应用，在燃料电池创新体系建设、科研成果转化、产品创新及工艺创新、装备水平及量产能力、系统集成化等方面进展显著，促进了我国燃料电池技术的进步，提升了产业化能力。

（一）国氢科技——燃料电池技术系统创新

国氢科技是国家电投集团专门从事氢能产业技术创新与高精尖产品研发的科技型企业，是国资委“科改示范企业”中为数不多的从事氢能产业的央企二级单位。国氢科技致力于氢燃料电池核心技术研发与电堆生产、氢能制储关键技术与材料研发、氢能动力系统研发与生产、氢燃料电池检测检验技术研发及服务、氢安全技术研究，重点布局燃料电池和 PEM 制氢装备。经过 5 年攻关，国氢科技解决了一批“卡脖子”难题，多项关键材料部件实现从 0 到 1 的跨越。

1. 技术创新能力

国氢科技始终聚焦核心技术自主化，从材料、部件到整堆、系统，全产业链技术达到国内先进水平；员工规模位居氢能行业第一，研发人员占比 61%，硕士生和博士生占比为 73%。2021 年，国氢科技研发投入 4.43 亿元。截至 2022 年 9 月，国氢科技已申请专利 260 余件，授权 130 余件。其中，授权发明专利 37 件。

国氢科技研发与中试（即中间性试验）配套设施齐全，拥有研究与测试设备百余台（套），具备完整的氢燃料电池关键材料部件研发、电堆及电解槽组装和系统开发测试能力，以及 2.5~150kW 金属极板电堆开发能力，具备材料、部件和产品全系列测试能力。国氢科技拥有 0.1~150kW 级燃料电池测试台架 20 余台，理化分析设备上百台（套）。

国氢科技掌握燃料电池关键材料及部件全自主核心技术，完成全自主催化剂、质子膜、膜电极和钛金属双极板量产技术开发，性能均达到国际先进水平；基于自主碳毡，完成自主碳纸开发，产品性能达到进口产品水平；完成氢气引射器自主开发，正在开展整车应用验证。

国氢科技已形成燃料电池多元化、系列化产品，在水冷动力燃料电池方面，形成80kW、110kW、150kW系列化电堆产品，体积功率密度达5.1kW/L；形成65kW、80kW、120kW系统产品，质量功率密度达500W/kg，可实现 –30℃低温启动；在发电燃料电池方面，基于自主化高耐久性、抗中毒膜电极技术，完成100kW模块和兆瓦级系统工艺开发；在空冷燃料电池方面，形成多款材料级全自主产品，质量功率密度超过980W/kg。

国氢科技突破PEM制氢装备及材料部件关键技术，已完成析氢催化剂、2500cm^{2}大面积膜电极开发；完成水电解膜工艺开发，性能与商业化产品相当；实现50~200Nm^3/h电解槽及兆瓦级系统产品化。

2. 产业化能力

截至2022年10月，国氢科技已建成投产6条燃料电池及其关键材料部件自动化产线，匹配年产千套百千瓦级燃料电池产能。国氢科技在北京、宁波、武汉、济南和佛山布局万台（套）产能生产制造基地，进行质子膜、碳纸、催化剂、膜电极、双极板、燃料电池电堆和系统的研发制造；在长春布局PEM制氢设备研发制造；燃料电池产品和PEM制氢系统已在多地进行示范应用。

（1）碳纸生产制造

佛山基地年产30万平方米碳纸的产线配置浸渍、热压和高温处理等关键设备，已正式建成。

（2）质子膜生产制造

2021年，国氢科技在武汉建设的30万平方米质子膜中试产线成功投产，其研发的不同类型质子膜产品已在燃料电池、制氢系统膜电极上持续应用。

（3）膜电极生产制造

北京和武汉基地已投入自动化生产线和柔性半自动化生产线进行膜电极生产制造，涉及催化剂制备、涂布、热压、气密性检测等关键生产工艺，整体年产能达到万台（套）（约500万片膜电极）。“十四五”期间，国氢科技膜电极产能将扩产至4万台（套）。

（4）双极板生产制造

宁波基地已建成具备年产3000台（套）（约120万片）能力的双极板产线，配备国内首台（套）应用的连续镀膜设备、密封产线等，计划在2023年建成具备万台（套）产能的双极板产线。

（5）电堆生产制造

武汉基地已建成具备年产万台（套）能力的电堆组装生产线，并匹配活化测试产能。同时，国氢科技还在济南基地建设国内首条空冷堆、电源堆量产生产线。

（6）系统制造

宁波基地已具备3000台（套）系统集成和测试产能，并计划于2023年在武汉基地扩产系统集成产能至万台（套）。

（7）PEM制氢系统制造

长春基地正在建设百兆瓦级PEM制氢系统，部分产品已进行生产和示范应用，并计划于2023年底具备千兆瓦级PEM制氢系统产能。

3. 产品竞争力

国氢科技以“自主化、高性能、低成本”为产品研发目标，布局氢燃料电池关键技术、制储氢关键技术、氢安全与检测技术等多个研发方向，已掌握燃料电池和PEM制氢产业链核心技术，以及催化剂、扩散层、质子膜、膜电极、双极板等材料部件的关键技术及工程化生产工艺，构建了覆盖从燃料电池原材料到系统材料部件研产一体化的全产业链、全自主化产品体系。

（1）催化剂

国氢科技解决了低氯铂溶液、新型纳米分散、催化剂合成等材料和工艺问题，完成高活性、高耐久性及高综合性三类铂碳及铂基合金催化剂技术及产品开发。国氢科技所开发的催化剂的三角波耐久测试实现10万次循环衰减低于10%，远高于国内外同型催化剂3万次衰减40%的水平；合金催化剂的单位比活性达到750mA/g-Pt@0.9V，高于美国能源部2020年440mA/g-Pt@0.9V的指标要求。

（2）质子交换膜

国氢科技已经完成自主化质子膜开发，自主质子膜整体性能达到进口膜水平，无加湿条件的导电率优于进口膜。

（3）碳纸

碳纸是气体扩散层的核心材料之一，此前主要依赖进口。国氢科技已完成碳毡制备自主碳纸技术开发，开发的碳纸经单电池测试，性能达到国际主流水平，电阻小于5mΩ · cm^2，透气率大于2000ml · mm/（cm^2 · h · mmAq）。

（4）膜电极

国氢科技融合了空冷膜电极无加湿工作与水冷膜电极大功率的特点，研制出低加湿条件的大功率密度膜电极。在氢气无加湿、空气35%低加湿的条件下，膜电极功率密度达到1.98W/cm^2，与丰田Mirai膜电极相当。目前，国氢科技已在北京建成膜电极生产线，实现批量化生产。

（5）钛金属双极板

金属双极板是高功率密度、低温快速启动的高功率型燃料电池的首选。国氢科技从降低海绵钛的含氧量等方向着手，将钛金属板的延展性进行了提升，同时完成双极板精密焊接、冲压、表面处理等工艺开发，研制出国内首款钛金属双极板。双极板综合性能达到丰田Mirai钛双极板水平，并已在宁波建成国内首条钛金属双极板量产线。

（6）水冷型燃料电池电堆及动力系统

国氢科技突破了高效水热管理、高精度密封成型、系统有机集成及综合能量管理等技术难题，开发了新一代系列化“氢腾”品牌水冷型燃料电池产品。基于全新自主化抗反极膜电极、高耐久性钛基金属双极板和高性能电堆设计，国氢科技在2022年推出两款水冷型燃料电池电堆、三款水冷型燃料电池动力系统。

燃料电池电堆产品额定功率分别为115kW和150kW，功率密度为4.0kW/L，较上代产品提升17%，最高功率密度可达5.1kW/L；燃料电池动力系统额定功率分别为85kW和121kW，最高运行效率可达60%，可实现–40℃低温存储、–30℃低温自启动，产品可全面兼容商用车、乘用车、矿用机械及轨道交通等应用需求；船用燃料电池动力系统产品额定功率为 120kW，可根据需求进行功率扩展，是国内首台根据中国船级社（CCS）2022 年 E-23《氢燃料电池》规范设计验证的百千瓦级船用燃料电池动力系统，可兼容集装箱船、散货船、邮轮、渡轮等内河航运应用需求。

（7）空冷型燃料电池电堆及动力系统

国氢科技突破燃料电池轻量化、飞行动力匹配等技术难题，完成了无人机用空冷型燃料电池产品开发，形成 FC-MA1.2、FC-MA2.5、FC-MA3.0 等型号产品，电堆质量功率密度达到 980W/kg，可根据用户需求定制系统功率（2.5~30kW），覆盖无人机、观光车、轻型物流、叉车等应用场景。

（8）发电用燃料电池堆

国氢科技自主研发分布式供能设备，主要应用于工业、商业等场所供电以及社区、酒店等区域热电联供等。功率等级范围为 100kW~1MW，工作温度范围为 -30~60℃，发电效率大于 50%，热电综合效率大于 90%，寿命大于 40000h。

（9）PEM制氢装备

国氢科技自主研发的“氢涌”PEM 电解水制氢系统及关键材料部件研发已取得实质性突破，产品规格包括 10~2000Nm^3/h，总体技术达到国内领先水平。其中，在电解槽活性面积尺寸、直流电耗等指标上达到国际先进水平。

4. 示范应用情况

国氢科技围绕燃料电池系统和 PEM 制氢系统两条产品主线，聚焦北京、宁波、武汉、佛山、济南等重点区域，依托氢能交通运营平台和可再生能源制氢示范项目，整合优势资源，最大限度地开拓燃料电池和PEM制氢装备市场，加速推动氢能产业技术创新和高质量发展。

在氢能交通领域，国氢科技基于重点区域政策、客户需求导向以及氢能产业技术现状，联合国内知名车企开发出包括氢燃料电池11米高一级客车、厢式运输车、冷藏车、载货车、小型快递车、内河船舶等共20余款产品，可覆盖城市客运、物流运输、市政环卫、矿用机械、轨道交通、内河船舶等应用场景，并陆续投入规模化示范应用。

搭载“氢腾”燃料电池的客车先后服务了2021年博鳌亚洲论坛、2021年东盟博览会、2021年第十三届中国—东北亚博览会、2021年碳达峰碳中和烟台论坛和2022年陕西省第十七届运动会。2022年北京冬奥会、冬残奥会期间，150辆“氢腾”大巴圆满完成北京、延庆及张家口赛区交通保障任务，车辆总行驶里程达88.9万公里，执行接驳任务7205班次，接驳乘客超过16.07万人次，累计减排二氧化碳700余吨，全程“零事故、零故障、零失误”。

“氢涌”兆瓦级高性能PEM制氢设备已在长春测试平台经过1000小时以上无故障运行，已交付长春市中韩示范区，利用分布式屋顶光伏发电，具备500千克/天的加氢能力，是国内首个采用PEM设备的制氢加氢一体站示范项目。

5. 内部协同机制

国氢科技联合上下游合资企业及相关单位，组建氢能零碳交通运营平台。平台一方面打通氢能装备线和能源线，解决氢能车辆运营主体、绿氢供应等地方政府发展氢能交通过程中的痛点问题；另一方面大规模消纳绿氢，将带动一批绿电制氢、加氢站及与之配套的新能源项目的落地。

为充分利用各地资源，国氢科技将在北京、广东、湖北、浙江、山东等具备较好氢能交通发展基础的地区设立首批区域氢能零碳交通运营平台，在新能源资源丰富和迫切发展氢能的重点区域，探索推广运营平台。到 2022 年 10 月，北京运营平台正在注册，佛山、宁波、武汉、郑州运营平台正在组建中。

（二）捷氢科技——燃料电池技术创新及产业化

捷氢科技专注于燃料电池电堆、系统及核心零部件的研发、设计、制造、销售及工程技术服务，在燃料电池电堆及系统设计、控制、集成、工艺开发、生产制造、整车适配等方面拥有核心技术，在膜电极等燃料电池关键核心部件研发方面取得突破并实现了自主化、批量化生产。

1. 技术创新能力

捷氢科技核心管理研发团队具有整车制造和燃料电池开发的多元化背景，具有丰富的整车和燃料电池研究开发、生产制造、运营管理经验，已形成完备的预研、开发和生产体系布局，并积极与业内知名高校、整车企业、科研机构等合作开展了多项国家级、省市级课题的研究工作。捷氢科技是 2021 年度上海市燃料电池汽车示范应用联合体的牵头单位之一，曾承接多项国家重点研发计划项目、上海市战略性新兴产业重大项目以及上海市“科技创新行动计划”高新技术领域项目等燃料电池领域重大专项课题，并获得多项行业内权威机构颁发的奖项。

捷氢科技坚持自主研发，掌握从膜电极、双极板等电堆核心零部件设计、电堆集成、燃料电池系统集成到动力系统集成的正向开发能力，并具备完整的自主知识产权。其中，燃料电池电堆采用高稳定性自制膜电极和超薄金属双极板，单电堆最高功率可达230kW。燃料电池系统采用高集成度的自增湿架构和智能算法，功率范围为6~260kW。在燃料电池储氢系统方面，捷氢科技提供35MPa和70MPa储氢系统及整车氢安全的解决方案。捷氢科技还提供燃料电池系统匹配设计、试制与装配、测试与标定、整车产品公告支持、OEM企业准入支持等工程服务。

捷氢科技搭建以产品的市场化应用落地为目的的核心研发体系，以正向设计能力、先进的测试验证技术和试制生产能力为依托，以大功率、长寿命、低成本的燃料电池技术型谱为核心内容，重点进行电堆及核心零部件、系统集成与控制的研发攻关，并结合动力系统集成与仿真、整车匹配与优化，为产品落地应用奠定基础。

（1）燃料电池电堆设计开发能力

在电堆设计开发方面，捷氢科技具备燃料电池电堆性能设计和机械结构设计能力。在性能设计方面，掌握多尺度的性能设计方法、“1+1”维（沿流道方向和垂直于膜电极方向的两个维度）性能仿真模型及其衍生模型等；基于三维仿真模型与VOF方法，拥有了全面积流场“气—水—热—电”多尺度过程的数值仿真能力；具备单池、电堆级力—电耦合仿真能力，实现电堆力学与电性能的跨学科设计。在电堆机械结构设计方面，掌握二维、三维零部件设计、电堆及零部件强度分析、刚度分析、振动冲击仿真能力，并形成电堆组装力仿真计算方法，通过各部件结构和受力特性分析，将电堆中单池划分成多个特征区域并选取特征单元，建立特征单元的仿真模型从而确定合理组装力范围。基于上述电堆设计开发能力，实现电堆性能持续提升，并满足SAEJ2380振动要求、IP67防护要求、GB/T2423.17盐雾要求、GB38031冲击要求、GB/T33978高低温储存要求、绝缘要求等。捷氢科技燃料电池电堆设计开发能力支持产品向高功率密度迭代，适应氢能产业发展趋势。

（2）膜电极自主研发与批量制造能力

在膜电极设计开发方面，捷氢科技具备膜电极关键原材料以及催化剂浆料制成、催化层结构及膜电极性能之间构效关系的分析和仿真能力。在膜电极测试表征方面，具备关键材料测试评估、催化剂浆料测试表征、催化层结构表征、膜电极测试表征等能力，并已建立相应的测试规范。捷氢科技开发的新一代HCore-22A型膜电极厚度下降20%以上，功率密度从1W/cm^{2}提升至1.3W/cm^2，催化剂用量从0.35gPt/kW下降为小于0.27gPt/kW，设计寿命不小于15000小时。在膜电极批量制造方面，通过设计、材料、工艺、设备相结合，解决了超薄质子膜溶胀、膜电极边框连续走带变形、多层柔性材料精准对位等难题，通过催化剂浆料直涂、膜电极"卷对卷"高速制造，实现了800PPH的生产线速度。同时，捷氢科技在膜电极方面的自主设计开发能力能够有力支撑燃料电池电堆和系统产品的快速迭代开发，膜电极量产工艺开发和批量制造能力则可以有效保障稳定供应并持续降低成本。

（3）燃料电池系统设计和集成能力

捷氢科技的燃料电池系统产品采用正向设计的方法，基于多目标整车架构的柔性化集成理念，确保系统在设计层面具有最优的功率密度和热效率，在集成层面能适配多个不同整车平台，同时整体的NVH、

EMC、氢电安全等各项性能均达到最优。在系统设计层面，捷氢科技采用了独特的阳极循环自增湿技术路线。通过循环泵和引射器等多种组合方式以及精准的水热管理技术，捷氢科技实现了电堆在全功率范围内的阻抗稳定控制，从而取消了空气侧增湿部件的使用。该技术路线降低了系统成本，提高了产品可靠性和维保的便利性。在系统机械集成方面，基于多目标架构和柔性化设计理念，捷氢科技建立了多维、综合指标的全面定量评价工具；通过功能合并、结构耦合等方法，持续提升系统集成度。在系统性能集成方面，采用基于车规级性能要求的性能集成开发技术，囊括结构耐久、NVH、EMC、氢电安全、热管理、电气性能等。通过多维度仿真模型、设计规范、测试方法、评价体系实现整车和动力系统、电堆、核心零部件的性能集成开发体系。

（4）先进控制系统开发和验证能力

捷氢科技燃料电池系统产品采用长寿命燃料电池系统智能控制算法和具有强大算力的车规级控制平台，确保整个产品周期内燃料电池系统在各种环境、各个工况以及各种车型平台下都能够实现系统的最优控制，从而全面提升燃料电池产品的可靠性、经济性和耐久性。在技术层面，基于车规级多核芯片，以传统PID算法、多层级解耦算法和先进的深度学习算法为基础，实现燃料电池系统在全生命周期内的精准实时控制：在控制精度方面能够实现误差小于1%的精准控制；在实时响应方面，系统的升载和降载速率分别达到30kW/s和50kW/s；同时基于深度学习的智能算法能够根据环境和工况的变化做到操作条件的实时调整和高度自适应。另外，捷氢科技开发的基于阻抗的高功率燃料电池电堆和系统在线诊断技术，能够精准识别电堆的健康状况并施以相应的控制策略，确保燃料电池电堆和系统在整个生命周期内的高效正常运行。

（5）全面的多车型燃料电池整车适配和运营能力

捷氢科技核心研发团队均具备丰富的整车与燃料电池的开发、制造经验，研发成果能够更好地应用于不同车型，包括物流车、卡车、客车、乘用车、非道路车辆等，为客户提供以燃料电池系统为核心的集整车和动力系统匹配、整车性能评估、氢系统开发、零部件选型开发于一体的全方位解决方案。通过采用多样化性能仿真和标定参数模型，模拟不同车型实际使用场景，选择最合适的产品应用方案及整车策略，选择使整车更具效率与经济性的动力系统集成方案。在技术层面，基于整车客户对燃料电池动力系统的动力性、经济性、安全性、可靠性等的要求，进行燃料电池动力系统的能量输出管理控制策略设计、氢电安全及其控制策略设计、整车散热系统设计和进排气系统设计。通过建立燃料电池动力系统性能仿真模型、热场仿真模型、流体仿真模型、氢气逸散仿真模型等，结合台架验证、实车测试评价，可使公司燃料电池系统在不同应用场景中保持高效率运行，提高燃料电池耐久性、可靠性及环境适应性。

2. 产业化能力

捷氢科技燃料电池电堆产品采用定位和限位一体化功能的封装结构，采用复合式集流板、绝缘板、端板设计，应用组装力动态补偿技术，保障电堆模块满足车用环境要求，并满足多项国家及行业标准。捷氢科技燃料电池系统装配产线采用柔性化设计，并配备 MES 生产系统，实现了产线全程在线监控。

捷氢科技具备膜电极、电堆、燃料电池系统及储氢系统的全面制造能力。膜电极产线采用“卷对卷”及高精度直涂技术，实现膜电极的高速自动化生产（见图 5–1）。

图 5-1 捷氢科技膜电极产线

资料来源：捷氢科技

电堆产线采用自动堆叠和同步拧紧技术，实现电堆高质量自动化生产；燃料电池系统及储氢系统产线采用共线和快速切换技术，实现高扩展性的柔性生产；产线全线使用高精度电动拧紧枪，实现高精度控制，确保产品质量一致性（见图 5-2）。

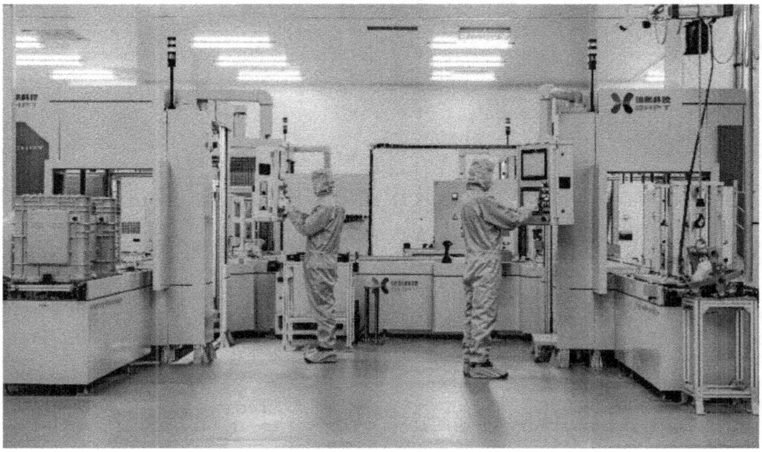

图 5-2 捷氢科技电堆产线

资料来源：捷氢科技

捷氢科技通过产线的安全软硬件设计，强化用氢安全，确保安全生产；通过使用智能物流系统，实现高效物料配送及精益化生产；通过可编程逻辑控制器上传所有生产数据至数据库，实现生产全过程追溯；通过整体集成管理 MES、WCS 及 AGV 系统，实现报表可视化及生产数字化。捷氢科技已建成安全、高效、精益的燃料电池制造系统，制造能力达到行业领先水平（见图 5-3）。

图 5-3　捷氢科技系统产线

资料来源：捷氢科技

3. 产品竞争力

捷氢科技的研发体系以技术量产应用为目标，通过贯穿设计、工艺、质量、制造以及供应链等各环节的产品开发流程组织产品研发，有效实现核心技术到量产产品的转化和应用，已完成两代产品的研发与量产。

捷氢科技燃料电池系统的输出功率、功率密度、低温启动、耐久性等关键指标取得了突破性进展，核心技术具备完全自主知识产权，产品达到国内领先水平。捷氢科技通过膜电极、双极板和集成设计的协同优化，结合高效控制策略，开发出新一代M4电堆平台技术，首款电堆M4H峰值体积功率密度达到5.1kW/L，相比M3H提升超过30%，设计寿命达到1.5万小时，电堆功率可根据应用需求进一步拓展至200kW以上。PROMEM4电堆平台采用自主膜电极技术，催化剂活性提升了30%，通过材料体系的稳定性选型设计和控制技术可实现1.5万小时设计寿命，膜电极“卷对卷”高可靠、高速制造技术保障了膜电极的产能和批量一致性。

在膜电极开发方面，捷氢科技通过建立膜电极关键原材料、特征结构与膜电极性能之间构效关系的仿真工具和分析能力，开展膜电极性能设计和优化，膜电极功率密度达到1.3W/cm^2。基于完善的测试表征体系，实现关键材料测试评估、结构特征参数表征、膜电极性能测试表征等。

在膜电极耐久性提升方面，围绕材料的选型与耐久设计、低损性制造技术应用、应用控制策略等方面，提升整体膜电极的寿命，并建立膜电极耐久性预测模型和材料、单电池、短堆、系统等多维度的耐久性评估体系。同时，捷氢科技致力于燃料电池电堆和系统的关键材料和零部件的国产化开发应用，以量产需求为牵引，进行大量的设计优化与性能验证，以推动电堆和系统的关键材料和零部件的国产化替代。

4. 示范应用情况

捷氢科技一方面针对商用车应用场景开发出高功率密度、大功率、长寿命并且具备成本竞争力的燃料电池系统和电堆产品，通过积极开发包括叉车、物流车、客车以及商用车等多种用途的车型，进行了良好的推广应用，形成了规模效应，验证了产品性能和质量，拉动了上游氢能产业的快速发展，为进一步发展业务奠定了良好的技术、商业和产业链基础。另一方面，捷氢科技布局关键核心技术的深度开发，在膜电极、双极板、燃料电池电堆和系统等方面形成深度的技术储备。随着技术进步、规模效应提升和上游氢能行业的不断发展，捷氢科技不断强化燃料电池在乘用车应用场景下的技术和业务发展能力，从而实现燃料电池产品规模的进一步扩大和商业价值的进一步增长。

捷氢科技秉持多区域、多应用场景和规模化的终端应用策略，其燃料电池技术与产品已经在公交车、城市公务用车、团体客车、重卡物流车等场景取得良好的商业应用突破，并与国内知名燃料电池产业链上下游企业形成良好的业务合作关系。截至 2022 年 9 月 5 日，捷氢科技已完成超过 45 款车型匹配开发，其中 38 款车型进入工业和信息化《新能源汽车推广应用推荐车型目录》，实现全国 18 个城市商业化运营，适应各类严苛环境。

捷氢科技积极探索其他燃料电池技术的商用场景，在分布式发电、工程机械、叉车及场地拖车等领域开展燃料电池技术的应用开发。“十四五”期间，捷氢科技将继续加大力度开拓以上非车用应用场景，从产品开发、应用场景搭建、商业模式创新、组织机制保障上进一步挖掘非车用应用场景的市场空间。

此外，在国家燃料电池汽车示范应用上海市第一批车辆集中发车仪式上，捷氢科技配套 5 款燃料电池车型，覆盖了上海市燃料电池汽车示范运营项目第一年度的各类任务车型。具体包括上汽大通 MIFA 氢乘用车（MPV）、苏州金龙团体客车、上汽轻卡 4.5 吨城市冷链配送物流车、苏州金龙 18 吨物流车、上汽红岩 49 吨重卡，对应商务出行、企业通勤、生鲜配送、快递配送和物流运输等应用场景。

5. 未来发展战略

捷氢科技“十四五”期间将继续从核心技术研发的深度、量产产品迭代的规划、供应链国产化推进、氢能生态链布局等多角度入手，进一步优化产品成本，提高产品质量和稳定性，提升燃料电池核心技术和产品的研发能力。捷氢科技将持续在系统集成、控制算法、电堆集成、膜电极及双极板等领域实现核心技术突破。一方面通过量产拉动及批量应用，积极与战略供应商合作，提升膜电极原材料及系统零部件的性能，并在“十四五”期间实现关键材料的国产化替代及应用；另一方面加大市场开拓力度，不断提升燃料电池技术在交通运输领域应用的渗透率，同时进一步开拓热电联供、船用、飞机等领域的示范应用。此外，捷氢科技将布局氢能绿色制取技术及装备的研发，打破绿氢规模化制取的核心技术瓶颈并降低绿氢制取和使用的成本。

（三）明天氢能——燃料电池自主研发成果转化

明天氢能致力于通过先进的燃料电池技术为绿色交通、分布式发电、热电联供、制氢和加氢站等提供系统解决方案。明天氢能以中国科学院大连化学物理研究所为依托，大力推动燃料电池自主研发成果转化，在燃料电池产业化方面及产品应用方面取得突破。

1. 技术创新能力

明天氢能是国家高新技术企业，拥有中国科学院大连化学物理研究所、同济大学等国内燃料电池行业主流“大院大所”成建制研发团队，积极承接高校科研成果转移，为企业技术创新工作提供支持，先后承担了国家重点研发计划、安徽省“三重一创”重大新兴产业专项、安徽省科技重大专项、安徽省新能源汽车产业技术创新工程等国家及省部级重大科研项目。明天氢能拥有燃料电池领域唯一的安徽省院士工作站、安徽省氢能及燃料电池产业创新中心、安徽省工业设计中心等重要科研平台。明天氢能在金属双极板、膜电极、燃料电池电堆和系统、测试台架等方面申报发明专利85项，已授权发明专利9项，自主开发出10~150kW燃料电池电堆、10~110kW燃料电池系统、10~150kW燃料电池测试台架等平台产品，通过“学研”与市场主体的“产用”深度融合，在燃料电池领域的研发成果得以深度转化，提高了氢能及燃料电池技术领域相关科研成果的成熟性、配套性和工程化水平。

2. 产业化能力

明天氢能已建成万套级电堆及核心零部件工厂，自主开发掌握燃料电池系统过程工艺、电堆装配工艺、金属双极板冲压工艺、金属双极板激光焊接工艺、金属双极板表面处理工艺、MEA喷涂与涂布工艺、电堆活化＆测试工艺、燃料电池系统搭载与调试等国内首创的生产工艺，产业化制造技术达到国内先进水平。

3. 产品竞争力

明天氢能掌握从金属极板、膜电极等核心零部件到燃料电池电堆、系统的核心技术。在高耐蚀性、高导电性燃料电池薄金属双极板技术方面，明天氢能采用冲压成型薄金属双极板，大幅降低电堆体积，提高体积比功率；通过极板流场设计、精密模具设计与加工、超薄板精密成型、超薄板快速激光焊接等技术，明天氢能实现薄金属双极板精密成型；基于物理气象沉积技术和连续长寿命验证的复合纳米涂层技术，明天氢能将涂层高电导率和耐腐蚀性能发挥到极致。明天氢能双极板产品厚度为 0.1mm，寿命可达 15000h。

在高性能、低铂载量、高耐久性膜电极（MEA）技术方面，明天氢能通过膜电极材料筛选与结构优化，开发出低压到高压，无增湿到全增湿，低温到高温全工况条件下的膜电极，大大提高了面积比功率。明天氢能掌握了催化层配方、催化层和 MEA 的制备工艺，实现了高生产率与低成本，有效解决了燃料电池的性能与成本问题。其膜电极产品铂载量低于 0.35mg/cm^2，功率密度大于 1.4W/cm^2。

在高性能、高耐久性金属双极板燃料电池电堆技术方面，明天氢能采用电堆紧凑化设计与集成技术，提升电堆水热气分布均一性和可靠性，同时采用高导电耐腐蚀双极板和高一致性膜电极，电堆寿命达到 15000h，优化了极板流场结构，提高了流体分配的均一性，降低了传质极化，进而提高了电堆功率密度。明天氢能燃料电池电堆功率密度达到 4.0kW/L，电堆生产一致性核心技术均方差控制在 10mV 以内。

4. 示范应用情况

明天氢能针对城市公共交通、工业车辆、船舶等应用场景，开发出大功率燃料电池电堆和系统，系统覆盖 10~110kW，寿命超过 15000h，可实现 -30℃冷启动。明天氢能与东风汽车、奇瑞汽车、吉利汽车、福田汽车、安凯客车、申龙客车、中车客车、中植汽车等联合开发燃料电池汽车，产品涵盖 8.5~12m 城市客车、3.5~10t 叉车、4.5~18t 物流车、31~49t 重卡以及 12t/18t 洗扫车、垃圾压缩车、清运车，产品已应用于安徽省第一条燃料电池示范公交线。此外，明天氢能还与中铁轨道交通公司合作开发出首台搭载国产燃料电池的轨道列车，与国家电网合作建成国内第一座兆瓦级氢储能电站。

由明天氢能主导建设的全国第6座、安徽第一座加氢站——明天金安加氢站建成并投入使用。该站占地18亩，储氢容量1000千克，日加注量1200千克，可满足六安地区100~150台燃料电池汽车的运营需求。截至2022年9月底，搭载明天氢能燃料电池系统的城市公交车已在六安、芜湖、重庆等地投入运营，单车最高运营里程达20万公里，平均百公里氢耗4.5千克。

（四）氢途科技——燃料电池系统集成及应用

氢途科技以燃料电池动力总成为主要产品，并已经延伸到电堆等关键部件及材料的开发。

1. 技术创新能力

氢途科技与浙江大学共建“氢能与燃料电池联合研发中心”，集合海归研发人员和本地科研院所、高校研究力量，实现了燃料电池核心技术研发及攻关、燃料电池产品持续迭代进步。氢途科技基于核心成员在燃料电池和汽车行业的多年从业经验，掌握了车用燃料电池核心技术，并拥有完全自主知识产权，燃料电池发动机产品处于行业先进水平。

2. 产业化能力

氢途科技已建成一条中试线和一条量产线，产能5000套/年，并充分结合数字化生产、全过程可溯、柔性化生产等先进生产理念，持续迭代优化。2022年10月，氢途科技二期项目在金华开工，竣工后将建成年产 2 万套燃料电池系统与核心零部件的生产基地，产线在数字化、低碳化方面具备鲜明特色。氢途科技已建成国内领先的燃料电池测试与验证中心，为产品研发提供强力支撑。

图 5-4　氢途科技燃料电池系统生产线

资料来源：氢途科技

3. 产品竞争力

氢途科技持续投入，研发更大功率等级的发动机，逐步提升产品的可靠性，同时完成 FCU、引射器等关键部件的开发与改进，提高核心零部件的自研率及国产化率，实现自主化燃料电池电堆的批量应用，不断完善拓展燃料电池发电系统的应用领域，提升分布式发电系统并机运行能力。氢途科技产品性能满足所有车型的应用需求，核心指标达到国际先进水平，实现电堆、氢气供给系统等核心部件的自主化生产，国产化率达到 100%。氢途科技生产的满足数十兆瓦联机需求的氢燃料电池发电系统产品，广泛应用于可再生能源网络建设。

表 5-1　氢途科技产品技术指标规划

当前技术指标	2025 年预期技术指标	2022 年	2023 年	2024 年	2025 年
发动机最高额定功率120kW，最高效率56%；质量比功率≥700W/kg，体积比功率400W/L；寿命15000h；冷启动温度-30℃，-30℃冷启动时间6min	1.满足长距离重卡的全功率运营需求：燃料电池发动机功率≥300kW； 2.降低车辆运营成本：发动机最高效率≥60%； 3.进一步提高燃料电池发动机的功率密度：质量比功率≥900W/kg，体积比功率≥500W/L； 4.进一步提高燃料电池发动机的寿命：发动机寿命≥3000小时，提供8年或50万公里的质保； 5.提高燃料电池发动机的环境适应性：冷启动温度≤-40℃，-40℃冷启动时间≤2min； 6.自主化电堆及核心部件，国产化率达100%； 7.全面推出氢燃料电池发电系统产品，广泛应用于可再生能源网络建设	发动机最高额定功率≥200kW，最高效率≥56%； 质量比功率≥800W/kg，体积比功率≥400W/L； 寿命≥20000h； 冷启动温度≤-30℃，-30℃冷启动时间≤5min； 实现自研电堆产品的开发； 推出氢燃料电池发电系统样机	发动机最高额定功率≥250kW，最高效率≥58%； 质量比功率≥850W/kg，体积比功率≥450W/L； 寿命≥20000h； 冷启动温度<-35℃，-35℃冷启动时间≤4min； 实现自主化电推产品批量应用； 全面推出1MW氢燃料电池发电系统产品	发动机最高额定功率≥300kW，最高效率≥60%； 质量比功率≥900W/kg，体积比功率≥500W/L； 寿命≥25000h； 冷启动温度<-35℃，-40℃冷启动时间≤4min； 全面推进自主化电堆产品的生产交付； 实现数十兆瓦的燃料电池发电系统应用验证	发动机最高额定功率≥300kW，最高效率≥60%； 质量比功率≥900W/kg，体积比功率≥500W/L； 寿命≥30000h； 冷启动温度≤-35℃，-40℃冷启动时间≤2min； 核心部件国产化率达100%； 发电系统广泛应用于可再生能源网络建设

资料来源：氢途科技

4. 示范应用情况

氢途科技已完成 10~150kW 功率覆盖，与厦门金龙、南京金龙、中通客车、三一重工、东风汽车等多家头部整车企业开展相关合作，其产品广泛应用于公交客车、物流车、冷藏车、重型卡车、叉车、固定式电站等领域，在湖北、广东、四川、山西、天津、山东、广西和浙江等地已实现商业化运营。氢途科技拥有 4 年以上燃料电池系统商业化运营案例。其中，武汉批量投放的燃料电池公交车，单车运营近 8000 小时、超 24 万公里，产品的可靠性及寿命指标良好（见图 5–5）。此外，氢途科技数百台物流重卡及固定式发电燃料电池系统产品正在密集攻关交付过程中。

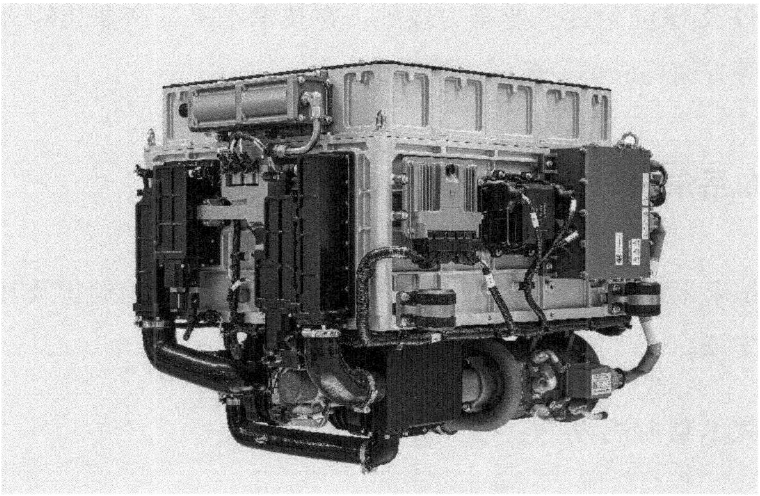

图 5-5　氢途燃料电池系统

资料来源：氢途科技

氢途科技联合上下游头部公司，共同探索“技术优化 + 国产化 + 规模效应”的降本之路。随着零部件数量不断减少，产品性能不断上升，核心材料及相关检测、生产设备不断实现国产化替代。此外，氢途科技与政府、智库深入沟通协作，推动氢能“制储运加”全产业链协同进步，共同促进燃料电池汽车进入规模化推广应用的产业拐点。

二、燃料电池核心材料攻关

燃料电池核心材料、关键部件对燃料电池电堆性能具有决定性影响，其技术自主化、产品国产化程度又进一步决定了燃料电池产品的经济性。近年来，我国氢能产业发展进程加快，一批燃料电池核心材料、关键部件及BOP附件企业努力攻关，在技术水平、产业化能力、产品竞争力等方面均取得了较大成绩。

（一）东岳未来——质子交换膜攻关

东岳未来致力于全氟质子交换膜关键材料的生产与销售及其配套产业链的支撑。

1. 技术创新能力

东岳未来以新环保、新材料、新能源为研发方向，立足于东岳集团含氟功能材料领域的科技创新成果，自主创新攻关，实现了基础原料—中间体—单体—树脂—成膜的全产业链量产技术突破，并且具备全部自主知识产权和最完备的全国产化产业基础，成为全面自主可控且产品达到国内领先水平的质子交换膜生产企业。

2. 产业化能力

东岳未来于 2018 年正式启动 150 万平方米氢燃料电池膜及配套材料产业化项目，一期工程于 2019 年 5 月正式动工，2020 年底顺利投产。新建燃料电池膜生产线属于自主设计第六代，也是国内首套大规模燃料电池质子交换膜全自动生产线。东岳未来采用了高洁净环境、等压流延、低张力复合成膜以及特种聚合物复配等一系列原创先进技术，较以往产线自动化程度更高、流延精度更高、生产效率更高，设计产能大于 20 万平方米 / 年，满产可保障每年 3 万 ~5 万辆氢燃料电池汽车配套用膜（见图 5–6）。东岳未来已启动下一代更高水平电池膜产线的设计建设工作，提前打造保障百万辆氢燃料电池汽车需求的能力。

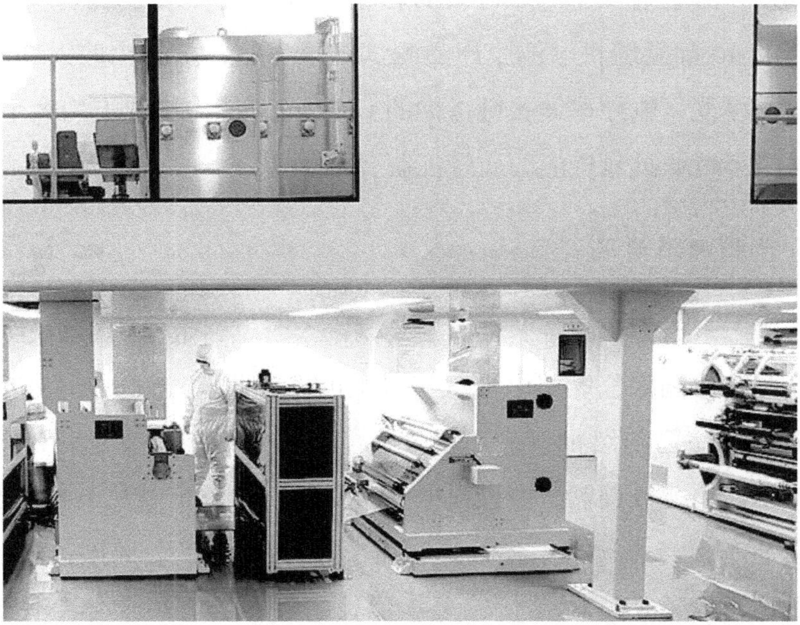

图 5-6 东岳未来氢能全自动量产燃料电池膜生产线（设计产能大于 20 万平方米 / 年）

资料来源：东岳未来

3. 产品竞争力

在技术性能方面，东岳未来已突破高交换容量全氟磺酸树脂的量产工艺，采用全新体系聚合的全氟磺酸树脂在分子量不降低的情况下，交换容量提升15%。而采用全新体系聚合的磺酸树脂量产的氢燃料电池膜产品，拉伸强度大于40MPa（均值大于45MPa），电导率可达到40MS/cm以上（室温、50%RH），且可实现95℃工况下的连续稳定工作，化学机械耐久性COCV达到1100h（超过5万次循环），化学耐久性OCV可达到1000h以上（远超过DOE的600h标准）。相关性能指标已与国外最新的8微米竞品基本相当。

在量产产品的性能一致性方面，东岳未来2020年11月建成投用的全自动新产线已正式通过IATF16949的扩线审核。以2022年上半年连续生产的40批氢燃料电池膜产品测试结果为例，产品拉伸强度、尺寸溶胀度、厚度、电导率等关键指标的Cpk（过程能力指数）均大于1.33，可满足汽车行业批量供应的质量控制要求。

4. 产品应用情况

东岳未来成为全国唯一全面参与国家5个燃料电池汽车示范城市群的企业，支撑国家氢燃料电池汽车自主可控产业链建设。2018年以来，东岳未来产品已陆续批量应用于叉车、备用电源、公交、物流等不同场景，累计装配数百辆国产燃料电池公交车、物流车以及10000多台叉车、场地车，商业运行里程数达百万公里。2022年上半年，东岳未来量产的质子交换膜实际销量较上年增长超过一倍。2022年7月，淄博投放50辆燃料电池冷藏物流车，该车型成为首个纳入国家车辆公告的车型，其他多家整车企业也已进行供应商审核和车型适配工作，国产化进程逐渐加快（见图5-7）。

图 5-7 东岳未来氢燃料电池膜适配的冷藏物流车投用 50 辆（亿华通 G80-pro 发动机）

资料来源：东岳未来

此外，东岳未来在水电解制氢、液流电池储能等领域的商业化应用取得初步成果，相关产品现已通过国内下游龙头企业的技术验证，开始小规模批量化应用于商业化项目中。

（二）鸿基创能——膜电极批量生产

鸿基创能是广州开发区引进的首家从事膜电极研发生产的高新技术企业，致力于质子交换膜燃料电池用自主化高性能催化剂涂层质子膜（CCM）、膜电极（MEA）的产业化和商业化，为国内外燃料电池厂商提供低成本、高性能的膜电极核心组件。

1. 技术创新能力

鸿基创能建立了 70 人的核心技术团队，团队成员具有丰富的燃料电池及膜电极产业化经验，均曾任职于国内外知名燃料电池公司，具有

10~20年的燃料电池研发和生产经验，在国内外期刊共发表学术论文200余篇。整个团队的技术专长覆盖催化剂、质子交换膜、碳纸、全氟磺酸树脂、膜电极生产和封装、CCM精密涂布、膜电极及电堆测试等领域，在氢燃料电池核心零部件设计开发、科研创新、规模化量产等环节发挥着坚实的支撑作用。同时，公司联合广州大学化学化工院共同建设了广东省氢能与燃料电池工程技术研究中心，开展氢能与燃料电池膜电极产业化和新材料研究，推动我国燃料电池技术在重载领域的应用推广。

鸿基创能与国内燃料电池领域龙头企业、科研院所、高校等共同合作，已承担实施多项科技攻关项目，包括国家级项目2项、广东省项目4项、江苏省项目1项、广州市项目2项。2020年取得国家重点领域研发计划“可再生能源与氢能技术”重点专项和国家能源局“科技助力经济2020”项目立项，“高性能长寿命质子交换膜燃料电池研制及氢能车辆推广应用”项目获得中国发明创业一等奖，并与行业内头部企业、科研院所、高校合作，获得中国产学研合作创新成果奖。

未来，鸿基创能将加强与港澳地区合作，引入香港科技大学等高校及科研机构，通过多元化的合作方式，推动粤港澳大湾区氢能产业交流，建设燃料电池研究院。通过整合国内科研院所、高等院校、制造企业等资源，鸿基创能加强与国际研发机构的交流对接，把握机遇，推动国内燃料电池技术的自主研发、产业集聚和市场应用。

2. 产业化能力

鸿基创能致力于掌握高性能、长寿命的膜电极产品和规模化生产技术，公司科研团队开发了CCM阴阳极双面直接涂布技术、膜电极一体化成型技术、膜电极自动化快速封装技术，生产的CCM及膜电极产品核心技术自主可控（见图5–8）。公司膜电极生产工艺过程由两个连续化精密涂布步骤组成，CCM 单卷涂布可达 400 米，平均线速度为 5 米 / 分钟，在提升单位时间产能的同时，降低成本。

到 2022 年 10 月，鸿基创能膜电极产品产能达到 1000 万片 / 年，良品率达到了 99.4%，产品性能、一致性、良品率均处于全国先进水平，对标国际一流水平。

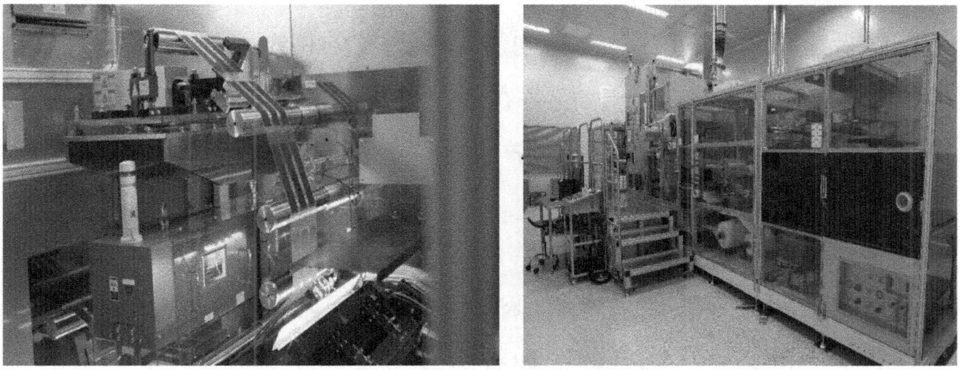

图 5-8 鸿基创能膜电极生产线

资料来源：鸿基创能

3. 产品竞争力

鸿基创能已推出多款针对不同运行工况定制化设计的膜电极产品，于 2019 年开始陆续投放市场实现销售，形成了良好的市场化应用效应，产品关键技术具有以下特点。

（1）低铂金催化剂载量、高性能和长寿命膜电极技术

制约燃料电池广泛商业化的一个重要因素是成本，大规模量产时铂金催化剂在整体成本中占有很高的比重。鸿基创能膜电极原材料选用性能和寿命已经被验证的产品，通过优化组合及超精密涂布技术、膜电极抗反极技术和新型膜电极结构设计，能够实现低铂在膜电极上的有效分布，并保证膜电极高的电输出性能与长耐久性。XER 型产品铂金载量

不低于 0.35mg/cm^2，电输出性能可达 1.625W/cm^2@2.5A/cm^2。

（2）膜电极连续化成型生产技术

传统的膜电极制备工艺包含了喷涂以及热压转印等不可连续或低线速度（<1m/min）步骤。鸿基创能工艺过程则由几个连续化精密涂布等步骤组成，平均线速度不低于 5m/min，极大地提升了单位时间产能，显著降低了成本。同时，鸿基创能定制开发的精密涂布设备具备“补丁”及“斑马”涂布功能，配备在线缺陷检测、打标，物理尺寸检测，铂金载量等单片质量巡检，确保产品的一致性和均匀性。

（3）高一致性

膜电极性能一致性对燃料电池电堆组装可靠性、电堆耐久性等方面有非常大的影响。鸿基创能拥有高效高稳定性的催化剂浆料制备技术、高精密涂布技术和精准封装工艺，使鸿基创能膜电极性能极差在 −10~10mV 范围内。

（4）高抗反极能力

当燃料电池电堆在冷启动或者某些极端操作工况下出现氢、氧饥渴情况时，将可能发生反极现象，造成膜电极性能衰减。鸿基创能 XER 系列产品具有初始 230 分钟的抗反极能力，且经过 500 次启停加速寿命测试后，性能下降不高于 15mV@1.5A/cm^2。

（5）产品完成产业化验证

鸿基创能开发出催化剂浆料分散技术、精密直涂和 MEA 封装技术，在 2021 年完成 100 万片膜电极的生产与出货，CCM 成品率达到 99.95%，MEA 成品率达到 99.4%，通过了产业化验证。目前，鸿基创能膜电极已广泛用于燃料电池重卡、城市物流和叉车等场景。鸿基创能依据国标完成6000h寿命考评，性能衰减小于1%，测算寿命大于20000h。膜电极在车辆上实际总运行里程超过500万公里，有效验证了鸿基产品的稳定性。

4. 示范应用情况

鸿基创能已经与国内外超过100家燃料电池电堆客户形成有效合作机制，客户涵盖亚洲、北美、欧洲等地区的知名燃料电池企业，配套的车型包括燃料电池客车、燃料电池厢式车、燃料电池重卡等，在国内自主化膜电极配套车型案例中位居前列（见图5-9）。截至2022年10月，公司已与国鸿氢能、氢璞创能、雄韬股份等国内燃料电池龙头企业实现膜电极产品的批量交付及装车，总运行里程超过500万公里。

图5-9　搭载鸿基创能膜电极的49吨氢能重卡

资料来源：鸿基创能

除燃料电池汽车外，鸿基创能产品的应用领域还包括燃料电池无人机、燃料电池叉车、燃料备用电站等。并且，鸿基创能积极推进PEM电解水制氢膜电极的技术开发和规模化制造，拓宽绿氢产业化应用场景。

2021年，鸿基创能出货超100万片膜电极，在国内第三方独立膜电极供应商中的市场占比超过50%，实现了大规模批量化的供应能力，在我国燃料电池行业核心零部件领域处于领先地位。

（三）申氢宸——BOP附件产业化

申氢宸的总部坐落于江阴市临港科创产业园内，研发中心设立在无锡华清创智园，是一家专注于燃料电池系统零部件制造的高科技企业。

1. 技术创新能力

申氢宸现有员工60余人，其中工程技术人员25人，占比约为40%。申氢宸拥有一支具备丰富燃电系统知识及经验的核心研发团队，具备完全自主产品开发知识产权，提供从零部件到系统的一站式解决方案。公司拥有日本高精密四轴、五轴加工设备，自主设计的全自动装配线和测试台架，可定制化地加工、装配及测试不同需求的产品。

2. 产业化能力

申氢宸具备零部件精密加工及自动化装配生产能力，装配线可年产10万套产品。精加工车间恒温恒湿，配备高精度车床、磨床、车铣复合及真空清洗机，保证量产需求并不断提升产出效率。净化装配车间配备压装装配台、旋紧装配台、自主设计全自动装配台、注胶及注塑设备，完善了产品装配线，保障了产品清洁度（见图5-10）。2021年10月，申氢宸规划面积1.2万平方米、总投资2亿元的“燃料电池核心部件”项目二期投资签约落地临港开发区，年产30万套供氢循环系统核心部件工程正式启动。

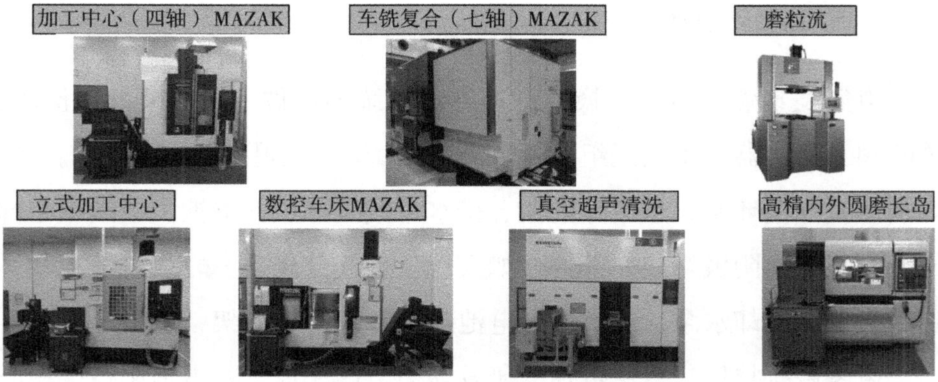

图 5-10　申氢宸机加工车间

资料来源：申氢宸

申氢宸具备完善的检测和测试能力，实验室配备各种高精度尺寸及表面形貌测量工具，包括三坐标、粗糙度 / 轮廓度仪、晶相显微镜等，以及气候模拟测试高低温环境箱、盐雾试验箱，还有各类自主设计搭建台架，如阀类 / 泵类功能测试台架、密封测试台架、水分离效率测试台架等（见图 5–11）。

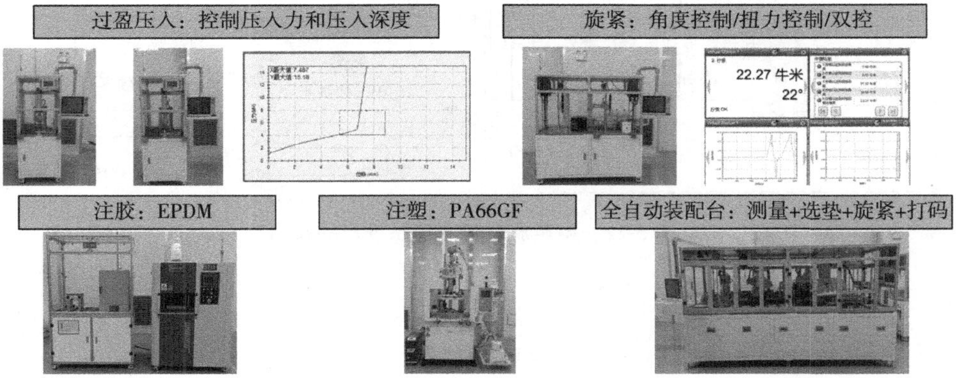

图 5-11　申氢宸检测车间

资料来源：申氢宸

3. 产品应用情况

申氢宸聚焦氢质子交换膜燃料电池系统零部件，涵盖喷氢比例阀、关断阀、引射器、供氢阀组、氢气循环系统、气体限压阀、单向阀、瓶口阀、氢气循环泵、水气分离器、排水排气阀等燃料电池阳极端核心部件，燃料电池阴极端核心部件，如大流量水气分离器、燃料电池冷却系统零部件、冷却水泵，以及燃料电池电堆零部件、支架、盖板等。

申氢宸科技依托自主可控的研发能力，已完成燃料电池阳极端核心部件的一站式平台布局，对产品持续优化并提供定向开发。申氢宸现有平台产品主要包括燃料电池氢端、氧端及冷却系统零部件，正在拓展液氢储运配套核心产品，并规划 SPE 制氢系统（见图 5-12）。

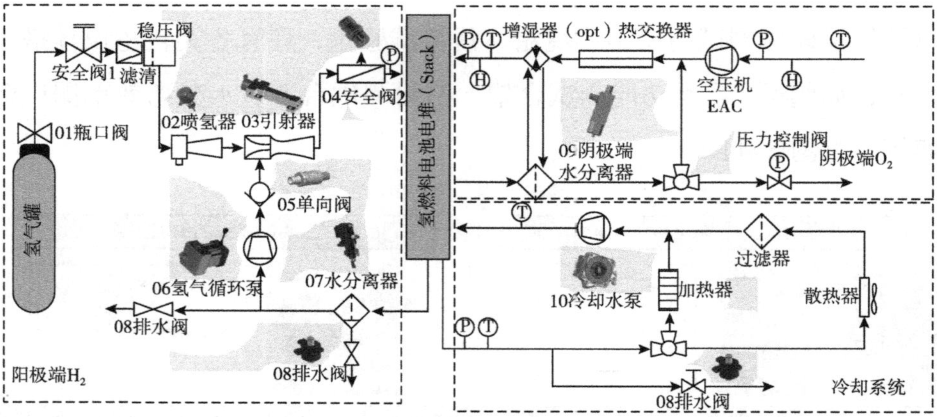

图 5-12　申氢宸燃料电池系统产品布局

资料来源：申氢宸

三、氢能装备自主化及产业化

氢能装备是氢能供应的核心要素，氢能供应水平、供应能力、经济性等又对燃料电池终端产品应用、规模化推广意义巨大。在制氢装备和加氢装备的研发和产业化应用中，亚联高科和舜华新能源等企业不断探索氢气制备和加注领域的前沿技术，在技术创新、产品创新及产业化应用方面取得了较大突破。

（一）亚联高科——制氢装备产业化

亚联高科专注于新能源解决方案和先进制氢技术研发，在小型天然气制氢技术、催化氧化甲醇制氢技术、高温水电解制氢技术、氨分解制氢技术、小型合成氨技术、车用氢气定向纯化技术等前沿技术领域取得了多项突破。

1. 产品竞争力

亚联高科始终把制氢作为业务核心，持续开展甲醇转化制氢、天然气重整制氢、PSA 定向提纯氢气等制氢技术创新。其自主开发设计的甲醇转化制氢设备单套制氢能力达 20000Nm^3/h，最高压力达到 3.3Mpa，达到国际先进水平，具备能耗低、安全可靠、流程简单、无人值守等优势；公司对天然气重整制氢技术（SMR 法）进行了突破性改进，采用换热式重整技术，单套设备制氢能力高达 30000Nm^3/h，最高压力可达 3.0Mpa，投资成本大幅降低，天然气能耗降低 33%；在变压吸附（PSA）氢气定向提纯技术方面，公司开发了多种氢气提纯成套技术，设备单套制氢能力达 100000Nm^3/h，最高压力达 5.0Mpa，具有自动化程度高、操作简单、环境良好、寿命长等特征，已广泛应用于工业气体分离领域。

在开展制氢技术创新及产品开发的同时，亚联高科注重拓展下游氢燃料电池领域的产品开发，积极推进催化剂、吸附剂、控制阀、模块化小型制氢装备、长寿命燃料电池电源系统产品研发和应用，大力推广制氢加氢一体化站技术和装备。

2. 示范应用情况

在产品推广方面，亚联高科工程设计专业资质全面，致力于提供一站式氢能解决方案产品及服务，产品市场应用快速推进。亚联高科已建设制氢和氢气提纯设备 620 余套。亚联高科推广甲醇制氢设备 300 余套、天然气制氢设备 100 余套、大型 PSA 项目设备 130 余套，承担了多项国家级制氢项目课题。亚联高科已与中石化、中石油、中泰化学、美国普拉格能源、法国液化空气、德国林德、美国普莱克斯、日本岩谷气体、英国石油等国内外著名公司开展合作，是全球中小型制氢设备领域供货量最多的成套设备服务商之一。亚联高科制氢设备已出口到美国、日本、韩国、印度、马来西亚、菲律宾、巴基斯坦、缅甸、泰国、南非等 16 个国家和地区。2019 年，亚联高科第三代一体化天然气制氢设备出口美国普拉格能源公司，完全按照美国标准设计和制造，开创了中国天然气制氢设备出口给美国的先河。

针对能源用氢来源不稳定、价格高等现实问题，亚联高科致力于推进高度集成的一体化制氢技术应用，利用现有成熟的甲醇供应体系、天然气管网、CNG 和 LNG 加气站等设施，改建扩建制氢加氢一体化站。2021 年 9 月，亚联高科总承包建设的国内首座天然气制氢加氢一体化站在佛山燃气南庄加氢站投入运行。该站设计 1000 千克 / 天天然气重整制氢装置和 100 千克 / 天水电解制氢装置各一套，对外加氢能力达 1000 千克 / 天，是典型的“制氢 + 压缩 + 存储 + 加注”一体化加氢站，在行业内率先应用环保型宽温变换催化剂、定向 CO 纯化技术，制氢效率提升

3%，有效降低了制氢能耗。该站集成度高，占地面积小，制氢设备高度集成。由于在站内制氢减少了氢气运输环节，降低了氢气储运成本，从而直接降低了用氢成本。该站预留了对外接口，可以充装长管拖车和作为母站为周边加氢站提供氢源，形成区域加氢子母综合站。此外，这种制氢加氢一体化站还可基于现有甲醇配送体系、天然气管网等设施改建和扩建，易于推广和实施。

亚联高科积极引领行业创新，推进国际交流合作。2005 年以来，亚联高科先后提供了国家“863”计划（国家高技术研究发展计划）燃料电池重大专项——上海安亭加氢站、北京奥运会加氢站、上海世博会加氢站中的制氢技术和设备，高标准提供了我国航天发射中心全部制氢站项目。

亚联高科是全国氢能标准化技术委员会成员，积极参与国内外氢能标准体系建设，牵头起草国家氢能标准 1 项，参与制定国家标准 7 项和国际标准 1 项。同时，亚联高科积极推进国际交流与合作，在日本成立成川技术株式会社，开发新一代制氢技术与 SOFC 热电联供技术及相关产品，与美国、德国、日本的公司开展新型水电解制氢技术和小型合成氨技术等领域的合作，拥有美国、中国等国家的专利 45 项。

（二）上海舜华新能源——加氢技术攻关

舜华新能源是国内最早从事氢能加注技术开发的企业之一，已掌握高压氢气快速加注技术、加氢站工艺设计技术、加氢站运营管理技术、加氢精确计量检定技术、加氢站安全风险分析与防控技术、车载供氢系统设计集成技术、低压损工艺管路设计技术、系统支架轻量化高强度设计技术、高压涉氢测试系统的设计开发技术等关键技术。

1. 技术创新能力

舜华新能源作为国家高新技术企业、上海市“专精特新”中小企业、上海市科技小巨人、工业和信息化部第三批专精特新“小巨人”企业，积极引领行业创新。舜华新能源拥有超过 15 年的加氢站建设及连续运营经验、11 年车载氢系统开发经验。到 2022 年 10 月，舜华新能源在册职工总人数 252 人，外聘技术专家 19 人，核心团队平均拥有超过 10 年的氢能领域技术与工艺积累，正式员工中本科及以上学历占 64%。经过多年发展，舜华新能源已掌握高压氢气处理核心技术，业务领域涵盖氢能、核能和分布式能源，并在制氢（风电光伏的制氢 EPC 业务）方面积极探索。舜华新能源牵头或参与起草氢能相关各级标准 20 项，参与了 34 项国家级、省市级科研项目，已申请各类专利软著 173 项，并获多项国家级、省部级重要奖项。

2. 产品竞争力

高压储供氢技术及产品不断发展创新。舜华新能源在国内最早成功开发了车用高压加氢机，经过不断创新发展，已推出第三代产品。舜华新能源生产的车用高压加氢机采用了自主开发的快速加注控制策略，具备加气自动控制、电子计量控制、流量调节控制、加气限压保护等多种功能，具有加氢速度快、计量精准、工艺简单、结构紧凑、可靠性高、安全性好等优点，加氢机最大加注压力达 87.5MPa，最大满充率达 95%，计量精度达 ±1.5%，预冷温度 -40℃，主要技术指标达到国际先进水平。舜华新能源设计制造的车载氢系统采用经过严格选型的零部件和经大量实验与使用经验验证的安全控制策略，采用国际先进的管路连接技术、红外通信技术，实时监控汽车的车载氢系统参数，具有管路布局简单、维修操作简便、安全、可靠性高等特点，系统最大工作压力为70MPa，设计压力为87.5MPa，工作温度为-40~85℃，主要技术指标达到国际先进水平。

推动高压涉氢关键零部件国产化开发。舜华新能源在国内首次成功研发了35MPa车用集成瓶阀，大幅降低成本，且密封性、耐压性及使用寿命等方面更优化，该瓶阀已经通过GB/T 35544型式试验、EC79+EU406欧盟汽车认证。同时，舜华新能源已成功开发高压不锈钢管、加氢口、过滤器、尾阀等多款高压涉氢部件。

3. 推广应用情况

舜华新能源在车载供氢技术方面保持领先，已为70余款燃料电池汽车配套车载氢系统，产品和服务被上汽、长城汽车、金龙、广汽、长安、中通、亚星、上海大众、东方电气、潍柴、新源、锋源、弗尔赛、国鸿和海马等国内主要燃料电池整车厂商和燃料电池动力厂商选用。舜华新能源的高压加氢技术已在近70座高压加氢站中得到应用，包括国内运营时间最长的安亭加氢站、国内第一座70MPa加氢站——大连同新加氢站、国内海拔最高的新疆加氢站等。

舜华新能源承担建设了上海第一座燃料电池汽车加氢站——安亭加氢站。该站建成于2007年7月，是国家科技部“863”计划——“燃料电池汽车高压氢气加气站及供氢技术研发”的重要组成部分，为燃料电池汽车示范、世博会燃料电池汽车的测试和运行、UNDP示范项目燃料电池汽车运行等提供供氢保障。该站由舜华新能源负责运营，是国内唯一持续运营的加氢站，积累了丰富的加氢站运营管理数据。驿蓝舜工加氢站于2019年建成运营，由舜华新能源子公司上海驿蓝能源科技有限公司建设运营，具有给燃料电池汽车加氢、鱼雷车充装、燃料电池汽车维修保养、新能源汽车充电等功能的燃料电池汽车全场景加氢站，是国内首个管道输氢的加氢站、首个商业化加氢母站及首个商业化35/70MPa加氢站，日氢气供应能力为1920千克，具有20MPa、35MPa和70MPa三种充装压力，采用多压缩机、三加氢枪配置，可以分别给20MPa氢气管束车、35MPa和70MPa燃料电池汽车（乘用车和商用车）进行充装。

2021年1月，舜华新能源获得中石化资本有限公司近亿元战略股权投资，双方计划合作增强产品研发实力、拓展加氢站业务，并探索发展氢能产业链上下游的氢能供应装备和氢能应用技术。2022年2月，舜华新能源与国家电投集团碳资产管理有限公司签署战略合作协议，双方将在氢能装备研发推广、设备标准制定、低碳技术投资、绿色电源应用示范等领域展开深度合作，共同参与绿色产业链、供应链标准体系建设，建立绿色供应商数据库，营造绿色、低碳、创新、智慧的氢—电发展生态圈。

第六章

专家论氢能产业发展

一、衣宝廉：燃料电池汽车产业化是氢能应用重要突破口

中国科学院大连化物所研究员、中国工程院院士衣宝廉就氢能产业发展发表如下观点。

（一）氢能是实现“双碳”目标的重要抓手，发展氢燃料电池汽车是氢能应用的重要突破口

目前我国能源以含碳能源为主，如果要实现“双碳”目标，就需要发展可再生能源，逐渐减少对高碳能源的依赖。但可再生能源存在季节性、波动性和随机性的特点，因此要发展可再生能源，就必须大力发展储能产业，配合可再生能源，逐渐使其成长为主力能源。氢能可以实现从交通到多领域的广泛应用，它既可以发电，也是储能的一种重要形式，还可以通过燃料电池为汽车等提供能源。因此，氢能既是实现可再生能源大规模利用中关键的二次能源，也是实现“双碳”目标的抓手和载体。目前全球都高度重视氢能利用，也都在努力进行技术攻关，氢能利用已经成为一个新的“风口”。

全球企业在开发氢能方面正在展开竞争，如 BP（英国石油公司）

收购了澳大利亚的氢能企业，国内很多央企都参与了氢能开发，如中石化计划在2025年前建设1000座加氢站，其在新疆库车建设的年产2万吨绿氢的工厂预计于2023年底前正式投产，制氢成本可以达到每千克18元，与天然气制氢成本接近。

世界各国在发展氢能过程中遇到的一个共同难题是氢的储存与运输。日本率先提出了氨氢体系，即把氨运输到目的地后，再分解出氢，使运输更安全。目前，我国也在发展氨氢无碳能源体系。在这方面，我国的合成氨及重化工体系都比较强，这一路径容易实现。同时，我国科研人员也在探索用电化学方法生产合成氨，取代高压高温合成氨的方式，并已经率先取得了技术突破。电化学方法是在低温低压下，用氢和空气中的氮来合成氨，在很大程度上解决了氢的储运问题。

燃料电池的广泛应用是汽车。我国大力发展的燃料电池汽车是氢能应用的一个突破口，其突出优点是比能量较高，可以输出0.5~1kW·h/kg，是锂离子电池储能的数倍。所以，燃料电池车特别适合于重载车和长途运输汽车。而且，我国氢燃料电池汽车已经实现了在–40℃到–30℃状态下的低温启动，不需要额外的功耗。

除了汽车，燃料电池还可以用于船舶、航空运输，甚至可以发展燃料电池电站来解决电网供电问题。中科院大连化学物理研究所与国家电网安徽六安供电公司合作，建成了兆瓦级质子交换膜（PEM）电解水制氢系统工厂和兆瓦级的燃料电池热电联供厂，其工作原理是先用电解水制氢，再用燃料电池发电，在用电高峰时再回馈电网，成为国内首个成功示范的项目。

（二）我国发展氢燃料电池汽车，优势短板都很突出，最大短板在基础研究和关键材料上

在燃料电池汽车技术方面，我国的优势和短板都很突出。优势主要体现在电池系统等方面，如北京亿华通公司解决了石墨板的低温启动问题，原来只能在 -5℃下启动，现在可以做到在 -40℃下启动。同时，其在废热利用方面也已经达到国际先进水平。因此，丰田才与亿华通在中国合资建设燃料电池发动机工厂，用丰田的电堆搭配亿华通的系统。

此外，电电混合燃料电池汽车也是我国率先发展起来的。“十五”时期，国外就开始发展纯燃料电池汽车，但彼时燃料电池的响应速度非常慢，原因在于气的流动是秒级的，而电是毫秒级的，这导致加速时踩下踏板后不能马上加电，要先把气供应上来后才能加电。所以，“863”计划专家组成员万钢、欧阳明高等当时就提出了电电混合的工作方式，即把燃料电池与锂电池混合，在这个模式下可以达到与燃油车同样的使用体验。

目前，尽管国内已经有一些方面做到了世界前列，但整体与国外相比还有一定差距，还存在一些“卡脖子”技术，包括质子交换膜、树脂，以及氢气瓶所用的超强纤维等。这主要是由于国内是从电堆和发动机开始发展燃料电池和氢能的，不是从关键材料一步步发展起来的，最底层的关键材料是制约因素，所以现在反过来要发展基础研究，使基础材料产业化。

比如，催化剂就是我们的一大短板。现在国内很多机构和企业都宣称自己已经做到了“世界一流”，但实际如何还要看其能否实现商业化应用。不仅要经过实验室的寿命测试，最重要的是要通过装车运行来验证，没有这样的测试验证，企业就不会选用配套。在技术开发上，如果

用较为廉价的副产氢来做燃料电池的原料，成本就会比燃油车低，所以要大力发展抗毒氢氧化电催化剂。

从应用基础研究和工业化的角度来看，目前国内已经能做Ⅲ型瓶和Ⅳ型瓶了，但瓶内胆的塑料材料和碳纤维还要依靠进口。所以，一定要加强材料这部分的基础研究。目前碳纤维的研究已经有了突破，但是内胆塑料方面还待加速突破。我认为，有关方面要组织跨行业合作，开展相应的燃料电池相关底层材料和关键材料、关键技术的基础研究，也期待科技部、国家基金委等部门能够加大这方面的资金投入。比如，在高温膜和抗毒催化剂研发方面，国家应该给予大力支持。

还有，现在燃料电池的工作温度是60~90℃，但从产业发展角度看，需要研究高温膜，实现燃料电池在200℃环境下工作，这样不但有利于排热，还能实现大部分储氢材料的放氢，进而燃料电池也可以去掉高压氢气瓶，保证其工作压力在10个和20个大气压之间，这样，可以让车辆安全进车库。而现在气瓶气压高达700个大气压，是不宜进车库的。

另外，现在仍有个别企业过于看重政府补贴，这需要警惕。希望燃料电池汽车企业要有市场观念，要以先进的技术和优质的产品去赚市场的钱，而不是单靠地方政府的补贴。市场会优胜劣汰，将来燃料电池企业会像前几年的锂电池企业一样，至少淘汰掉30%，当然，最好的结局是实现企业间的兼并重组。

（三）示范推广与技术研发并重；示范地区要有分工，因地制宜；建议国家强化指标监测

在全球范围内，现在燃料电池汽车的示范重点在中国。目前燃料电池汽车的售价是燃油车的2倍左右、锂离子电池车的1.5~2倍，燃料电

池汽车价格整体还比较高，需要示范推广。

2022年的北京冬奥会有1000多辆燃料电池汽车参与运营，是世界规模最大的一次示范运行。除此以外，目前国内已经有5个氢能产业示范城市群，还有一些其他城市群也都出台了相关规划。比如辽宁省就提出要以大连为核心，着力构建“一廊一湾三园七区”的氢能产业发展格局。笔者相信中国的燃料电池汽车会很快实现从1万辆到10万辆的跃升。这吸引了丰田、现代汽车等国际氢燃料电池汽车头部企业积极到中国来合资或独资建厂，博世等和燃料电池车有关的零部件企业也踊跃到中国来寻求发展。这些跨国企业来华投资，客观上有利于中国突破“卡脖子”技术，实现相关关键材料和零部件的量产。

此外，不应该过于追求规模的扩大。从地方政府的角度看，过大的规模也会带来财政补贴的巨大负担。而企业过于追求量的增加，就会对补贴过于看重，对技术创新重视不够。

从可持续发展的角度看，笔者的主张是“抓两头、带中间”。所谓“抓两头”，就是要一边抓基础研究、创新研究，一边促进产业化。抓好基础研究是解决从被“卡脖子”到成为世界领先的关键。只有不断实现技术进步、提升技术水平，燃料电池汽车才可以做到与锂电池车旗鼓相当、并驾齐驱，届时，燃料电池汽车就有望达到百万辆甚至更大的量，规模自然也就上来了。

技术研究和示范并列，两方面都要重视。在示范推广方面要有指标要求，比如示范城市群要有多少辆车、要建多少个加氢站，这是硬指标。再如，要突破国外已掌握的核心技术，如复合膜的拉伸网，要有自己的树脂和制备工艺，只依赖进口树脂肯定不行。因此，在示范方面，笔者建议要根据各省、区、市的特点进行分工，因地制宜，高效配合，从最底层的原材料到最终的产品都要进行开发。例如，在双极板技术上，国内现在主要有金属板、引进的巴拉德石墨板，还发展了复合板。而韩国在金属板原材料方面则自主研制了特种钢，搭载于现代的燃料电池车上，并已经向国际市场销售。我们也有很多钢厂，应该可以做出有中国特色的特种钢。如此一来，国内金属板电堆就不再需要表面改性材料了，也不需要花高价去国外购买那么多表面改性设备。因此，必须坚持自主创新，加快发展。

另外，笔者主张现在的燃料电池车应该全部纳入国家燃料电池汽车监测系统中，只有这样，才能检验出燃料电池车的真实水平。同时，国内建造的电解水厂等也都要纳入国家监控系统，包括大连化学物理研究所与六安供电公司合建的兆瓦级的质子交换膜电解水工厂和兆瓦级的燃料电池发电站，自纳入国家监测系统后，数据才可靠。

（四）中国“先商后乘”路径得到国际认可；汽车企业应主攻电堆开发，加强产学研合作；应强化标准体系建设

对燃料电池汽车市场化的前景，按照我国《氢能产业发展中长期规划（2021—2035年）》，预计到2025年前后，可实现关键材料及零部件的批量生产，届时燃料电池车的电堆价格将会降到1000元/千瓦左右，燃料电池汽车的售价可接近锂离子电池汽车。燃料电池发动机电堆的理想价格，应该是500~600元/千瓦，这点可以靠自主创新来实现。届时，一辆燃料电池乘用车与锂离子电池车的售价将会相差无几，两者就可以实现并驾齐驱，发挥各自优势，共同促进交通行业的脱碳。

目前国内汽车行业，从商用车企业到乘用车企业都在积极开发氢燃料电池汽车，汽车企业要把燃料电池车做好。首先是要把电堆做好，真

正把电堆寿命做到2万小时，让重载车能够跑到100万公里，而不是20万公里。也就是说，企业应该把自己的本职工作做好。其次，汽车企业应该加强产学研方面的合作，可以联手高校和科研院所开展横向联合创新，以解决与基础研究相关的技术难题和前瞻性问题。最后，汽车企业研发燃料电池车，必须坚持市场化路线，研究如何与燃油车竞争，如何把成本降下来，如何把加氢费用等运行费用降下来。

中国在发展氢燃料电池汽车过程中逐渐探索出了“先商后乘”的发展路径。以往国外发展燃料电池汽车都是以乘用车为主，但是乘用车对加氢站的依赖度很高，需要加氢站达到一定密度才行。即使是美国、日本等国，也都存在加氢站不足的问题。而中国是以商用车为主来发展燃料电池汽车的，乘用车目前只是在小范围内示范。选择这种路径的原因是，商用车一般有相对固定的行驶路线，对加氢站的依赖度也没那么高，比如在大客车的行驶路线上一般只需一两个加氢站就可以了，所以“先商后乘”的发展路径更适合燃料电池汽车的推广。

目前我国燃料电池商用车已经有了自己的特色，在全球处于领先地位。中国“先商后乘”的发展路径开始得到国际上的认可，这一路线也已经影响到国外企业，比如丰田开始研发燃料电池商用车。

产学研合作方面，中科院大连化学物理研究所在燃料电池等技术研发方面一直是国内的领军者，针对我们现有的燃料电池相关技术的瓶颈短板，其在这方面的研究主要有三个方面：一是推广应用已有的燃料电池和制氢技术，支持国家的示范和产业化，目前已经组建了3家相关公司，即新源动力、六安的明天氢能和国创氢能；二是不断进行技术研发、提高技术水平，改进电堆制备工艺、催化剂、质子膜及其流程，提高电堆比功率，同时还在进行一些基础研究；三是着眼长远，研发高温膜和抗毒氢氧化电催化剂。

在研发工作上，首先是通过不断改进技术来提高电堆的比功率。“十五”期间，国内燃料电池的工作电流密度为500mA，到“十二五”期间，通过研究将其提高到了800mA~1A，几乎翻了一番。电堆输出也从10kW提升到了18kW。再到现在的“十四五”，电流密度已经提高到1~1.5A，是“十五”时期的2~3倍，也因此大大降低了电堆的成本。希望未来能够将电流密度提高到2A，结合部分关键材料的批量生产，进一步降低电堆成本。其次是加强基础应用研究，主要目的是提高电堆的比功率。

在燃料电池的标准体系建设方面，笔者认为现在国家标准跟不上市场发展的需求。不管是国家还是地方，都要针对现在市场上需要解决的问题尽快出台相应标准，只有这样，才能有力促进我国氢能应用和燃料电池汽车产业的发展。

在燃料电池乘用车方面，我们要追上日本和韩国还需要一段时间，因其开发燃料电池汽车已经有几十年的历史了。因此要向丰田、现代等先进企业学习，加强技术攻关。与此同时，发展好燃料电池商用车。

二、干勇：氢能将带动形成10万亿元级的新兴产业

中国工程院院士、中国工程院原副院长干勇就氢能产业发展提出如下观点。

从国外来看，欧盟、德国、日本、美国等发达国家和地区已经制定了氢能发展战略。从国内来看，保守估计，到2050年，氢能在我

国终端能源体系占比将达到约 10%，到 2060 年，这一占比将达到约 15%。这一数据和 IEA（国际能源署）公布的数据基本吻合。当氢能在我国终端能源体系中占比达到 15% 时，氢能与电力协同互补，将共同成为我国终端能源体系的消费主体，带动形成 10 万亿元级的新兴产业。

随着我国《氢能产业发展中长期规划（2021—2035 年）》的发布，氢能上升到国家能源战略的地位，众多大型能源企业及上市公司加快布局氢能全产业链。目前已有超过 1/3 的中央企业布局包括制氢、储氢、加氢、用氢等在内的全产业链，并取得了一批技术研发和示范应用的成果。专精特新企业，在氢能产业链中的重要性愈加显现。

（一）未来是氢能的时代

氢能可以有效解决绿色能源问题。不同的氢气生产方式成本不同，一些氢气生产方式将排放大量二氧化碳，这显然不可取。到 2050 年，我国制氢成本将能降至每千克 14 元，新疆、福建等光伏和风电条件比较好的地区均可达到这个水平。目前，全球煤炭总消费量为 77 亿吨，据 IEA 报告，到 2050 年保留 2%，则为 1.5 亿吨；按照我国能源基金会的预测报告，煤电发电量到 2050 年占总发电量比例将降低 80%，按现在煤电每年耗煤约 20 亿吨计算，2050 年依然需要 4 亿吨发电用煤，远高于 IEA 的 1.5 亿吨预测；如果 80% 的发电用煤用氢来代替，假设 1 千克氢可代替 5 千克煤，则至少需要 6000 万吨氢。全球 2 亿吨氢用于交通，假设中国用氢占比为 30%，则约需 6000 万吨；全球 4500 万吨氢用于钢铁冶金，假设中国用氢占比为 40%~50%，则约需 2000 万吨；全球 5000 万吨氢用于化工，假设中国用氢占比为 40%，则约需 2000 万吨。因此，我国到 2050 年总计用氢量约 1.6 亿吨，占 IEA 报告预测（5 亿吨）的 32%。

到 2030 年，我国风电、光伏的装机容量保守估计将达到 16.2 亿千瓦，国家能源局要求不低于 12 亿千瓦；发电量将达 2.5 万亿千瓦时。到 2060 年，我国风电、光伏装机容量保守估计将达到 48.1 亿千瓦，和全国用电量相当。如果发电量是 7.9 万亿千瓦时，用一部分发电量来制氢是完全有可能的。氢储能具备大规模、长周期等优势，可实现可再生能源电力时间、空间转移，有效提升能源供给质量和可再生能源消纳利用水平，将成为拓展电能利用、应对可再生能源随机波动的最佳方式之一。

（二）氢能的大规模开发和利用将创造巨大的投资机遇

氢能生产的潜在总市场容量（TAM）可观。从全球氢能生产来看，总储能、潜在市场很大，2050 年底预计将突破 1 万亿美元。按我国在全球氢能生产中占约 32% 计算，国内氢能生产的 TAM 到 21 世纪 20 年代末大约为 5360 亿元，至 2050 年底预计会突破 2.14 万亿元。

氢能的大规模开发和利用将创造巨大的投资机遇。对于氢能产业的投资已开始飞速增长，尤其在技术部署方面最为显著。聚焦清洁氢能的直接供应链，从生产［绿色和蓝色氢能的电解槽及碳捕获、利用与封存（CCUS）技术］、储能、本地配送销售、输运和全球贸易等环节来看，估计累计有 5 万亿美元的投资总额流入清洁氢能的直接供应链当中。上述投资只包括清洁氢能直接供应链当中的资本性支出投资，并未包含末端市场（工业、运输、建筑）相关的资本投资或者发电厂利用绿色氢能进行发电所需的相关资本投资。

（三）氢能为制造业高质量发展带来新机遇

1. 氢燃料电池汽车

国家能源局要求，到 2025 年，我国氢燃料电池汽车保有量将达到 5 万 ~10 万辆，2030 年可能达到 80 万 ~100 万辆，保有量的增长空间很大，与锂动力电池的道路期、提速阶段很相似。另外，英国 E4Tech 咨询有限公司数据显示，2020 年全球燃料电池装机量达到 1319.4 兆瓦，增长率也很快。近年来，我们明显感觉到，全球主要国家的氢燃料电池汽车保有量增速明显，中国增长最快。同时，我国燃料电池技术逐渐接近国际先进水平。随着规模化和技术水平的提升，燃料电池的价格快速下降。到 2050 年，每千瓦可能只有 300~500 元，不会高于锂动力电池。

2. 氢能重卡等商用车

柴油车污染物排放是形成雾霾的重要原因，它的氮氧化物的排放量占汽车氮氧化物总排放量的 68.3%。我们首先要解决重载的卡车污染物排放问题。港口的副产氢资源很丰富，可以为该地区的卡车换上氢能源，以作减少污染的示范。

3. 固态储氢

目前，工业副产氢、净化储氢、固态储氢产品都已推出，非常安全。氢能共享租赁单车已经在全国推出。

4. 电解槽

IEA 预测，2030 年全球氢气总产量为 2.12 亿吨，假设中国的占比为 30%，按照 65% 为绿氢、约 44% 的负荷考虑，大约需要 450GW 电解槽，也就是约 10 万套 5MW 的电解槽，产值约为 1.43 万亿元；IEA 预测，2050 年全球氢气总产量为 5 亿吨，若中国的占比为 32%，按照 95% 为绿氢、约 50% 的负荷考虑，大约需要 2TW 电解槽，也就是约 40 万套 5MW 的电解槽，产值超过 5 万亿元。

（四）“五个基”① 专精特新中小企业将作出重要贡献

据工业和信息化部统计，专精特新小巨人企业 95% 在做核心元器件、基础材料、基础工艺和基础软件。专精特新小巨人企业将在氢能的核心技术、核心材料和装备产业的部件、基础工艺等方面发挥重要作用。

产业联盟是国家级的氢能产业智库，推动氢能绿色发展。近年来，氢能联盟做了大量工作，例如评选可再生能源企业全球竞争力排行榜 100 强、启动氢能领跑者行动、搭建氢能产业大数据平台、推动产业链和创新融合发展、举办氢能创业大赛等。发展氢能产业有利于支撑目标的发展，专精特新中小企业在氢能的“五个基”方面将会作出重要贡献。

三、欧阳明高：氢能全产业链进步应以绿氢制备和燃料电池技术攻关与示范为龙头

中国科学院院士、清华大学教授欧阳明高就氢能产业发展发表了如下观点。

① “五个基”指基础材料、基础元器件、基础工艺、基础软件、基础体系。

（一）坚持绿色低碳路线，主攻可再生能源制氢，牢记发展氢能的初心使命

要实现碳达峰碳中和目标，必须推动可再生能源规模化发展。可再生能源的主要载体就是电和氢，在动力、储能方面两者具有互补性，作为无碳工业原料，氢具有不可替代性。氢能的战略地位和经济合理性主要取决于可再生能源转型中的大规模、长周期能量储存与多元化终端利用需求。如果基于化石能源制氢，存在能量利用效率低、二氧化碳排放高等问题，屡遭质疑。虽然可再生能源制氢在生产—储运—利用全链条上也存在能源转化效率问题，但随着可再生能源装机容量不断扩大，效率问题可转化为成本问题。在国务院批复建设的张家口可再生能源示范区，我们的团队尝试开展从可再生能源制氢到终端应用的全链条工程验证，当可再生能源电力价格低于 0.15 元 / 千瓦时的时候，可再生能源制氢的经济性就能得以保障。因此，可再生能源制氢是坚持绿色低碳发展道路的必然选择。

《氢能产业发展中长期规划（2021—2035 年）》提出“到 2025 年，燃料电池车辆保有量达到 5 万辆，可再生能源制氢量达到 10 万 ~20 万吨”的发展目标。从量上讲，可再生能源制氢量是可以满足燃料电池车辆使用的；从品质上讲，可再生电力电解水制氢纯度很高，能够满足燃料电池对氢纯度的高要求，可以完全避免加氢站、储氢瓶和燃料电池受腐蚀或中毒等问题。

电解水制氢的技术路线分为碱性电解水制氢（AEC）、质子交换膜电解水制氢（PEMEC）、高温水蒸气电解制氢（SOEC）等，一些专家预测，电解水制氢的需求在未来将比燃料电池更大。目前，我国能源行业积极投资可再生能源制氢，例如四川水电制氢、新疆光伏制氢、内蒙

古风电制氢等，为规模化生产清洁低碳氢能奠定了良好的产业基础。

（二）坚持创新引领、自立自强，实现氢能科技新突破

氢能技术链条长、难点多，现有技术在经济性方面还不能完全满足实用需求，亟须从氢能制备、储运、加注、燃料电池、氢储能系统等主要环节创新突破，重点突破“卡脖子”技术，例如严重影响燃料电池寿命和使用成本的质子交换膜；70MPa 高压Ⅳ型瓶的高强度碳纤维和安全阀；加氢站离子压缩机、加注枪的核心零部件等。同时，也要面向氢能科技前沿开展基础研究和应用基础研究。例如，光电催化制氢、能够可逆运行的 SOFC/SOCE、新一代固体氧化物燃料电池、电解水制氢催化剂及阴离子膜、基于超导强磁场高效磁制冷的氢液化循环及中压深冷气态储氢等新一代氢能科技。在全球氢能产业竞争中，我们要抓住机遇，努力实现氢能科技革命性突破，推进氢能与燃料电池技术的全面成熟，促进氢能在交通、工业等重点应用领域的大规模市场渗透，抢占国际前沿阵地。

相比于电化学动力电池，我国氢燃料电池在技术储备、产业基础、人才队伍等方面较为薄弱，与国际先进水平也存在一定差距，建议尽快建立氢能创新平台，开展关键核心技术攻关和人才培养，打造自立自强的科技体系。同时，氢能利用是世界各国共有之义，必须坚持开放合作的态度，不断凝聚各方创新成果，推动形成国际氢能应用形成良好生态。

（三）坚持安全为本、示范先行，探索科学合理的产业生态

类似电池安全之于电动汽车和电化学储能行业，氢安全在氢能产业

发展中的重要性不言而喻，必须努力做到万无一失。要建立氢能全产业链数据监控平台，建立安全评价和检测体系，尤其是要注重一线工作人员的安全培训，严格按照安全规范进行日常操作。例如，张家口市专门成立张家口氢能研究院，建立氢能全产业链安全监控平台和数据库，并联合中国特检院建设氢能装备检测中心，着力维护张家口市氢能燃料电池公共交通系统安全运营；在2022年冬奥会期间，为保障北京和张家口赛区的1000余辆燃料电池汽车、20多座加氢站运营安全，张家口市专门设立了冬奥示范氢安全国际专家咨询委员会，汇聚全球氢安全管理经验，确保冬奥会绿色安全出行。

值得注意的是，燃料电池车辆只是氢能应用的突破口，长远发展应逐步拓展到交通、电力、化工、冶金等多个领域，充分发挥氢能在能源绿色低碳转型和高排放、高污染行业绿色发展中的重要支撑作用。

（四）坚持市场主导、政府引导，遵循新兴产业发展规律

我国纯电动汽车应用区域主要集中在东部、中部和南部，而北部、东北部、西北部分布较少，原因是这些地区冬季温度低，影响动力电池出力。相比之下，燃料电池受温度影响较小，电池余热可灵活转化利用，并且这些地区可再生能源资源较为丰富，由可再生能源制取的清洁低碳氢能供应能力强，燃料电池汽车具有较大的市场应用潜能。

对照我国纯电动汽车从孕育到高质量发展的历程，我国燃料电池汽车产业比纯电动汽车产业发展约滞后10年，目前仍处于产品导入期，正在进入应用成本快速下降的成长期。根据国内外主要燃料电池厂商产品测试数据，预计今后10年燃料电池成本将大幅下降，性能稳定提升。

我们注意到，氢能全产业链技术复杂度和中外竞争激烈性不容小

觑，全行业必须众志成城、攻坚克难。这段时间，政府支持引导非常重要，尤其是在产业统筹布局、应用场景拓展创新等方面，要因地制宜、量力而行，避免急功近利、盲目投入。

四、雷宪章：发展固体氧化物电池技术是实现双碳目标的重要路径

德国国家工程院院士、天府永兴实验室首席科学家雷宪章就固体氧化物燃料电池方面发表如下观点。

（一）固体氧化物燃料电池技术的优势及发展前景

燃料电池作为第四类发电技术，曾被《时代周刊》（*Time*）列为21世纪高科技之首，被认为是21世纪能源之星。从19世纪初开始，燃料电池的概念逐渐在能源领域崭露头角。也正是因为燃料电池的出现，人类重新认识了氢，也逐渐使氢成为一种最清洁的未来能源。固体氧化物燃料电池（SOFC）作为最新一代的燃料电池，与其他各类电池相比，在分布式与电解水制氢领域具有更明显的应用优势。

① SOFC工作温度通常在600~850℃，高温大大提高了SOFC电极反应速率，避免使用铂金等贵金属催化剂，降低了原料成本。

②具有很好的燃料适应性，除氢气之外，甲烷、丙烷、合成气、氨气等含氢燃料可以直接通入SOFC，以内重整的方式进行发电。

③ SOFC排放出的高温气体含有极高的热能，通过热电联供方式可

将能量转换效率提升到 90% 以上。

④ SOFC 还可以迅速从发电模式切换成电解水模式制备氢气，即 SOEC 系统。因此，SOFC 在大规模和分布式发电、移动电源、储能、汽车增程器等方面具有广泛的应用前景，对缓解能源危机和降低碳排放具有重要意义。

⑤ SOFC 具有良好的燃料适应性，可以依托它实现化石能源的低碳化利用。特别是我国是以煤炭为主要能源的国家，研究开发基于煤炭等化石能源为燃料的 SOFC 分布式发电技术（DG），不仅能解决燃煤电站二氧化碳排放问题，实现煤炭等化石能源清洁化利用，还能将 SOFC DG 作为主动式电源，支撑配电网的安全运行，并为电网提供中长期以及跨季储能，解决新型电网中可再生能源间歇性、波动性和不确定性的问题。

固体氧化物电池（SOC）技术除包含固体氧化物燃料电池 SOFC 技术外，还包含固体氧化物电解池 SOEC 技术，以及双向可逆固体氧化物电池 RSOC 技术。SOEC 技术可实现电解水制氢，以及共电解二氧化碳生产合成气。SOEC 作为 SOFC 的逆过程，是一种全固态结构的能量与物质转换技术。随着风能、太阳能等可再生能源装机容量的不断提升，发电与负荷不匹配产生的弃电问题会越来越严重。SOEC 可以通过电解水制氢，把这部分原本浪费掉的电能储存到氢气中，电解效率高达 85%~95%，远高于其他电解水技术。同时，SOEC 还是目前最节能的电解水制氢技术。碱性电解水制氢技术和质子交换膜电解水制氢技术每生产一升氢气需要 4.5~5.0 千瓦时电，而 SOEC 电解水制氢技术每生产一公升氢气只需要 3.0~3.5 千瓦时电。因此，SOEC 具有很好的发展前景。据权威数据显示，预计 2050 年我国电解水制氢装备市场规模可以超过 7000 亿元。2022 年 3 月 23 日，国家发展改革委发布了《氢能产业发展中长期规划（2021—2035 年）》，着重提到 SOEC 电解水制氢的技术攻关。据美国 Bloom Energy 公司统计，全球 SOFC、SOEC 市场规模将达 2 万亿美元。相关技术研究在过去 10 年中呈爆发式增长，世界各地的公司、研究中心和大学如德国欧洲能源研究所、丹麦 Risø 国家实验室、意大利陶瓷科学技术研究所、德国 Sunfire 公司、美国 Idaho 国家实验室等都对 SOEC 电解槽展开了深入的研究，并取得了一系列成果。内蒙古、山东、广东等地区的氢能产业发展规划均将 SOEC 电解水制氢列入重点攻关专项。值得注意的是，SOEC 技术不仅可以电解水，还可通过电化学转化电解二氧化碳，这一方面可以有效转化和储存多余的可再生能源电力，用于制取合成气、烃类燃料以及氧气等；另一方面可以有效推动二氧化碳的捕集与利用，是一条可同时缓解能源危机和解决环境问题的有效途径。

美国 SOFC 技术主要聚焦发展基于煤炭资源的分布式 SOFC/ 汽轮发电机联合循环系统 SOFC DG。这个技术可以提升循环系统的发电效率，同时封存二氧化碳以实现降低排放的目的。该系统分为三个既独立又相互关联的单元，即煤气化单元，煤气净化单元以及 SOFC/ 汽轮发电机发电单元。在煤气化单元中通过气化炉将处理好的煤粉气化，将相应颗粒性的杂质过滤掉后将煤气送入煤气净化单元。在煤气净化单元中将硫化物和二氧化碳分离后，将二氧化碳收集并作碳捕获与封存 / 碳捕获、利用与封存（CCS/CCUS）处理。分离后的气体进入 SOFC/ 汽轮发电机单元发电。SOFC/ 汽轮发电机单元可以实现大于 60% 的高效率发电、大于 90% 的碳捕获，在发电过程中没有二氧化碳的排放。

传统的燃气蒸汽联合循环中的发电机是产生约 60%~70% 净发电量的原动机，而在 SOFC/ 汽轮发电机联合循环系统中，SOFC 电堆是产生约 90% 电力输出的原动机。因此，相对于燃气蒸汽联合循环中的发电系统，SOFC/ 汽轮发电机联合循环系统可以提升发电效率，同时还可以通过二氧化碳 CCS/CCUS 处理，避免了二氧化碳的排放。通过发展 SOFC DG 技术，可以实现化石能源的无碳 / 低碳化利用，从而释放化石能源作为燃料的原始动能，同时还可以大大减少二氧化碳的排放。因此，SOFC DG 技术是实现双碳目标的重要技术，需要引起国内相关单位的高度重视。

（二）SOFC 成为世界主要国家竞相开发的新一代能量转换技术

考虑到未来石油资源的日趋枯竭、煤和天然气的大量使用，SOFC 的开发和利用将是解决全球能源需求和环境保护之间矛盾的最有效途径之一。美国是世界上最早开始布局 SOFC 技术研发的国家，由美国能源部（DOE）牵头，持续支持数十年，在 SOFC 技术开发应用领域取得了一系列重大成果。美国能源部计划在 2030 年前完成以煤炭作为驱动燃料的 100 兆瓦级的 SOFC DG 分布式发电系统样机的开发，并实现并网发电。欧洲的 SOFC 市场主要应用热电联供（CHP）系统。

美国能源部自 1995 年固体氧化物燃料电池 SOFC 项目开始以来，通过国家实验室开展了 SOFC 技术研究。参与 SOFC 技术研究的有阿贡国家实验室、橡树岭国家实验室、太平洋西北国家实验室、国家可再生能源实验室和国家能源技术实验室等重要国家能源实验室。随着研究的成熟，到 2015 年，美国能源部又开始了与工业界的合作，研发实用型的 SOFC 技术。美国能源部 2019 年发布了关于 SOFC 技术发展现状以及未来发展方向的报告，在能源行业引起了巨大反响。美国能源部聚焦发展固体氧化物电池分布式发电系统（SOFC DG），通过支持发展 SOFC DG 来逐步替代火电站及燃油电站，实现化石能源低碳化应用。SOFC 可以使用大部分含有氢基的燃料气，特别是天然气、煤气以及沼气等。

SOFC 可以与汽轮发电机组实现联合循环，利用 SOFC 产生的高温蒸汽，推动汽轮机发电，有较高的发电效率，同时也能为电网提供所需的转动惯量。利用 SOFC 产生的余热还可以实现电热联供，SOFC 的综合效率因此能达到 80%~90%。根据美国能源部发布的数据，当 SOFC 装机容量达到 1 吉瓦时，其成本将可与光伏、风电竞争，甚至还可以与燃煤电站的造价较高低。同时，从长远看，SOFC 是为电网提供中长期及跨季储能供能的重要手段。

近年来，可逆固体氧化物电池（RSOC）系统的研发也取得了实质性进展。RSOC 系统一个重要的用途就是为海岛和没有电网的边远地区提供独立的电源供应。RSOC 是目前效率最高的一种实现电解制氢与分布式能源电力供给快速可逆的唯一技术，集 SOFC 和 SOEC 特点于一体，既可以在 SOEC 模式下利用废热和其他可再生能源（如太阳能、风能）产生的多余电能通过电解水制氢，又可以在 SOFC 模式下利用制成的氢能发电。RSOC 在制氢和发电方面由于其转化效率高、清洁等特点备受关注。RSOC 技术在能源结构和环保方面得天独厚的优势，引起了美国、欧盟、日本等国家和地区的重视。德国 Sunfire 公司开发了一套 150 千瓦输出功率的 RSOC 系统，且制氢过程电效率为 82%，发电效率高于 50%。美国波音公司也向美国海军提供了一套在海岛的军港上使用的 RSOC 制氢供电示范系统。由于受电池可靠性和成本等因素的影响，RSOC 技术目前未能实现大规模商业化应用。国内的研究与国际先进水平还有较大的技术差距。

（三）我国 SOFC 技术进展及面临的主要瓶颈

我国从事 SOFC 科研历史起始于 20 世纪 90 年代。尽管我国 SOFC

的相关研究起步较晚，但在国家高度重视和研究人员的努力下，也取得了可喜的成绩。“十二五”期间，中国矿业大学（北京）联合中国科学技术大学、北京科技大学等承担了国家“973 计划”项目——碳基燃料 SOFC 体系基础研究，开展 SOFC 相关基础理论和关键技术研究；中国科学院大连化学物理研究所、宁波材料技术与工程研究所等单位分别承担了“863 计划”项目——5 千瓦系统和 25 千瓦电池堆项目，在 SOFC 关键材料及单电池开发方面取得很大进步。

国内相关的 SOFC 企业主要有潮州三环（集团）股份有限公司、苏州华清京昆新能源科技有限公司、宁波索福人能源技术有限公司等，特别是 2012 年开始量产 SOFC 单电池，2017 年开始向国内市场推出 SOFC，2022 年 6 月推出了 35 千瓦 SOFC 发电系统，在国内首次实现千瓦级的大功率 SOFC 示范应用。

从整体来说，国内 SOFC 在产业化方面与国外差距较大，仍处于产业发展初期，虽然经过了 20 多年的技术积累，已经基本掌握了 SOFC 关键材料的制备技术和大面积单电池的量产技术，但技术力量不强。特别是由于核心电堆的一致性、可靠性以及低成本技术未完全突破，加之国产高温系统辅助部件缺失，我国长期运行的 SOFC 商业化系统目前尚无公开报道，SOFC 的应用研究仍然主要集中在突破关键技术及建设示范工程上。目前我国 SOFC 产业化发展仍存在三大显著瓶颈。

其一，虽然国内 SOFC 技术受到部分国企和上市公司的关注，但由于 SOFC 市场还未起量，资本参与度较低。

其二，国内的生产技术和配套系统不够完善。在电堆方面，国内电池密封和连接体结合强度在电池长期运行中还存在不稳定等问题，这在很大程度上影响着 SOFC 系统的使用寿命。

其三，国内缺乏针对 SOFC 的一对一政策支持。我国在质子交换膜燃料电池（PEMFC）领域有针对性政策支持，但在 SOFC 领域缺乏支持政策，相关企业只能享受新能源领域普惠政策。

（四）推进我国 SOFC 技术商业化应用的对策建议

SOFC 技术是实现化石能源低碳化、实现双碳目标的重要路径。推动能源革命，要立足我国能源资源禀赋，坚持先立后破，通盘谋划。在我国“富煤、缺油、少气”的能源资源禀赋下，SOFC 技术为煤炭的清洁高效利用提供了重要思路。因此，以 SOFC 为代表的燃料电池技术是未来能源转型的重要技术支撑，也是新兴产业发展的重要方向。

从保障我国能源安全和发展战略性新兴产业的国家战略需求出发，发展 SOFC 技术及产业有利于优化能源结构、带动产业转型升级、壮大绿色低碳产业体系。因而，我国未来相当长一段时间需要持续加强 SOFC 基础与应用技术研究，逐步扩大 SOFC 系统示范规模，最终建立低成本的 SOFC 材料、部件、系统的制备与生产产业链，实现 SOFC 技术的商业化推广应用。

鉴于此，有以下几点建议供大家讨论和参考。

1. 加强研发投入，突破共性关键技术

加强研发投入，确保核心技术自主可控。加强 SOFC 关键材料基础研究、应用技术研究和产业化的统筹衔接，完善创新链条的薄弱环节。具体措施为：一是要加强低成本、高性能关键元件产业化技术研发和批量生产，重点解决产品一致性、稳定性和长寿命等；二是要提高电堆的工作电流密度，提高电堆的体积和质量比功率，降低电堆成本；三是掌握高效系统集成、控制管理及示范技术，解决多电堆管理集成模组工程

化，多堆之间串、并联管理，电堆内热和尾气余热利用和平衡管理等技术问题。

2. 基于我国以煤炭为主的能源禀赋，聚焦 SOFC DG 关键技术

依托我国成熟的煤炭化工以及 CCS/CCUS 技术，加快开展 SOFC/ 汽轮发电机联合循环系统的研究和示范，以打通煤炭产业的低碳化利用的通道。一方面，要开展大功率 SOFC 电堆的研究，解决兆瓦级 SOFC DG 应用的堵点和难点问题；另一方面，要启动基于 SOFC DG 技术的兆瓦级配电网主动式低碳电源的研究，破解大都市配电网缺乏主动式电源支撑的难题。

3. 加快行业标准建设，提高行业发展水平

加强标准制定，支撑技术进步与产业发展。一是厘清标准体系框架，明确相关标准术语、技术条件、试验方法等细分领域的标准体系。二是借鉴国外 SOFC 产业发达国家已建立的相关标准体系，结合中国国情与 SOFC 产业的发展状况，对目前已有的 SOFC 产业相关标准进行修改与完善。三是建设若干 SOFC 国家技术标准创新基地，完善 SOFC 全产业链的技术和检测标准。

4. 加强政府引导，完善产业政策

一是创新组织协调机制，做好顶层设计和规划统筹，充分发挥规划引领作用，强化各部门专项资金和重大项目的衔接，系统解决 SOFC 产业发展的重大问题。二是加大财税金融支持，平衡质子交换膜燃料电池（PEMFC）与 SOFC 的政策倾向性，加大对 SOFC 产业扶持力度，完善我国相关产业链。三是深化国际交流合作，加强交流、吸收、消化，再

创新，融入国际 SOFC、SOEC 创新和产业体系。

5. 加强固体氧化物燃料电池领域人才培养，深化国际交流与合作

一是积极引进高精尖技术人才，迅速组建一批“产学研政”多方协同创新的 SOFC 产业技术攻关团队。二是加强燃料电池后备人才建设，推进燃料电池相关学科体系建设，加强燃料电池相关技能型人才培养。三是建立健全 SOFC 产业人才激励机制，助推整个 SOFC 产业健康、有序、快速发展。

习近平总书记指出，要狠抓绿色低碳技术攻关，加快先进适用技术研发和推广应用[①]。发展固体氧化物电池（SOC）技术不仅是实现绿色低碳目标的重要路径，还是未来新型产业赛道的核心技术之一，具有广阔的市场空间和前景。在科技创新举国体制和双碳发展思路两大重要战略交汇的今天，聚焦包括 SOC 技术等在内的未来产业赛道的核心技术，是我们当下的一个重要课题和一项艰巨任务。

五、景春梅：氢能产业发展要坚持以安全为先

中国国际经济交流中心能源政策研究部部长、研究员景春梅认为，我国氢能产业仍处于起步阶段，在关键核心技术、产业基础、管理规范等方面仍有完善空间。推动氢能产业高质量发展，需要做好以下几个方面工作。

---

① 《习近平在中共中央政治局第三十六次集体学习时强调 深入分析推进碳达峰碳中和工作面临的形势任务 扎扎实实把党中央决策部署落到实处》，《光明日报》2022 年 1 月 26 日 第 1 版。

（一）氢能产业发展要坚持安全为先

近两年全球多起氢气爆炸事故给氢能安全管理敲响警钟。纵观国内外近两年来的氢安全事故，韩国发生在氢气制取，美国发生在储运，挪威发生在加氢站，中国则是加氢站常用设备出了故障，基本涵盖了氢能供应体系。产业发展初期，如果安全事故频发，将对产业造成严重负面影响。《氢能产业发展中长期规划（2021—2035 年）》指出，我国要将安全作为氢能产业发展的内在要求，尽快建立健全氢能安全监管制度和标准规范，强化对制、储、运、加、用等全产业链重大安全风险的预防和管控，提升全过程安全管理水平。油和气都属于危化品，但由于建立了较为完善的安全生产和供应的标准规范及监管制度，也就将风险关进了“制度的笼子”里。

（二）在技术自主可控前提下开展终端应用和国际合作

目前产业链上部分核心关键技术、关键材料和装备制造等尚未实现自主可控，氢能储运容器的基础材料、加氢设备等还较大程度依赖进口，这种情况下要有序拓展终端应用市场。当前氢能技术攻关力量不够集中，存在各自为战的现象，应充分发挥新型举国体制优势，通过产业发展联盟、国家级创新平台等机制，依托产业链龙头企业打造攻关联合体，全面提升基础研究、前沿技术和原始创新能力，尽快突破关键核心技术，加快国产化进程。同时，要处理好国际合作与自主创新的关系，努力实现高水平的“双循环”，既要避免闭关锁国“自循环”，也要防止国内市场沦为国外技术迭代的“试验场”。

（三）地方布局氢能产业要因地制宜

在氢能热中要保持冷思考。一些地方把氢能产业作为重要的新动能培育，纷纷开展全产业链布局，缺乏对本地发展氢能产业比较优势的客观分析，呈现热情追涨、竞争加剧之势。目前，地方逐步出台制定氢能产业规划、实施方案及指导意见，提出燃料电池、燃料电池汽车、加氢站等发展目标，正在积极推动本地氢能产业发展。我国资源能源禀赋多样，对能源的选择及经济调控的回旋空间较大，各地区应切实从实际出发，从各自资源禀赋、产业基础、市场承载能力及地方财力等多方面系统谋划，理性布局，不能跟风盲从搞政绩工程。

（四）以试点示范逐步带动氢能多元应用

目前，我国氢能产业一定程度上存在"过于集中"的问题，各地布局氢能应用场景时，"一窝蜂"扎堆造车，这也是《氢能产业发展中长期规划（2021—2035 年）》有针对性作出部署的一个方面。《氢能产业发展中长期规划（2021—2035 年）》强调，要积极发挥规划引导和政策激励作用，推动地方结合自身基础条件理性布局氢能产业，实现产业健康有序和集聚发展；未来一段时间，将在供应潜力大、产业基础实、市场空间足、商业化实践经验多的地区稳步开展试点示范；坚持点线结合、以点带面，积极拓展氢能应用场景，逐步推动氢能在交通、储能、工业等领域实现多元应用。

（五）以碳达峰碳中和目标为引领，实现氢能绿色发展并带动可再生能源规模化应用

据行业机构测算，到2060年实现碳中和时，我国化石能源消费将大幅降低，非化石能源消费占比将从目前的不足16%提升至80%以上，非化石能源发电量需从目前的34%提升至90%左右。由于可再生能源开发利用成本高，业界不少人力挺化石能源制氢的大规模利用。碳达峰碳中和背景下，《氢能产业发展中长期规划（2021—2035年）》确定了可再生能源制氢作为主要发展方向。我国可再生能源装机容量居全球第一，在绿氢供给上具有巨大潜力。随着可再生能源大规模推广，用电成本有望持续下降，从而进一步降低制氢成本。氢能具有长周期、大规模储能优势，能够带动我国可再生能源规模化发展，推动氢能、电能、热能系统融合一体化发展，为能源绿色低碳转型提供支撑。

六、杨上明：推动氢能产业健康有序发展，助力碳达峰碳中和目标实现

中国国际工程咨询有限公司总工程师杨上明认为，氢能来源丰富、应用广泛，具有绿色低碳特点，是业界公认能源转型发展的重要载体之一，对碳达峰碳中和目标实现具有积极支撑作用。《氢能产业发展中长期规划（2021—2035年）》（以下简称《规划》）从国家层面为氢能产业打造顶层设计，明确氢能战略定位和发展目标，提出构建创新体系、基础设施建设、多元化示范应用、完善保障体系等重点任务，为加快推动

能源革命、科技革命和产业变革注入了新动能。

（一）氢能产业发展顶层设计出台正当其时

氢能被国际社会誉为21世纪最具发展潜力的清洁能源，氢能科技创新和产业发展持续得到各国青睐。美国、日本等发达国家纷纷将氢能上升为国家战略，抢占产业发展先机和制高点。我国地方政府和企业也在积极推动氢能产业的发展。据行业机构统计，我国多地纷纷制定氢能产业相关规划、实施方案等政策文件，布局建设加氢站等基础设施，推动燃料电池车辆等氢能多元化应用。在氢能产业萌动之际，《规划》的出台符合业界期盼，为氢能科技创新和产业高质量发展指明了方向，将进一步彰显氢能作为可再生能源高效利用重要载体、抢占未来科技发展制高点重要抓手、推动工业低碳转型关键介质的作用，对支撑实现碳达峰碳中和目标具有重要意义。

（二）碳达峰碳中和目标下氢能将在能源领域释放潜能

近年来，氢能在交通用能终端等领域热度不断上升，围绕燃料电池关键核心技术加速自主研发，以城市客运、物流等商用车型为先导逐步开展一定规模的示范运行。据有关报道，张家口市以服务绿色低碳冬奥会为契机，积极发展以燃料电池汽车为代表的氢能交通系统，取得良好示范效果。同时，氢能作为跨能源网络协同优化的理想媒介，通过风—光—氢—储一体化发展，能够加快构建多能互补应用生态，提高可再生能源电力的上网质量和消纳水平，切实推动能源生产体系和消费体系绿色低碳转型。

《规划》提出了系统构建支撑氢能产业高质量发展创新体系、统筹推进氢能基础设施建设、稳步推进氢能多元化示范应用、加快完善氢能发展政策和制度保障体系四项重点任务。在《规划》的有序引导下，氢能正逐步成为储能、交通用能转型、工业化石能源替代等重点领域创新应用的有力抓手，我国氢能发展的空间将进一步拓展。

（三）下一步要以《规划》为指引，科学推动氢能全产业链健康有序发展

氢能产业是面向未来的战略性新兴产业，需要充分发挥我国完整的工业体系和能源体系优势，坚持系统思维、久久为功，力争在全球科技革命和产业变革浪潮中占据主动、赢得先机。

一是加快构建低碳氢能供应体系。建议从全生命周期视角评估氢能产业发展的经济与环境效益。近期因地制宜利用工业副产氢，在不额外新增碳排放的前提下，作为培育氢能产业的启动资源，就近供应交通、工业、建筑等领域应用。中远期加快发展规模化风电、光伏、水电等多种低碳能源制氢，提升制氢关键技术能力和装备制造水平，逐步完善分布式制氢管理体制机制，探索灵活的价格机制，将清洁低碳氢能打造成氢源的主要构成，从源头上保障氢能绿色低碳属性。

二是持续提升氢能储运设施效率。我国西部地区可再生能源资源丰富，意味着可再生能源制氢资源也多分布于该区域，但氢能应用市场主要集中在东部沿海地区，长距离输运成本成为影响可再生能源制氢经济性的因素之一。研究制定安全经济的氢能储运管理规定，加速研发低温液氢、固态储氢、化学储氢等新型长距离储运技术并将其商业化应用，开展管道输氢示范，逐步提升可再生能源制氢规模化发展能力。

三是加快释放氢能多元应用潜力。充分利用已有技术基础，发挥氢能高品质热源、高效还原剂、低碳化工原料等多重属性，推动氢能在交通、冶金、化工等领域替代化石能源使用，降低二氧化碳排放量。同时，加快新型储能、分布式热电联供等核心技术自主研发，积极发挥氢能跨能源网络协同优化作用，稳步有序推进氢能示范应用，促进能源电力领域深度脱碳，实现全面绿色低碳发展。

我国可再生能源装机容量居全球第一，在绿氢供给上具有巨大潜力。随着可再生能源的大规模推广，用电成本有望持续下降，制氢成本进一步降低。氢能具有长周期、大规模储能优势，能够带动我国可再生能源规模化发展，推动氢能、电能、热能系统融合一体化发展，为能源绿色低碳转型提供支撑。

第七章

推进氢能产业发展的思路及路径建议

一、发展氢能产业是我国未来重要的能源大战略

氢能产业是我国战略性新兴产业的重点发展方向，也是未来产业领域大力培育的方向。发展和壮大氢能产业，不仅是创新驱动发展战略的具体路径，也是建设制造强国、搭建新型能源体系、建设现代化产业体系的重要举措，将为我国经济高质量发展注入新活力。发展氢能产业的战略意义主要体现在以下方面。

1. 氢能是发展潜力大、带动性强的未来产业

氢能产业技术密集、覆盖面广、带动效益强，通过坚持技术创新与自主研发，不断突破核心技术和关键材料瓶颈，持续加强产业创新体系建设，能够实现产业链良性循环和产业规模持续增长。氢能作为一种新兴产业，横跨化工、材料、能源、装备制造等诸多领域，应用范围广，氢能产业发展不仅面向经济社会发展的重大需求，与新能源、新材料、新能源汽车、高端装备制造等新兴产业具有较强的关联性，还对传统产业转型升级具有较强的带动性，是发展潜力大、带动性强的未来产业。氢能及燃料电池技术正逐步成为能源技术创新的代表性技术，发展氢能及燃料电池技术是实现能源革命的重要途径。

2. 氢能是未来国家能源体系的重要组成部分，是用能终端实现绿色低碳发展的重要载体

我国能源对外依存度逐年递增，2021 年原油和天然气对外依存度已分别高达 72% 和 46%，能源安全面临严峻挑战。氢能可实现油气等化石能源替代，提升我国能源安全水平。与电能类似，氢能是常见的二次能源，但氢能密度高、可存储，是大规模、长周期储能的理想选择，可提供可再生能源规模化消纳和能源结构优化的良好解决方案，对我国能源绿色转型发展起到重要支撑作用。

3. 发展氢能产业是构建新型能源体系的内在需求

“加快规划建设新型能源体系”是我国推进碳达峰碳中和工作的重要部署。新型能源体系具备以绿色低碳能源为主、终端能源消费以电为主、运行安全灵活可靠、科技创新引领发展、市场体系完备有效等特征。其中，多能互补和氢电融合将成为构建新型能源体系的内在需求。在新型能源体系中，氢能更容易耦合电能、热能、燃料等多种能源。大力发展氢能产业，推进氢能与电能的深度融合不仅能够促进可再生能源电力发展，还将为构建新型能源体系提供有力支撑。

二、新能源汽车产业发展为氢能产业提供了经验

据中国汽车工业协会统计，2022 年我国新能源汽车产销分别达到 705.8 万辆和 688.7 万辆，同比分别增长 96.9% 和 93.4%，市场占有率

达到25.6%。经过多年的培育，新能源汽车产业已成为我国战略性新兴产业中的代表性产业，为我国培育未来产业积累了丰富经验。

（一）我国新能源汽车产业取得的主要优势

1. 市场规模全球最大

从2015年起，我国连续7年实现新能源汽车产销量居世界首位。从2011年的新能源汽车年产量不足1万辆，到2018年首次突破100万辆，再到2021年突破350万辆，我国新能源汽车市场不断实现量的突破和质的跨越。一方面，我国新能源汽车市场已从政策驱动型转变为市场拉动型。2021年，我国私人新能源汽车消费者占新能源汽车消费者的比例接近80%，市场拉动作用不断增强。另一方面，我国新能源汽车在汽车市场的占有率大幅提升，已从2021年初的6%提升至2022年的25.6%。市场正式进入规模化快速发展新阶段。新能源汽车市场已从重点城市扩展到全国。

2. 技术水平国际领先

经过长期努力，我国新能源汽车产业在整车、动力电池、驱动电机、电控系统等核心技术领域具备优势，已成为世界新能源汽车领域创新高地。在新能源汽车整车方面，我国纯电动乘用车百公里能耗由2016年的15.7千瓦时降低至2021年的12.5千瓦时，较2009年降低了35%以上。纯电动乘用车平均续驶里程从2009年的不足150公里提高到2021年的400公里以上，消费者满意度大幅提升。动力电池方面，我国三元电池、磷酸铁锂动力电池单体能量密度分别平均达到

240~290W · h/kg 和 160~190W · h/kg，循环寿命分别达到 2000 次以上和 4000 次左右，单体能量密度比 2012 年提高 2.2 倍。电机功率密度从 2012 年的 2.7kW/kg 左右提升至目前的 4.5kW/kg 以上，转速从 5000rpm 提升到 16000rpm 以上，电机效率达到国际先进水平。智能网联技术方面，我国 5G、高精度地图、物联网、语音识别等技术不断进步，一批企业积极加快关键技术研发与零部件产业化，电子电气架构、国产芯片、系统与功能软件、智能网联功能等规模化应用加速，用户体验进一步优化。

3. 产品竞争力显著提升

新能源汽车产品方面，据 Clean Technica 网站公布的数据，2021 年全球新能源汽车销量前 20 的企业中，中国占据 8 席，分别为比亚迪、上汽通用五菱、上汽乘用车、长城汽车、广汽乘用车、奇瑞汽车、小鹏和长安汽车。并且，上汽、长城、比亚迪、宇通等企业的新能源汽车产品出口全球 40 多个国家。我国动力电池研发及批量生产能力总体居于国际先进水平，刀片电池、弹夹电池、无钴电池、钠离子电池等产品创新活跃，动力电池产品安全性、稳定性、耐久性等水平领先。2021 年，我国纯电动乘用车动力电池系统成本已降到 1 元 / 千瓦以下，较 2009 年下降超过 85%，产品经济性显著提升。同时，我国已成为全球最大的动力电池生产国，全球装机量占比约为 50%。在零部件产品方面，我国动力电池、驱动电机等核心部件已进入全球新能源汽车供应商体系。其中，宁德时代、精进电动等成为大众、奥迪、宝马、菲亚特 – 克莱斯勒等跨国汽车企业的批量供应商，上海电驱动、华域汽车等企业分别实现了对雷诺汽车和大众汽车的批量出口。

4. 产业生态日趋完善

在快速扩张的市场拉动下，我国新能源汽车整车及关键零部件企业快速增加，已形成涵盖上游原材料、中游核心零部件、下游整车及后市场、产业投资的完整新能源汽车产业体系。

2014 年以来，随着互联网、信息、能源等领域造车新势力企业的涌入，蔚来、理想、小鹏、合众、零跑、威马等几十家新能源汽车企业迅速崛起。华为、百度、小米、滴滴等科技型企业不断赋能新能源汽车，为我国新能源汽车企业增加了新动力。截至 2021 年，我国新能源汽车生产企业数量已接近 200 家。同时，我国动力电池企业宁德时代、比亚迪、中创新航、国轩高科、远景动力和亿纬锂能优势突出，已进入全球动力电池装车量排名前十企业。新能源汽车产业链供应链方面，我国电池材料、动力电池及制造装备、电机电控、充电装备、电池回收利用等企业众多，产业生态健全。随着我国新能源汽车产业的发展壮大，产业聚集的特征明显，已形成东北、华中、西南、泛长三角、京津冀鲁和粤港澳大湾区等新能源汽车产业聚集区。

（二）我国新能源汽车产业发展的经验分析

作为我国大力培育并取得显著成就的新兴产业，新能源汽车产业发展的经验主要可以归结为以下几个方面。

1. 国家层面的产业战略导向明确有力

2009 年 3 月，国务院发布实施的《汽车产业调整和振兴规划》首次提出“实施新能源汽车战略”，并明确了电动汽车在产能建设、市场占比、企业技术能力等方面的发展目标。2010年9月，我国将新能源汽车产业确定为七大战略性新兴产业之一。同年10月，国务院印发的《国务院关于加快培育和发展战略性新兴产业的决定》提出，到2020年，新能源汽车产业成为国民经济的先导产业。在此基础上，国务院2012年印发的《节能与新能源汽车产业发展规划（2012—2020年）》是我国新能源汽车产业发展的纲领性政策，不仅确定了新能源汽车发展的国家战略，还提出了以纯电驱动为我国新能源汽车发展和汽车工业转型的主要战略取向，并明确了新能源汽车技术创新、市场规模、龙头企业培育等目标。2016年12月，国务院印发的《"十三五"国家战略性新兴产业发展规划》提出，实现新能源汽车规模应用，提升纯电动汽车和插电式混合动力汽车产业化水平，建设具有全球竞争力的动力电池产业链，到2020年，实现当年产销200万辆以上，累计产销超过500万辆。2020年，在新能源汽车产业发展的关键节点，我国又出台了《新能源汽车产业发展规划（2021—2035年）》，在新的阶段及时完善产业发展的顶层设计，规划出一条适合我国国情的新能源汽车发展之路。

在不断明确和完善顶层设计的同时，党中央、国务院对发展新能源汽车作出了一系列重要部署，为产业发展指明方向、明确目标。2014年5月，习近平总书记在上海汽车集团考察时指出，发展新能源汽车是我国从汽车大国迈向汽车强国的必由之路，要加大研发力度，认真研究市场，用好用活政策，开发适应各种需求的产品，使之成为一个强劲的增长点[①]。2013—2015年，国务院常务会议多次研究部署新能源汽车发展，提出了"政府公务用车、公交车要率先推广使用新能源汽车""各地不得对新能源汽车实行限行、限购，已实行的应当取消"等要求。时

① 《习近平在上海考察时强调 当好全国改革开放排头兵 不断提高城市核心竞争力》，《光明日报》2014年5月25日第1版。

任国务院领导人分别到广东、安徽、上海、湖南、天津、江苏等地调研，并多次主持召开新能源汽车推广应用座谈会，解决了市场推广、技术创新、动力电池、基础设施、专用号牌等多个政策难题。

2. 构建领导组织机制和产业政策体系

国家层面，2013 年 11 月，经国务院批复同意，我国建立了由工业和信息化部牵头，国家发展改革委、科技部、财政部、公安部等多部门参加的节能与新能源汽车产业发展部际联席会议制度。地方层面，各省、市政府相继建立产业发展协调机制，构建了横向协同、纵向贯通的工作推进机制，对推动中国新能源汽车产业发展发挥了重要、积极作用。

为支撑新能源汽车产业发展，我国构建了涵盖国家产业政策、地方配套政策和产业标准的完善政策体系。截至 2021 年底，我国新能源汽车产业累计制定出台了 300 多项国家政策措施，构建了全方位、系统化的政策体系，营造了良好的政策环境。与此同时，各地政府响应国家政策并结合本地实际，制定出台了一系列配套政策，形成了涵盖研发、投资管理、生产准入、市场监管、财政补贴、税收优惠、推广使用、安全监管等方面的配套政策体系。产业标准方面，截至 2021 年底，我国已发布 106 项新能源汽车国家和行业标准，涵盖新能源汽车整车、关键零部件、充换电等多个领域，形成了相对完善的新能源汽车标准体系，对新能源汽车产业发展起着重要的支撑作用。

需要强调的是，在我国新能源汽车产业发展及市场培育的过程中，国家层面主要担任产业支持政策和体制机制顶层设计者的角色，而地方政府对新能源汽车产业发展与市场培育的影响更为直接。地方政府不仅是新能源汽车推广应用的直接推动者，还是区域市场环境的直接构建者。在我国新能源汽车市场培育过程中，地方政府与新能源汽车企业、关键零部件企业、充电服务商共同发力，形成了独特的市场启动及构建机制。

3. 开展范围广、持续时间久的推广应用

为推动新能源汽车产业化，我国自2009年开始实施“十城千辆”新能源汽车示范推广工程，选取13个城市开展示范，第一阶段新能源汽车推广应用开始实施。2010年，我国将新能源汽车产业确定为战略性新兴产业，开始对其发展予以大力支持。同时，我国将“十城千辆”新能源汽车示范城市从13个增加至25个，并从中选取5个城市作为私人购买新能源汽车试点。这一时期，我国的新能源汽车产业支持政策以对公共领域新能源汽车的支持和购买环节的资金补贴为主。为了支持节能与新能源汽车示范推广，2009—2012年财政部对消费者购买列入《节能与新能源汽车示范推广应用工程推荐车型目录》（以下简称《推荐目录》）的车辆提供购置补贴，到2012年已累计投入200亿元。通过“十城千辆”工程，我国新能源汽车在产品数量、技术创新、市场推广和产业链等方面均实现了跨越式发展。截至2012年底，《推荐目录》涵盖了97家汽车生产企业的628个产品型号，25个示范城市共推广示范新能源车辆2.7万辆，包括2.3万辆公共服务领域车辆和0.4万辆私人购买车辆。

2012年底，我国第一阶段的新能源汽车推广应用结束。随后，我国自2013年开始了第二阶段的新能源汽车推广应用，进一步扩大了试点城市范围，将推广应用区域确定为39个城市群（含88个城市），并提高了新能源汽车推广总量目标。为适应新的形势，我国自2014年起密集出台了一系列产业支持政策，支持范围开始由相对单一的车辆购置补贴为主，扩展为车辆购置税减免、政府及公共机构采购、扶持性电价、基础设施建设等涵盖产业发展主要领域的多元化政策体系。

2015 年底第二阶段的新能源汽车推广应用结束时，我国新能源汽车年产销量已突破 30 万辆，形成较大规模。为进一步推进产业发展，我国自 2016 年起开始了第三阶段的新能源汽车推广应用。在新的阶段，我国不仅将新能源汽车推广应用区域扩展至全国，政策的着力点也开始由加快产业规模扩张向强化市场激励和提高产品技术水平转变。在规模化推广应用的支撑下，我国在 2018 年实现新能源汽车产销量首次突破 100 万辆。

4. 地方政府积极探索和培育市场

在新能源汽车产业发展过程中，一批地方政府基于中央层面的战略导向和顶层设计，积极开展新能源汽车示范推广和市场培育。其中，上海是我国特大型城市及限购城市培育新能源汽车市场的典型代表。2021 年，上海推广新能源汽车 25.4 万辆。截至 2021 年底，上海新能源汽车保有量达到 67.8 万辆，市场总规模位居全国第一，全球领先。从市场培育效果来看，上海主要有三个效果突出的措施：第一，上海市 2014 年起开始免费为私人消费者提供新能源汽车牌照，有效激发了消费者购车积极性；第二，上海采取了较为开放的市场准入政策，通过支持和鼓励涵盖高、中、低端等不同细分市场，纯电动及插电式等不同技术类型和自主、合资、外资等不同品牌新能源汽车产品进入，推动潜在消费者转变为消费者；第三，上海市新能源汽车购车补贴支持力度较大，除了与国家补贴配套的市级补贴，闵行、嘉定和浦东三个区还额外为消费者提供 1.5 万 ~2 万元的购车补贴，有力降低了新能源汽车购车成本。

广西柳州则是我国中小型城市培育新能源汽车市场的代表性区域，其新能源汽车市场培育始于2017年，初期当地新能源汽车数量较少。然而，截至2022年6月，柳州全市新能源汽车保有量已达13.1万辆，占全市汽车保有量的比例高达13.01%。总体来看，柳州高效推广新能源汽车的经验在于结合新能源汽车产业启动期和本地城市居民出行特征，选择了合适的新能源汽车产品，出台了激励性较强的一揽子政策措施，包括选择宏光MINI EV和新宝骏等微型纯电动汽车产品作为主推车型，制定了支持新能源汽车产业发展、车辆购置和运行补贴、充电设施建设、专用停车位供应等政策措施，取得了显著成果。

三、推进我国氢能产业发展的思路

一般而言，新兴产业发展初期以技术创新为主，科研机构、核心企业等主体通过技术创新获取新兴产业发展所需的关键技术。在接下来的产业化推进过程中，核心产业主体需要通过技术的工程化、关键部件的自主化及协同创新、产业协作等手段，构建初步的产业体系，大幅降低产品的生产成本，为规模化示范和市场化应用创造条件。下一步的规模化示范阶段，规模经济将带来生产成本进一步下降，大批量示范推广带动产品性能进一步提升和产业体系进一步健全壮大，进而实现新兴技术的产业化。

（一）燃料电池终端示范推广缓慢已显著制约氢能产业发展

作为一种新兴产业，虽然我国已发布国家氢能产业规划，并在国家层面支持燃料电池汽车示范运行，但汽车、分布式能源、热电联供系统等燃料电池终端的示范推广仍然较为缓慢，显著制约了氢能产业发展进程。燃料电池汽车方面，截至 2021 年底，全国燃料电池汽车推广数量不足 9000 辆。2022 年的情况也不容乐观，燃料电池汽车产销量仅为 3628 辆和 3367 辆，与年度示范推广目标存在较大差距。其他燃料电池终端应用方面，据初步统计，我国 2019 年以来投入运营燃料电池示范项目有 20 个左右。其中，2021 年投入运营的项目占 80% 以上，以燃料电池热电联供项目为主，包含 2 项 SOFC 热电联供示范项目及 1 项燃料电池分布式能源示范项目。此外，一些地区和企业还开展了燃料电池叉车、机车、船舶、无人机、自行车、有轨电车等示范应用探索，但均处于小批量测试验证阶段。可见，不管是示范推广较早的燃料电池汽车，还是分布式能源、热电联供等其他燃料电池终端，其示范推广进展及规模都与预期存在显著差距。

（二）我国氢能产业化面临新的形势

根据前文分析，我国新能源汽车产业发展走出了一条“中央政府引导，政策驱动逐步转向市场拉动”的路子。2009 年起，我国启动了“十城千辆”国家新能源汽车示范运行项目，又将新能源汽车产业确定为战略性新兴产业，并发布了《节能与新能源汽车产业发展规划（2012—2020 年）》。在中央政府引导及中央、地方双重车辆购置补贴激励下，地方政府开始出台支持政策和营造产业环境，整车及关键零部件企业跟进。在这一阶段，政策驱动新能源汽车产业发展的特征突出。直到2015年，我国新能源汽车年产销量由2014年的1.7万辆首次激增至33万辆，动力电池等关键零部件企业、造车新势力和投资方等产业主体才开始陆续涌入。2018年以来，随着动力电池技术水平显著提升及生产成本大幅下降，带动新能源汽车生产成本明显下降、产品性能较快提升，同时车辆购置补贴退坡力度加大，市场拉动新能源汽车发展的特征逐渐凸显。

不同于新能源汽车产业，我国氢能产业正在探索“地方政府和企业主动发力，市场导向示范带动产业发展”的新路子。相较于新能源汽车发展，当前燃料电池汽车的推广应用范围及支持力度均显著偏小。与新能源汽车在全国范围示范推广不同，我国燃料电池汽车示范推广主要集中在5个城市群。就应用端的政府资金支持力度来看，每辆燃料电池汽车示范推广的资金支持力度也显著低于之前的纯电动汽车。然而，自2017年以来，我国开始涌现出一批积极培育氢能产业的地方政府和创新活跃的氢能企业。2017年9月，《上海市燃料电池汽车发展规划》发布，成为我国第一个氢能领域地方产业规划。截至2022年底，我国已有21个省级政府发布氢能产业规划。

与此同时，2017年以来，我国燃料电池材料、部件、电堆、系统及整车等企业创新更加活跃。它们通过自身产业化攻关、协同创新及产业协作等方式，掌握了燃料电池关键技术。它们通过加快推进生产工艺完善及规模化、智能化生产能力提升，以及推进氢能装备核心部件、燃料电池关键材料国产化，形成了产业化能力，产品性能及经济性显著提升，燃料电池系统成本下降80%以上。并且，我国制氢、储氢及加氢技术水平不断提高，氢能供应能力初步形成，基本具备了支撑燃料电池终端规模化示范和商业化应用的能力。

（三）市场导向的示范推广模式是产业“破冰之路”

针对氢能产业化面临的新形势，我国亟须结合燃料电池汽车示范运行等国家政策实施，加快探索适于燃料电池汽车大规模推广的商业模式及氢气大规模持续供应模式，并将其应用于其他燃料电池终端示范推广。通过完善示范应用支持政策、明确示范应用路径、创新示范推广模式等措施，我国将迅速扩大燃料电池终端示范应用，从而“破冰”示范应用对氢能产业发展的制约，进而加快氢能产业化进程。

1. 健全氢能产业及燃料电池示范支持政策体系

一方面，国家层面应围绕国家氢能产业规划，尽快完善“1+N”政策体系，加快出台氢能管理有关政策及氢能制备、储运、加注等环节建设管理规范，明确氢能供应管理部门及安全监管责任部门；另一方面，地方层面需因地制宜制订本地燃料电池终端示范应用方案，建立示范应用领导及组织机制，围绕本地示范应用终端领域出台路线图和时间表，健全终端产品购置、示范运营、氢能供应等相应支持政策措施。

2. 明确示范应用路径，加大燃料电池终端推广力度

2025 年之前，以燃料电池汽车示范应用为主，加大燃料电池重卡、冷链物流车等商用车细分领域示范应用力度，在寒冷地区及商业运营领域探索燃料电池乘用车推广。聚焦大功率燃料电池终端推广，兼顾市场化探索，推进燃料电池机车、船舶及大型建筑热电联供、兆瓦级分布式发电等示范应用，开展燃料电池叉车等非道路移动机械示范。2025 年之后，将燃料电池汽车示范推广重心向燃料电池乘用车转移，加快其他交通领域及固定式、便携式领域燃料电池终端推广。

3. 以市场导向为引领，创新示范应用模式

坚持市场拉动为主，政策激励为辅，鼓励和支持地方政府、氢能企业、燃料电池终端运营方等主体围绕市场需求开展示范应用模式创新。构建燃料电池终端运营方主导，当地政府积极参与，大批量用户、终端产品供应商、氢能供应方、有实力的资本方等产业主体协同，“运营主体主导、终端用户买单为主、政府资金激励为辅”的示范应用新模式。

四、完善我国氢能产业政策的建议

当前，我国氢能产业政策体系基本完善，氢能产业处于启动的关键时间节点，发展势头良好，已开始规模化示范应用的探索。为保障氢能产业高质量发展，我国还需做好完善产业顶层设计及支持政策、构建产业领导组织机制、鼓励地方探索商业化推广、推进多领域示范应用、完善产业标准体系等工作。

（一）完善氢能产业顶层设计及支持政策

与发达经济体较早将氢能纳入国家能源体系不同，我国氢能定位与产业顶层设计明确较晚，直到 2022 年 3 月才颁布了国家氢能产业规划，正式明确了氢能的能源属性与氢能产业的战略定位。下一步，我国亟须完善氢能产业顶层设计及支持政策体系。一方面，我国需要针对国家层面的氢能产业战略目标、科技创新、重大装备研制、示范

工程、产业化方向进一步深入研究，进一步健全立足长远的国家氢能产业顶层设计和支撑产业发展的政策体系；另一方面，我国需结合氢能产业发展面临的技术研发、产品短板、燃料电池汽车等终端规模化示范运行等瓶颈，加快完善相应的政策法规、管理规范、配套政策和保障措施。

（二）构建氢能产业领导组织机制

为较好地支持氢能产业发展，美国、日本、韩国、欧盟等国家和地区均指定或设立了明确的机构开展产业发展的组织管理工作。在我国新能源汽车产业发展过程中，也建立了相应的领导组织机制，形成了明确的部门分工。为保障氢能产业发展，我国亟须建立氢能产业领导及协调机制，确定氢能产业相关部门分工。建议建立由国家发展改革委、国家能源局牵头，涵盖住建、商务、市场监管、应急管理、自然资源等主管部门的国家氢能供应协同工作机制，解决氢气供应、加氢站建设审批、氢安全管理等问题，统筹氢能供应的主要工作。为保障燃料电池终端规模化示范推广，我国宜建立由工信部门牵头，发展改革、科技、财政、能源、交通运输等相关主管部门参与的国家氢能产业推广应用部际协调机制；建立多部门联席办公制度，重点解决氢能产业发展过程中的外部环境制约因素。

（三）鼓励地方探索商业化示范推广

在我国新能源汽车产业发展过程中，上海、柳州等地区结合本地私人消费者群体特征和城市基础设施状况等条件，积极制定和出台适应性配套政策，成功探索了规模化、商业化的新能源汽车推广应用模式。不同于新能源汽车，我国氢能产业现有示范应用大多集中在商用车领域。相比于新能源汽车示范应用初期，我国氢能产业技术相对成熟，推广应用条件相对健全，但氢能产业政策不够完善，推广应用支持力度相对较小。为此，我国要鼓励地方探索面向规模化、商业化的推广应用模式，走出一条“中央政府引导、地方政府搭台、应用主体唱戏”的推广应用之路。具体而言，国家层面要围绕燃料电池等终端产品推广应用尽快健全相应氢能产业政策和管理规范，地方政府要紧密结合本地氢源禀赋、产业基础以及交通、物流、动力机械等场景，选择创新能力强、推广经验丰富、产业协同有力的推广应用主体，围绕商业化推广模式构建提供必要的支持政策、管理规范、保障措施等支持。

（四）推进氢燃料电池示范应用工作

结合氢能技术及燃料电池产品开发进展，开展氢能技术示范及燃料电池产品推广应用。在东北、西北等风、光资源丰富地区建设“零碳”产业园，开展可再生能源制氢产业体系建设与试点示范。探索利用氢能实现季节性储能，提高弃风、弃光利用率，增强电网系统调峰力度，解决可再生能源生产与消纳错位问题。开展天然气管道掺氢、纯氢管道输送液氨等试点示范，探索固态、深冷高压、有机液体等氢储运应用，加快推进油氢合建站、制氢加氢一体化站建设，构建安全、高效、便捷、低成本的氢能供应网络体系。研究制定支持政策和保障措施，探索以氢作为还原剂的氢冶金技术研发与示范应用，推动氢能大规模储能及分布式发电、备用电源、移动式电源、热电联供系统等领域规模化应用。

（五）完善氢能产业标准体系

2020 年 3 月，国家发展改革委发布的《关于加快建立绿色生产和消费法规政策体系的意见》提出，研究制定氢能等新能源发展的标准规范和支持政策。《氢能产业发展中长期规划（2021—2035 年）》提出，完善氢能产业标准，加强全链条安全监管。进一步适应氢能产业快速发展需求，我国需要加快推进氢能标准化工作，完善现有氢能产业标准体系。首先，进一步制定可再生能源制氢、高压储氢容器检测、固态储氢、氢液化装备及加氢站关键装备等基础设施层面标准。同时，结合氢能技术示范和燃料电池产品推广应用，不断完善相关标准。其次，开发快速高效的氢能检测与计量方法，建立氢能质量评定规范，研究建立国家氢能质量检测中心。最后，推动绿色氢能减碳标准研究及管理规范建设，建立基于氢能产业的碳足迹标准和测量指标，建设覆盖氢气全生命周期的安全管理体系和安全维护数据库，确保氢能产业安全发展。

五、强化我国氢能产业支持措施的建议

我国氢能产业发展仍然存在一些亟待解决的问题，主要表现为燃料电池核心材料及部件量产能力低，燃料电池汽车生产成本及氢气价格偏高，可再生能源氢气比例低等。为氢能产业发展和燃料电池终端规模化示范应用，我国有必要从以下方面采取针对性措施。

（一）加快核心技术攻关及关键部件自主化

我国虽然基本掌握了燃料电池核心技术并实现了燃料电池系统、电堆产品的自主化，但质子交换膜、催化剂、膜电极等燃料电池关键材料及空压机、氢气循环泵等关键部件性能尚需提升，高压瓶阀、密封剂、碳纸等部分需要进口。2019 年以来，我国企业在膜电极、催化剂、质子交换膜、气体扩散层等燃料电池核心材料自主化、国产化方面实现了一些突破，一批企业通过战略合作等方式联合攻关。为实现氢能产业高质量发展，我国需要突破燃料电池相关材料、部件产业化技术，完善和优化生产工艺，提升核心材料和关键部件自主化水平。同时，我国需要加大攻关力度，一方面需要提升燃料电池核心技术水平，另一方面应加强进口材料及部件的产业化攻关，加快推进国产化。

（二）加强可再生能源制氢技术攻关

2020 年，我国可再生能源开发利用规模达到 6.8 亿吨标准煤，节煤减碳已成为助力我国实现碳达峰碳中和的重要举措。推动可再生能源规模化制氢利用，构建以可再生能源为基础的新型能源体系，将成为我国可再生能源消纳的可行路径。为实现可再生能源规模化制氢，我国需加强相关领域技术攻关。一方面，要加大基础理论研究，包括电解水制氢、氢脆失效、低温吸附、氢泄漏 / 扩散 / 燃爆等；另一方面，要持续开展电解海水制氢、光催化制氢、微生物制氢等应用技术研究，重点突破低成本、高效率、长寿命的质子交换膜电解制氢、高温固体氧化物电解制氢成套工艺，高效大功率碱水电解槽关键技术开发与装备研制。

（三）有效降低燃料电池成本及氢气价格

由于燃料电池生产成本高等原因，燃料电池系统售价在5000元/千瓦以上的情况依然存在，导致我国燃料电池汽车生产成本偏高。同时，一些地区氢源匮乏、制氢成本高等问题依然没有得到解决，车用氢气价格较高，这又造成燃料电池汽车示范运行成本较高。为保障燃料电池汽车等终端规模化示范应用，我国需采取有效措施降低燃料电池成本及氢气价格。我国需要通过协同燃料电池材料、部件及燃料电池电堆、系统等企业，采取核心材料自主化、关键部件国产化及生产装备智能化等方式，降低燃料电池电堆及系统成本。此外，还应通过拓展低成本氢源、减少运氢距离及运氢成本、加快加氢设备国产化、制氢加氢一体化等方式，大幅降低氢气生产及供应成本。

（四）加强优势主体协同，优化推广应用环境

首先，强化产业链优势企业之间的协同与合作。通过适当的鼓励、引导措施，促进氢能产业链优势企业在技术攻关、联合研发、产品推广应用等方面开展合作，强化技术创新和产品创新。其次，营造开放合作、市场统一、公平竞争的推广应用环境。打破行政区划和地方保护壁垒，促进优势区域和优势企业的跨区域合作，打造全国统一大市场。最后，保障优质资源流动，鼓励产业多元化创新。引导产业链企业开展产业资源协调合作，用好、用活燃料电池汽车示范应用政策，促进优势产业主体在示范区域聚集，鼓励产业主体开展技术创新、产业组织创新及商业模式创新等。

（五）加强国际技术与产业合作

当前，全球氢能产业仍处于启动的关键时期。由于氢能产业链较长、优质产业资源聚集度低，以及构建独立的氢能产业链难度大等原因，大多数国家都在寻求氢能的国际合作。我国氢能产业发展具有氢能源及应用场景丰富，商用车示范领先，工业、储能等领域应用潜力大等优势。当前，我国在燃料电池和储氢设备等领域开展了广泛的国际合作，为加快氢能产业发展进程，我国应进一步加强国际技术与产业合作，参与制定氢能产品检测和认证国际标准，推动支持国际标准组织与认证机构互动，加快构建国际标准、国家标准、行业标准和联盟标准相结合的标准化协同创新机制。同时，我国还应引导国内氢能企业充分利用全球创新资源，积极参与全球燃料电池技术和产业创新合作。

参考文献

[1] 黄震，谢晓敏，张庭婷．“双碳”背景下我国中长期能源需求预测与转型路径研究 [J]. 中国工程科学，2022，24（6）：8-18.

[2] 郑阳昊．α-AIH_3 热分解 / 水解释氢性能影响因素及调控机制研究 [D]. 杭州：浙江大学，2022.

[3] 朱明原，刘文博，刘杨，等．氢能与燃料电池关键科学技术：挑战与前景 [J]. 上海大学学报（自然科学版），2021，27（3）：411-443.

[4] 殷卓成，马青，郝军，等．氢能储运关键技术及前景分析 [J]. 辽宁化工，2021，50（10）：1480-1482，1487.

[5] 王丽娜，时哲，王玉辉．氢能产业发展现状及展望 [J]. 工业炉，2021（1）：30-34.

[6] 黄格省，李锦山，魏寿祥，等．化石原料制氢技术发展现状与经济性分析 [J]. 化工进展，2019，38（12）：5217-5224.

[7] 俞红梅，邵志刚，侯明，等．电解水制氢技术研究进展与发展建议 [J]. 中国工程科学，2021，23（2）：146-152.

[8] 程婉静，李俊杰，刘欢，等．两种技术路线的煤制氢产业链生命周期成本分析 [J]. 煤炭经济研究，2020，40（3）：4-11.

[9] 张长令．国外氢能产业导向、进展及我国氢能产业发展的思考 [J]. 中国发展观察，2020（Z1）：116-119.

[10] 曾静，陈铭韵，孟翔宇．各国争抢氢能产业制高点 [J]. 中国石化，2022（5）：66-71.

[11] 殷伊琳．我国氢能产业发展现状及展望 [J]. 化学工业与工程，2021，38（4）：78-83.

[12] 王贺武，欧阳明高，李建秋，等．中国氢燃料电池汽车技术路线选择与实践进展 [J]. 汽车安全与节能学报，2022，13（2）：78-83.

[13] 韩笑，张兴华，闫华光，等．全球氢能产业政策现状与前景展望 [J]. 电力信息与通信技术，2021，19（12）：211-224.

[14] 马涛．国外氢能源经济发展现状及对我国的启示 [J]. 节能技术，2008（4）：324-327，346.

[15] 王振华，王丽，邹业成，等．氢能的应用现状及展望 [J]. 中国氯碱，2021（11）：40-47.

[16] 沈小晓．全球氢能产业加速发展 [N]. 人民日报，2021-10-13（16）.

[17] 郑津洋，马凯，叶盛，等．我国氢能高压储运设备发展现状及挑战 [J]. 压力容器，2022，39（3）：1-8.

[18] 黎冲森．燃料电池车市蓄势待发 [J]. 汽车纵横，2021（3）：25-34.

[19] 何珺．五部门：争取用四年时间构建完整燃料电池汽车产业链 [N]. 机电商报，2020，9（28）：A02.

[20] 仲蕊．央企入局将如何改变氢能产业格局？ [N]. 中国能源报，2021-08-02（9）.

[21] 李元丽．氢能产业化未来可期 [N]. 人民政协报，2021-08-10（5）.

[22] 朱李，曹琼蕾，马瑜涵．全国首个海岛“绿氢”示范工程在台州投运 [N]. 中国能源报，2022-07-11（16）.

[23] 崔紫阳．京能电力中标内蒙古风光制氢示范项目 [N]. 首都建设报，2021-11-16（4）.

[24] 陈向国．我国氢能产业发展将进入快车道 [J]. 节能与环保，2022（7）：24-25.

[25] 万燕鸣，熊亚林，王雪颖．全球主要国家氢能发展战略分析 [J]. 储能科学与技术，2022，11（10），3401-3410.

[26] 李争，张蕊，孙鹤旭，等．可再生能源多能互补制—储—运氢关键技术综述 [J]. 电

工技术学报，2021，36（3）：445-462.

[27] 曹军文，覃祥富，耿嘎，等．氢气储运技术的发展现状与展望 [J]. 石油学报（石油加工），2021，37（6）：1461-1478.

[28] 李星国．氢气制备和储运的状况与发展 [J]. 科学通报，2022，67（Z1）：425-436.

[29] 顾阿伦．“双碳”背景下我国氢能产业发展机遇和方向 [J]. 可持续发展经济导刊，2022（6）：33-35.

[30] 曹政．5 年内累计推广超万辆氢燃料车 [N]. 北京日报，2021-08-17（5）.

[31] 杨学聪．打造氢能创新产业链 [N]. 经济日报，2021-08-19（6）.

[32] 马明明．我市形成氢能全产业链发展格局 [N]. 张家口日报，2022-10-15（2）.

[33] 李加加．中国“绿氢之都”如何打造？ [J]. 产城，2022（2）：28-31.

[34] 施文郁．大连加快培植新兴产业增长点形成氢能产业发展新格局 [N]. 中国经济导报，2021-08-26（3）.

[35] 宁波市能源局．宁波：抢抓特色优势 全链“氢”装上阵 [J]. 浙江经济，2022（8）：38-39.

[36] 欧阳明高．大力发展可再生能源制氢 有序推进氢能产业高质量发展 [J]. 宏观经济管理，2022（4）：5-6.

[37] 景春梅．积极有序发展氢能 营造良好产业生态——《氢能产业发展中长期规划（2021—2035 年）》专家解读 [J]. 中华环境，2022（4）：27-28.

[38] 杨上明．推动氢能产业健康有序发展 助力碳达峰碳中和目标实现——《氢能产业发展中长期规划（2021—2035 年）》专家解读 [J]. 中华环境，2022（4）：31-32.

[39] 胡亮，杨志宾，熊星宇，等．我国固体氧化物燃料电池产业发展战略研究 [J]. 中国工程科学，2022，24（3）：118-126.

[40] 张长令．中国新能源汽车市场机制分析及发展趋势展望 [J]. 中国经济评论，2021（Z1）：104-111.

[41] 刘恩侨．中国如何构建“氢能社会”[J]. 中国经济报告，2021（6）：121-130.

[42] 李琳 . 战略决策领跑全球 [J]. 汽车观察，2021（10）：26-29.

[43] 林楚 . 2025 年我国可再生能源制氢年产量将达 10 万 ~20 万吨 [J]. 机电商报，2022，3（28）：A07.

[44] 唐仁敏 . 系统谋划和整体推进我国氢能产业高质量发展 [J]. 中国经贸导刊，2022（4）：16-22.

[45] 国家发展改革委 . 推进氢能产业高质量发展 [J]. 财经界，2022（10）：11-14.

[46] 凌文，李全生，张凯 . 我国氢能产业发展战略研究 [J]. 中国工程科学，2022，24（3）：80-88.

[47] 邹才能，李建明，张茜，等 . 氢能工业现状、技术进展、挑战及前景 [J]. 天然气工业，2022，42（4）：1-20.

[48] 丁瑶瑶 . 未来应发挥好氢能“碳中和”生力军作用 [J]. 环境经济，2021（6）：40-43.

[49] 雷宪章 . 探索中国碳中和之道：欧洲能源发展的启示和思考 [J]. 新经济导刊，2022（3）：4-13.

[50] 中国汽车技术研究中心有限公司 . 中国车用氢能产业发展报告（2020）[M]. 北京：社会科学文献出版社 .

[51] 中国汽车技术研究中心有限公司 . 中国车用氢能产业发展报告（2019）[M]. 北京：社会科学文献出版社 .

附录　政策法规汇编

一、国家层面重要政策法规

（一）《财政部工业和信息化部 科技部 国家发展改革委 国家能源局关于启动燃料电池汽车示范应用工作的通知》（财建〔2021〕266 号）

北京市、上海市、广东省财政厅 /（局）工业和信息化主管部门、科技厅（委）、发展改革委、能源局：

根据《关于完善新能源汽车推广应用财政补贴政策的通知》（财建〔2020〕86 号）、《关于开展燃料电池汽车示范应用的通知》（财建〔2020〕394 号）等文件要求，经专家评审，原则同意你省（市）所报送的城市群启动实施燃料电池汽车示范应用工作，示范期为 4 年。财政部、工业和信息化部、科技部、国家发展改革委、国家能源局五部门将依托专家委员会和第三方机构，对示范应用工作进行指导，并按照《燃料电池汽车示范城市群考核评价规则》予以考核，考核结果作为中央财政对示范城市群安排奖励资金的依据。

你省（市）有关部门要切实加强燃料电池汽车示范应用工作组织实施，建立健全示范应用统筹协调机制，推动牵头城市人民政府不断提升示范应用水平，加快形成燃料电池汽车发展可复制可推广的先进经验；

要建立健全安全管理制度，确定牵头责任部门，加强燃料电池汽车运行安全监管，制定相关应急预案；要充分依托全国范围内产业链上优秀企业实施示范，立足建立完整产业链供应链，畅通国内大循环，切实避免地方保护和低水平重复建设；要合理确定示范目标，探索合理商业模式，加强燃料电池汽车运行管理，防止出现车辆闲置等现象。示范应用工作实施中如遇问题，应及时向五部门反映。

特此通知。

财政部 工业和信息化部 科技部

国家发展改革委 国家能源局

2021 年 8 月 18 日

（二）《财政部 工业和信息化部 科技部 国家发展改革委 国家能源局关于启动新一批燃料电池汽车示范应用工作的通知》（财建〔2021〕437 号）

河北、河南省财政厅，工业和信息化厅、科技厅、发展改革委、能源局：

根据《关于完善新能源汽车推广应用财政补贴政策的通知》（财建〔2020〕86 号）、《关于开展燃料电池汽车示范应用的通知》（财建〔2020〕394 号）等文件要求，经专家评审，原则同意你省所报送的城市群启动实施燃料电池汽车示范应用工作，示范期为 4 年。财政部、工业和信息化部、科技部、国家发展改革委、国家能源局（以下合称五部门）将依托专家委员会和第三方机构，对示范应用工作进行指导，并按照《燃料电池汽车示范城市群考核评价规则》予以考核，考核结果作为中央财政对示范城市群安排奖励资金的依据。

你省有关部门要切实加强燃料电池汽车示范应用工作组织实施，建立健全示范应用统筹协调机制，推动牵头城市人民政府不断提升示范应用水平，加快形成燃料电池汽车发展可复制可推广的先进经验；要建立健全安全管理制度，确定牵头责任部门，加强燃料电池汽车运行安全监管，制定相关应急预案；要充分依托全国范围内产业链上优秀企业实施示范，立足建立完整产业链供应链，畅通国内大循环，切实避免地方保护和低水平重复建设；要合理确定示范目标，探索合理商业模式，加强燃料电池汽车运行管理，防止出现车辆闲置等现象。示范应用工作实施中如遇问题，应及时向五部门反映。

特此通知。

财政部 工业和信息化部 科技部

国家发展改革委 国家能源局

2021 年 12 月 20 日

（三）《氢能产业发展中长期规划（2021—2035 年）》

氢能是一种来源丰富、绿色低碳、应用广泛的二次能源，正逐步成为全球能源转型发展的重要载体之一。为助力实现碳达峰碳中和目标，深入推进能源生产和消费革命，构建清洁低碳、安全高效的能源体系，促进氢能产业高质量发展，根据《中华人民共和国国民经济和社会发展第十四个五年规划和 2035 年远景目标纲要》，编制本规划。规划期限为 2021—2035 年。

一、现状与形势

当今世界正经历百年未有之大变局，新一轮科技革命和产业变革同我国经济高质量发展要求形成历史性交汇。以燃料电池为代表的氢能开发利用技术取得重大突破，为实现零排放的能源利用提供重要解决方案，需要牢牢把握全球能源变革发展大势和机遇，加快培育发展氢能产业，加速推进我国能源清洁低碳转型。

从国际看，全球主要发达国家高度重视氢能产业发展，氢能已成为加快能源转型升级、培育经济新增长点的重要战略选择。全球氢能全产业链关键核心技术趋于成熟，燃料电池出货量快速增长、成本持续下降，氢能基础设施建设明显提速，区域性氢能供应网络正在形成。

从国内看，我国是世界上最大的制氢国，年制氢产量约 3300 万吨，其中，达到工业氢气质量标准的约 1200 万吨。可再生能源装机量全球第一，在清洁低碳的氢能供给上具有巨大潜力。国内氢能产业呈现积极发展态势，已初步掌握氢能制备、储运、加氢、燃料电池和系统集成等主要技术和生产工艺，在部分区域实现燃料电池汽车小规模示范应用。全产业链规模以上工业企业超过 300 家，集中分布在长三角、粤港澳大湾区、京津冀等区域。

但总体看，我国氢能产业仍处于发展初期，相较于国际先进水平，仍存在产业创新能力不强、技术装备水平不高，支撑产业发展的基础性制度滞后，产业发展形态和发展路径尚需进一步探索等问题和挑战。同时，一些地方盲目跟风、同质化竞争、低水平建设的苗头有所显现。面对新形势、新机遇、新挑战，亟须加强顶层设计和统筹谋划，进一步提升氢能产业创新能力，不断拓展市场应用新空间，引导产业健康有序发展。

二、战略定位

氢能是未来国家能源体系的重要组成部分。充分发挥氢能作为可再生能源规模化高效利用的重要载体作用及其大规模、长周期储能优势，促进异质能源跨地域和跨季节优化配置，推动氢能、电能和热能系统融合，促进形成多元互补融合的现代能源供应体系。

氢能是用能终端实现绿色低碳转型的重要载体。以绿色低碳为方针，加强氢能的绿色供应，营造形式多样的氢能消费生态，提升我国能源安全水平。发挥氢能对碳达峰碳中和目标的支撑作用，深挖跨界应用潜力，因地制宜引导多元应用，推动交通、工业等用能终端的能源消费转型和高耗能、高排放行业绿色发展，减少温室气体排放。

氢能产业是战略性新兴产业和未来产业重点发展方向。以科技自立自强为引领，紧扣全球新一轮科技革命和产业变革发展趋势，加强氢能产业创新体系建设，加快突破氢能核心技术和关键材料瓶颈，加速产业升级壮大，实现产业链良性循环和创新发展。践行创新驱动，促进氢能技术装备取得突破，加快培育新产品、新业态、新模式，构建绿色低碳产业体系，打造产业转型升级的新增长点，为经济高质量发展注入新动能。

三、总体要求

（一）指导思想

以习近平新时代中国特色社会主义思想为指导，全面贯彻落实党的十九大和十九届历次全会精神，弘扬伟大建党精神，立足新发展阶段，完整准确全面贯彻新发展理念，构建新发展格局，以推动高质量发展为主题，以深化供给侧结构性改革为主线，紧扣实现碳达峰碳中和目标，贯彻“四个革命、一个合作”能源安全新战略，着眼抢占未来产业发展先机，统筹氢能产业布局，提升创新能力，完善管理体系，规范有序发展，提高氢能在能源消费结构中的比重，为构建清洁低碳、安全高效的能源体系提供有力支撑。

（二）基本原则

创新引领，自立自强。坚持创新驱动发展，加快氢能创新体系建设，以需求为导向，带动产品创新、应用创新和商业模式创新。集中突破氢能产业技术瓶颈，建立健全产业技术装备体系，增强产业链供应链稳定性和竞争力。充分利用全球创新资源，积极参与全球氢能技术和产业创新合作。

安全为先，清洁低碳。把安全作为氢能产业发展的内在要求，建立健全氢能安全监管制度和标准规范，强化对氢能制、储、输、加、用等全产业链重大安全风险的预防和管控，提升全过程安全管理水平，确保氢能利用安全可控。构建清洁化、低碳化、低成本的多元制氢体系，重点发展可再生能源制氢，严格控制化石能源制氢。

市场主导，政府引导。发挥市场在资源配置中的决定性作用，突出企业主体地位，加强产学研用深度融合，着力提高氢能技术经济性，积极探索氢能利用的商业化路径。更好发挥政府作用，完善产业发展基础性制度体系，强化全国一盘棋，科学优化产业布局，引导产业规范发展。

稳慎应用，示范先行。积极发挥规划引导和政策激励作用，统筹考虑氢能供应能力、产业基础和市场空间，与技术创新水平相适应，有序开展氢能技术创新与产业应用示范，避免一些地方盲目布局、一拥而上。坚持点线结合、以点带面，因地制宜拓展氢能应用场景，稳慎推动氢能在交通、储能、发电、工业等领域的多元应用。

（三）发展目标

到 2025 年，形成较为完善的氢能产业发展制度政策环境，产业创新能力显著提高，基本掌握核心技术和制造工艺，初步建立较为完整的供应链和产业体系。氢能示范应用取得明显成效，清洁能源制氢及氢能储运技术取得较大进展，市场竞争力大幅提升，初步建立以工业副产氢和可再生能源制氢就近利用为主的氢能供应体系。燃料电池车辆保有量约 5 万辆，部署建设一批加氢站。可再生能源制氢量达到 10 万 ~20 万吨 / 年，成为新增氢能消费的重要组成部分，实现二氧化碳减排 100 万 ~200 万吨 / 年。

再经过 5 年的发展，到 2030 年，形成较为完备的氢能产业技术创新体系、清洁能源制氢及供应体系，产业布局合理有序，可再生能源制氢广泛应用，有力支撑碳达峰目标实现。

到 2035 年，形成氢能产业体系，构建涵盖交通、储能、工业等领域的多元氢能应用生态。可再生能源制氢在终端能源消费中的比重明显提升，对能源绿色转型发展起到重要支撑作用。

四、系统构建支撑氢能产业高质量发展创新体系

围绕氢能高质量发展重大需求，准确把握氢能产业创新发展方向，聚焦短板弱项，适度超前部署一批氢能项目，持续加强基础研究、关键技术和颠覆性技术创新，建立完善更加协同高效的创新体系，不断提升氢能产业竞争力和创新力。

（一）持续提升关键核心技术水平

加快推进质子交换膜燃料电池技术创新，开发关键材料，提高主要性能指标和批量化生产能力，持续提升燃料电池可靠性、稳定性、耐久

性。支持新型燃料电池等技术发展。着力推进核心零部件以及关键装备研发制造。加快提高可再生能源制氢转化效率和单台装置制氢规模，突破氢能基础设施环节关键核心技术。开发临氢设备关键影响因素监测与测试技术，加大制、储、输、用氢全链条安全技术开发应用。

持续推进绿色低碳氢能制取、储存、运输和应用等各环节关键核心技术研发。持续开展光解水制氢、氢脆失效、低温吸附、泄漏/扩散/燃爆等氢能科学机理，以及氢能安全基础规律研究。持续推动氢能先进技术、关键设备、重大产品示范应用和产业化发展，构建氢能产业高质量发展技术体系。

（二）着力打造产业创新支撑平台

聚焦氢能重点领域和关键环节，构建多层次、多元化创新平台，加快集聚人才、技术、资金等创新要素。支持高校、科研院所、企业加快建设重点实验室、前沿交叉研究平台，开展氢能应用基础研究和前沿技术研究。依托龙头企业整合行业优质创新资源，布局产业创新中心、工程研究中心、技术创新中心、制造业创新中心等创新平台，构建高效协作创新网络，支撑行业关键技术开发和工程化应用。鼓励行业优势企业、服务机构，牵头搭建氢能产业知识产权运营中心、氢能产品检验检测及认证综合服务、废弃氢能产品回收处理、氢能安全战略联盟等支撑平台，结合专利导航等工作服务行业创新发展。支持“专精特新”中小企业参与氢能产业关键共性技术研发，培育一批自主创新能力强的单项冠军企业，促进大中小企业协同创新融通发展。

（三）推动建设氢能专业人才队伍

以氢能技术创新需求为导向，支持引进和培育高端人才，提升氢能基础前沿技术研发能力。加快培育氢能技术及装备专业人才队伍，夯实氢能产业发展的创新基础。建立健全人才培养培训机制，加快推进氢能相关学科专业建设，壮大氢能创新研发人才群体。鼓励职业院校（含技工院校）开设相关专业，培育高素质技术技能人才及其他从业人员。

（四）积极开展氢能技术创新国际合作

鼓励开展氢能科学和技术国际联合研发，推动氢能全产业链关键核心技术、材料和装备创新合作，积极构建国际氢能创新链、产业链。积极参与国际氢能标准化活动。坚持共商共建共享原则，探索与共建“一带一路”国家开展氢能贸易、基础设施建设、产品开发等合作。加强与氢能技术领先的国家和地区开展项目合作，共同开拓第三方国际市场。

五、统筹推进氢能基础设施建设

统筹全国氢能产业布局，合理把握产业发展进度，避免无序竞争，有序推进氢能基础设施建设，强化氢能基础设施安全管理，加快构建安全、稳定、高效的氢能供应网络。

（一）合理布局制氢设施

结合资源禀赋特点和产业布局，因地制宜选择制氢技术路线，逐步推动构建清洁化、低碳化、低成本的多元制氢体系。在焦化、氯碱、丙烷脱氢等行业集聚地区，优先利用工业副产氢，鼓励就近消纳，降低工业副产氢供给成本。在风光水电资源丰富地区，开展可再生能源制氢示范，逐步扩大示范规模，探索季节性储能和电网调峰。推进固体氧化物电解池制氢、光解水制氢、海水制氢、核能高温制氢等技术研发。探索在氢能应用规模较大的地区设立制氢基地。

（二）稳步构建储运体系

以安全可控为前提，积极推进技术材料工艺创新，支持开展多种储运方式的探索和实践。提高高压气态储运效率，加快降低储运成本，有效提升高压气态储运商业化水平。推动低温液氢储运产业化应用，探索固态、深冷高压、有机液体等储运方式应用。开展掺氢天然气管道、纯氢管道等试点示范。逐步构建高密度、轻量化、低成本、多元化的氢能储运体系。

（三）统筹规划加氢网络

坚持需求导向，统筹布局建设加氢站，有序推进加氢网络体系建设。坚持安全为先，节约集约利用土地资源，支持依法依规利用现有加油加气站的场地设施改扩建加氢站。探索站内制氢、储氢和加氢一体化的加氢站等新模式。

六、稳步推进氢能多元化示范应用

坚持以市场应用为牵引，合理布局、把握节奏，有序推进氢能在交通领域的示范应用，拓展在储能、分布式发电、工业等领域的应用，推动规模化发展，加快探索形成有效的氢能产业发展的商业化路径。

（一）有序推进交通领域示范应用

立足本地氢能供应能力、产业环境和市场空间等基础条件，结合道路运输行业发展特点，重点推进氢燃料电池中重型车辆应用，有序拓展氢燃料电池等新能源客、货汽车市场应用空间，逐步建立燃料电池电动汽车与锂电池纯电动汽车的互补发展模式。积极探索燃料电池在船舶、航空器等领域的应用，推动大型氢能航空器研发，不断提升交通领域氢能应用市场规模。

（二）积极开展储能领域示范应用

发挥氢能调节周期长、储能容量大的优势，开展氢储能在可再生能源消纳、电网调峰等应用场景的示范，探索培育“风光发电＋氢储能”一体化应用新模式，逐步形成抽水蓄能、电化学储能、氢储能等多种储能技术相互融合的电力系统储能体系。探索氢能跨能源网络协同优化潜力，促进电能、热能、燃料等异质能源之间的互联互通。

（三）合理布局发电领域多元应用

根据各地既有能源基础设施条件和经济承受能力，因地制宜布局氢燃料电池分布式热电联供设施，推动在社区、园区、矿区、港口等区域内开展氢能源综合利用示范。依托通信基站、数据中心、铁路通信站点、电网变电站等基础设施工程建设，推动氢燃料电池在备用电源领域的市场应用。在可再生能源基地，探索以燃料电池为基础的发电调峰技术研发与示范。结合偏远地区、海岛等用电需求，开展燃料电池分布式发电示范应用。

（四）逐步探索工业领域替代应用

不断提升氢能利用经济性，拓展清洁低碳氢能在化工行业替代的应用空间。开展以氢作为还原剂的氢冶金技术研发应用。探索氢能在工业生产中作为高品质热源的应用。扩大工业领域氢能替代化石能源应用规模，积极引导合成氨、合成甲醇、炼化、煤制油气等行业由高碳工艺向低碳工艺转变，促进高耗能行业绿色低碳发展。

专栏	“十四五”时期氢能产业创新应用示范工程
交通	在矿区、港口、工业园区等运营强度大、行驶线路固定区域，探索开展氢燃料电池货车运输示范应用及70MPa储氢瓶车辆应用验证 在有条件的地方，可在城市公交车、物流配送车、环卫车等公共服务领域，试点应用燃料电池商用车 结合重点区域生态环保需求和电力基础设施条件，探索氢燃料电池在船舶、航空器等领域的示范应用
储能	重点在可再生能源资源富集、氢气需求量大的地区，开展集中式可再生能源制氢示范工程，探索氢储能与波动性可再生能源发电协同运行的商业化运营模式 鼓励在燃料电池汽车示范线路等氢气需求量集中区域，布局基于分布式可再生能源或电网低谷负荷的储能/加氢一体站，充分利用站内制氢运输成本低的优势，推动氢能分布式生产和就近利用
发电	结合增量配电改革和综合能源服务试点，开展氢电融合的微电网示范，推动燃料电池热电联供应用实践 鼓励结合新建和改造通信基站工程，开展氢燃料电池通信基站备用电源示范应用，并逐步在金融、医院、学校、商业、工矿企业等领域引入氢燃料电池应用
工业	结合国内冶金和化工行业市场环境和产业基础，探索氢能冶金示范应用，探索开展可再生能源制氢在合成氨、甲醇、炼化、煤制油气等行业替代化石能源的示范

七、加快完善氢能发展政策和制度保障体系

牢固树立安全底线，完善标准规范体系，加强制度创新供给，着力破除制约产业发展的制度性障碍和政策性瓶颈，不断夯实产业发展制度基础，保障氢能产业创新可持续发展。

（一）建立健全氢能政策体系

制定完善氢能管理有关政策，规范氢能制备、储运和加注等环节建设管理程序，落实安全监管责任，加强产业发展和投资引导，推动氢能规模化应用，促进氢能生产和消费，为能源绿色转型提供支撑。完善氢能基础设施建设运营有关规定，注重在建设要求、审批流程和监管方式等方面强化管理，提升安全运营水平。研究探索可再生能源发电制氢支持性电价政策，完善可再生能源制氢市场化机制，健全覆盖氢储能的储

能价格机制，探索氢储能直接参与电力市场交易。

（二）建立完善氢能产业标准体系

推动完善氢能制、储、输、用标准体系，重点围绕建立健全氢能质量、氢安全等基础标准，制氢、储运氢装置、加氢站等基础设施标准，交通、储能等氢能应用标准，增加标准有效供给。鼓励龙头企业积极参与各类标准研制工作，支持有条件的社会团体制定发布相关标准。在政策制定、政府采购、招投标等活动中，严格执行强制性标准，积极采用推荐性标准和国家有关规范。推进氢能产品检验检测和认证公共服务平台建设，推动氢能产品质量认证体系建设。

（三）加强全链条安全监管

加强氢能安全管理制度和标准研究，建立健全氢能全产业安全标准规范，强化安全监管，落实企业安全生产主体责任和部门安全监管责任，落实地方政府氢能产业发展属地管理责任，提高安全管理能力水平。推动氢能产业关键核心技术和安全技术协同发展，加强氢气泄漏检测报警以及氢能相关特种设备的检验、检测等先进技术研发。积极利用互联网、大数据、人工智能等先进技术手段，及时预警氢能生产储运装置、场所和应用终端的泄漏、疲劳、爆燃等风险状态，有效提升事故预防能力。加强应急能力建设，研究制定氢能突发事件处置预案、处置技战术和作业规程，及时有效应对各类氢能安全风险。

八、组织实施

充分认识发展氢能产业的重要意义，把思想、认识和行动统一到党中央、国务院的决策部署上来，加强组织领导和统筹协调，强化政策引导和支持，通过采取试点示范、宣传引导、督导评估等措施，确保规划目标和重点任务落到实处。

（一）充分发挥统筹协调机制作用

建立氢能产业发展部际协调机制，协调解决氢能发展重大问题，研究制定相关配套政策。强化规划引导作用，推动地方结合自身基础条件理性布局氢能产业，实现产业健康有序和集聚发展。

（二）加快构建“1+N”政策体系

坚持以规划为引领，聚焦氢能产业发展的关键环节和重大问题，在氢能规范管理、氢能基础设施建设运营管理、关键核心技术装备创新、氢能产业多元应用试点示范、国家标准体系建设等方面，制定出台相关政策，打造氢能产业发展“1+N”政策体系，有效发挥政策引导作用。

（三）积极推动试点示范

深入贯彻国家重大区域发展战略，不断优化产业空间布局，在供应潜力大、产业基础实、市场空间足、商业化实践经验多的地区稳步开展试点示范。支持试点示范地区发挥自身优势，改革创新，探索氢能产业发展的多种路径，在完善氢能政策体系、提升关键技术创新能力等方面先行先试，形成可复制可推广的经验。建立事中事后监管和考核机制，确保试点示范工作取得实效。

（四）强化财政金融支持

发挥好中央预算内投资引导作用，支持氢能相关产业发展。加强金融支持，鼓励银行业金融机构按照风险可控、商业可持续性原则支持氢能产业发展，运用科技化手段为优质企业提供精准化、差异化金融服务。鼓励产业投资基金、创业投资基金等按照市场化原则支持氢能创新型企业，促进科技成果转移转化。支持符合条件的氢能企业在科创板、创业板等注册上市融资。

（五）深入开展宣传引导

开展氢能制、储、输、用的安全法规和安全标准宣贯工作，增强企业主体安全意识，筑牢氢能安全利用基础。加强氢能科普宣传，注重舆论引导，及时回应社会关切，推动形成社会共识。

（六）做好规划督导评估

加强对规划实施的跟踪分析、督促指导，总结推广先进经验，适时组织开展成效评估工作，及时研究解决规划实施中出现的新情况、新问题。规划实施中期，根据技术进步、资源状况和发展需要，结合规划成效评估工作，进一步优化后续任务工作方案。

2022 年 3 月 23 日

二、部分地区氢能及燃料电池汽车支持政策文件及管理规范

地区	发布时间	政策名称	主要内容
北京市	2021年8月	《北京市氢能产业发展实施方案（2021—2025年）》	以冬奥会和冬残奥会重大示范工程为依托，2023年前，实现氢能技术创新“从1到10”的跨越，培育5~8家具有国际影响力的氢能产业链龙头企业，京津冀区域累计实现产业链产业规模突破500亿元，减少碳排放10万吨。交通运输领域，推广加氢站及加油加氢合建站等灵活建设模式，力争建成37座加氢站，推广燃料电池汽车3000辆。分布式供能领域，在京津冀区域开展氢能与可再生能源耦合示范项目，推动在商业中心、数据中心、医院等场景分布式供电/热电联供的示范应用；开展绿氨、液氢、固态储供氢等前沿技术攻关，实现质子交换膜、压缩机等氢能产业链关键技术突破，全面降低终端应用成本超过30%。2025年前，具备氢能产业规模化推广基础，产业体系、配套基础设施相对完善，培育10~15家具有国际影响力的产业链龙头企业，形成氢能产业关键部件与装备制造产业集群，建成3~4家国际一流的产业研发创新平台，京津冀区域累计实现氢能产业链产业规模1000亿元以上，减少碳排放200万吨。交通运输领域，探索更大规模加氢站建设的商业模式，力争完成新增37座加氢站建设，实现燃料电池汽车累计推广量突破1万辆。分布式供能领域，在京津冀范围探索更多应用场景供电、供热的商业化模式，建设“氢进万家”智慧能源示范社区，累计推广分布式发电系统装机规模10兆瓦以上；建设绿氨、液氢、固态储供氢等应用示范项目，实现氢能全产业链关键材料及部件自主可控，经济性能指标达到国际领先水平
	2021年10月	《昌平区氢能产业创新发展行动计划（2021—2025年）》	以科技创新驱动为核心，落实北京市“十四五”时期国际科创中心建设规划、高精尖产业发展规划、氢能产业实施方案对昌平区定位要求，发挥昌平氢能领域科技创新、产业集聚、人才高地优势，把握未来科学城“攻关未来科技、发展未来产业、集聚未来人才”的初心使命，加快建设全球领先的氢能技术创新高地，氢能领域国家战略科技力量的创新高地，国内一流的氢能前沿技术策源地、关键技术主阵地，京津冀氢能科技示范和产业高端装备智造先行区，打造“科创氢城、未来氢城、世界氢城”

续表

地区	发布时间	政策名称	主要内容
北京市	2022年8月	《北京市关于支持氢能产业发展的若干政策措施》	鼓励新建和改（扩）建符合北京市发展规划的加氢站，对北京市行政区域范围内建成（含改扩建）的加氢站，按照压缩机12小时额定工作能力不少于1000千克和500千克两档分别给予500万元和200万元的定额建设补贴；对北京市行政区域范围内提供加氢服务并承诺氢气市场销售价格不高于30元/千克的加氢站，按照10元/千克的标准给予氢气运营补贴；首创技术产品应用单个不超过500万元，单一企业不超过1000万元；扩大固定资产投资企业最高不超过3000万元；纳入各类国际、国家、地方、团体的氢能标准单项不超过100万元
	2022年10月	《大兴区氢能产业发展行动计划（2022—2025年）》	到2023年，实现氢能领域部分技术创新突破，氢能相关企业数量超过100家，2~3家链主企业落地发展，氢能产业链产业规模累计达到100亿元左右。到2025年，实现从关键基础材料到核心零部件的国产化替代，氢能相关企业数量超过200家，培育4~6家上市企业，孵化2~3家生态引领型企业，氢能产业链产业规模累计达到200亿元
上海市	2021年7月	《上海市综合交通发展“十四五”规划》	加大氢燃料储运、加注等技术攻关力度，适度超前布局氢气加注设施，建成并投入使用各类加氢站超过70座。积极探索氢燃料电池的多场景、多领域商业性示范应用，在具备条件的公交、客运、重型货运、冷链运输、环卫、非道路移动机械等领域开展示范应用，燃料电池汽车应用总量突破1万辆
	2021年9月	《临港新片区打造高质量氢能示范区应用场景实施方案（2021—2025年）》	到2025年，把临港新片区打造成为上海氢能发展先行先试区、综合示范和产业引领区。在技术领先度、产业集聚度、设施完备度、应用覆盖度等方面领先全国，产值规模占全市1/4以上，车辆应用规模占全市1/7左右，基础设施规模占全市1/5左右，在新能源制氢储氢、管道供氢、分布式和热电联供等领域率先示范并形成行业标杆
	2021年11月	《关于支持本市燃料电池汽车产业发展若干政策》	2025年底前，车用加氢站经营建设主体在本市区域内按照有关规定建设加氢站，完成竣工验收并取得燃气经营许可证（车用氢气）的，本市按照不超过核定的设备购置和安装投资总额3%给予补助，补助标准向具备70MPa加注能力的加氢站适当倾斜。其中，2022年、2023年、2024—2025年取得燃气经营许可证的，每座加氢站补助资金最高分别不超过500万元、400万元、300万元。补助资金分三年拨付。相关申请由市住房城乡建设管理委统一受理，资金由统筹资金中市级财政出资部分和加氢站所在区按照1∶1比例安排

续表

地区	发布时间	政策名称	主要内容
上海市	2021年12月	《嘉定区加快推动氢能与燃料电池汽车产业发展的行动方案（2021—2025）》	推动燃料电池汽车扩大示范应用规模，着力提升公交、物流、环卫等商业、公务用车在新增或更新的过程中提高燃料电池汽车的比例，探索场内燃料电池运输车辆逐步应用，形成基本成熟的燃料电池汽车推广运营商业模式。到2025年底，嘉定区燃料电池示范应用车辆总数不少于3500辆。到2025年，全区力争建成18座公共加氢站（含3座撬装站），形成区域性供氢保障网络，引导氢气零售价格不超过35元/千克。建设国内领先的燃料电池汽车公共服务平台，健全检测、认证等服务支撑体系
	2022年8月	《关于支持中国（上海）自由贸易试验区临港新片区氢能产业高质量发展的若干政策》	将临港新片区打造成为上海乃至全国氢能产业发展的制度创新试验田、技术攻坚先锋队、示范应用探索区、基础设施样板间、公共平台聚集地。 在核心技术攻关方面，突破大型化（兆瓦级以上）高效率电解水制氢装备的核心技术，以及质子交换膜（PEM）、固态氧化物（SOEC）电解水制氢先进技术；突破低成本高压储氢、低温液氢储氢、固态储氢、长距离管道输氢等储运环节关键材料及装备的核心技术
广东省	2021年10月	《佛山市南海区新能源（氢能）市政、物流车辆推广应用实施方案（2021—2024年）》	根据《佛山市南海区氢能产业发展规划（2020—2035年）》有关精神，支持氢能源车辆在市政、物流等特定场景示范应用。自2021年起，我区新增或更新的市政环卫（含垃圾转运、喷洒、扫地、工程抢修等）车辆和冷链配送物流车辆必须氢能化、电动化。其中，总质量超过12吨的洒水车、垃圾转运车应首先实现氢能化；新增或更新的市政工程车辆（含渣土运输、混凝土运输、汽车起重机等），氢能源车辆比例逐年提高，2021年不低于10%，2022年不低于30%，2023年不低于60%，2024年达到100%；新增或更新的物流搬运、载货、牵引车辆中，鼓励使用氢能源车辆
	2021年12月	《深圳市氢能产业发展规划（2021—2025年）》	到2025年，形成较为完备的氢能产业发展生态体系，建成氢能产业技术策源地、先进制造集聚高地、多场景应用示范基地，实现氢能商业化应用，氢能产业规模达到500亿元。 ——创新能力建设。建成氢能标准研究、检测试验和安全运营检测3个公共服务平台，推动我市主导或参与制修订氢能领域国际国内标准20项左右，新建重点实验室、工程研究中心、企业技术中心等创新载体不少于15家，突破一批关键核心技术，实现部分关键材料和核心零部件国产化替代，产品性能达到或接近国际先进水平。 ——产业集聚发展。建成2个功能配套齐全、引领带动作用强的氢能特色产业园，形成协同发展、特色鲜明的产业集群，实施一批重大产业化项目，助力骨干企业做大做强，培育和引

续表

地区	发布时间	政策名称	主要内容
广东省	2021年12月	《深圳市氢能产业发展规划（2021—2025年）》	进重点领域优质企业不少于100家，产业基础设施进一步完善，产业生态体系初步形成。 ——应用示范推广。实现氢能在交通运输、分布式发电、前沿新兴及交叉等领域的应用示范，其中示范燃料电池车辆不少于1000辆，建设加氢站不少于10座，分布式能源、热电联供及备用电源应用不少于100套、氢能船舶1~3艘、氢能无人机不少于100架。 展望2035年，氢能产业规模达到2000亿元，形成集氢气制、储、运、加、用于一体，关键技术达到国际先进水平的氢能产业体系，氢能在终端能源消费中的占比明显提升，对我市能源结构绿色低碳转型形成有力支撑
	2022年8月	《广东省加快建设燃料电池汽车示范城市群行动计划（2022—2025年）》	推动产业集聚发展，提升产业链关键零部件研发产业化水平，优化产业布局、培育产业发展新业态，支持前沿技术开发，提升技术水平和创新能力，降低制氢成本，加快布局建设加氢站、加快整车推广应用
	2022年10月	《广东省燃料电池汽车加氢站管理暂行办法》（征求意见稿）	允许在物流园区、露天停车场、港口码头、公交站场和燃料电池汽车运行比较集中的地方，在符合国土空间规划和满足安全规范要求的前提下，依法依规建设自用的加氢站（限于对自有车辆、租赁车辆等特定车辆加氢），不对外经营服务。制氢加氢一体站制氢规模不得超过3000千克/天，储氢罐总容量不得超过3000kg。允许在非化工园区建设制氢加氢一体站
河北省	2021年8月	《河北省氢能产业发展“十四五”规划》	产业规模显著提升。到2022年，氢能关键装备及其核心零部件基本实现自主化和批量化生产，氢能产业链年产值150亿元。到2025年，培育国内先进企业10~15家，氢能产业链年产值达到500亿元。核心技术不断突破。到2022年，基本形成涵盖氢能产业全链条的技术研发、检验检测体系。突破规模化纯水、海水电解制氢设备的集成设计及制造技术，开发高压车载储氢系统，研制制/加氢站关键设备，突破核心技术。 到2025年，基本掌握高效低成本的氢气制取、储运、加注和燃料电池等关键技术，显著降低应用成本。应用领域持续扩大。到2022年，全省建成25座加氢站，燃料电池公交车、物流车等示范运行规模达到1000辆，重载汽车示范实现百辆级规模；氢气实现在交通、储能、电力、热力、钢铁、化工、通信、天然气管道混输等领域试点示范。到2025年，累计建成100座加氢站，燃料电池汽车规模达到1万辆，实现规模化示范；扩大氢能在交通、储能、电力、热力、钢铁、化工、通信、天然气管道混输等领域的推广应用

续表

地区	发布时间	政策名称	主要内容
河北省	2021年12月	《保定市氢能产业发展“十四五”规划》	至2025年，全市氢能产业链实现产值规模150亿元，减少碳排放30万吨，集聚20家以上氢能产业相关企业，重点扶持培育氢能相关龙头企业8家以上，具有自主知识产权和核心技术的燃料电池发动机产能达5000台/年，燃料电池汽车达到2000辆/年的生产规模。在氢气制备、氢储运装备、燃料电池等重点环节，培育一批拥有自主知识产权、核心竞争力强的龙头企业，完成氢能产业生态链和应用体系建设，广泛推进氢能和燃料电池的深度应用，实现氢能产业集群式发展。 至2035年，氢能基础设施完善，氢燃料电池汽车、船舶、分布式电站等重点产业链完整，形成先进的氢能产业体系，装备制造迈向高端，全市氢能产业领域相关龙头企业超过20家，燃料电池整车产能超过5万辆，氢能产业年产值突破500亿元，减少碳排放100万吨
	2022年7月	《张家口市支持建设燃料电池汽车示范城市的若干措施》	市级财政原则上按照中央财政奖励资金1∶1比例进行配套，对“燃料电池汽车推广应用”“氢能供应”“关键零部件”三个重点领域予以奖励，同时对车辆运营以及加氢站建设给予资金支持：支持推动零碳制氢基地建设；支持加氢站建设与运营；支持推动关键技术产业化；支持推广燃料电池汽车示范应用；支持燃料电池车辆高效运营
河南省	2022年8月	《河南省氢能产业发展中长期规划（2022—2035年）》	到2025年，氢能产业关键技术和设备制造领域取得突破，产业链基本完备，产业链相关企业达到100家以上，氢能产业年产值突破1000亿元。发挥基础设施引领作用，适度超前布局建设一批加氢站。氢能应用领域不断拓展，交通领域氢能替代初具规模，推广各类氢燃料电池汽车5000辆以上，车用氢气供应能力达到3万吨/年，氢气终端售价降至30元/千克以下，绿色低碳比例不断提高，建成3~5个绿氢示范项目。郑汴洛濮氢走廊基本建成，郑州燃料电池汽车城市群示范应用取得明显成效，初步建成氢能国家级先进制造业集群

续表

地区	发布时间	政策名称	主要内容
河南省	2022年8月	《河南省氢能产业发展中长期规划（2022—2035年）》	到2035年，氢能产业规模扩大，质量效益全面提升，氢气制、储、运、加及氢燃料电池等关键技术自主创新能力基本形成，综合指标达到世界先进水平，培育一批具有自主知识产权的知名企业和品牌，氢能产业链优势更加明显。氢能供应网络不断完善，低成本绿氢供应比例进一步提高，液化储氢、管道输氢经济性优势进一步体现。氢能在交通领域应用基本实现产业化，在储能、分布式能源、工业等领域融合应用不断拓展，适应氢能发展的政策体系基本完善。建成世界一流的燃料电池汽车产业基地、国内领先的氢能产业集群
	2022年8月	《郑汴洛濮氢走廊规划建设工作方案》	重点打造“一轴带、五节点、三基地”的“郑汴洛濮氢走廊”。 “一轴带”即郑汴洛濮氢能应用示范轴带，以交通领域氢能示范应用为突破口，重点建设郑汴洛文化旅游城际客运氢能示范项目、郑汴濮陆港联运物流集散货运氢能示范项目、郑汴洛濮绿色低碳市政交通氢能示范项目。探索氢能在分布式能源、储能领域的应用，推动氢能在冶金、建材、化工等工业领域融合发展。 “五节点”即郑州、开封、洛阳、新乡、濮阳五大产业支撑节点，充分发挥各自优势，依托龙头企业、科研院所及高校，引进企业等开展战略合作，形成国内领先的氢能装备产业集群。 “三基地”即豫北、豫西北、豫中南三大氢能供给保障基地，发挥工业副产氢资源丰富的优势，建设豫北、豫西北、豫中南3个氢能供给基地，探索绿氢生产供应方式，拓展绿氢供给渠道
	2022年8月	《郑州市支持燃料电池汽车示范应用若干政策》	对新获批建设的氢燃料电池汽车及相关产业国家重点实验室，五年统筹给予不低于2500万元补助，对示范期内竣工验收并投入使用且日加氢能力500千克及以上的加氢站，按照核定的设备购置和安装投资总额的30%给予建设单位奖励。其中，2022年、2023年、2024—2025年投入使用的，每座加氢站总奖励金额最高分别不超过500万元、400万元、300万元